高等教育成本研究专辑

(2009)

主　编：杨世忠

副主编：崔也光　许江波　马京华

中国财政经济出版社

图书在版编目（CIP）数据

高等教育成本研究专辑．2009/杨世忠主编．—北京：中国财政经济出版社，2010.6
ISBN 978－7－5095－2086－4

Ⅰ．高…　Ⅱ．杨…　Ⅲ．高等教育－教育经费－成本管理－中国－国际学术会议－文集　Ⅳ．G647.5－53

中国版本图书馆 CIP 数据核字（2010）第 034194 号

责任编辑：王晓蕊　　　　责任校对：王　英
封面设计：九州迅驰　　　　版式设计：兰　波

中国财政经济出版社 出版

URL：http：//ckfz.cfeph.cn
E－mail：ckfz @ cfeph.cn

社址：北京市海淀区阜成路甲 28 号　邮政编码：100142
发行处电话：88190406　财经书店电话：64033436
北京财经印刷厂印刷　各地新华书店经销
787×1092 毫米　16 开　13.75 印张　263 000 字
2010 年 6 月第 1 版　2010 年 6 月北京第 1 次印刷
印数：1—1 060　定价：28.00 元
ISBN 978－7－5095－2086－4/F·2045
（图书出现印装问题，本社负责调换）
本社质量投诉电话：010－88190744

前　言

新中国成立60年尤其是改革开放30年以来，我国的教育事业取得了长足发展，已从世界人口资源大国发展成为人力资源大国，并且正在向着人力资源强国迈进。教育事业对于经济社会发展的促进作用举足轻重、举世公认，高等教育则是整个教育事业的龙头和先导。按照国际公认标准，在2002年以前，我国的高等教育属于精英化教育；2002年，我国高等教育毛入学率达到15%，开始进入大众化教育阶段。发达国家的高等教育进入大众化阶段时，人均GDP已在10000美元左右，而我国2002年的人均GDP只有1132美元，到2008年也仅达3315美元。由于我国高等教育规模的迅速扩大是通过行政手段在短时期内实现的，所以，在相当一段时期里，我国高等学校普遍存在的问题是教育体系不完善，投入不足，硬件条件不达标，师资条件不充分等等。自古以来，中国就是一个尊师重教、崇尚教育的国家，教育开支不仅为政府关注，更为普通民众关注。随着我国高等教育事业从大众化向普及化方向的发展，高等教育的投入、成本核算以及补偿问题越来越凸显出来并受到各方重视。

在我国，高等学校培养一名大学生究竟需要耗费多少资源？在现行管理体制下的教育成本是多少？不同专业的大学生的培养成本有何不同？办学成本通过什么方式、哪些渠道、多少比例进行补偿才算合理？等等。这些问题的解决，对于建立一套科学合理的教育成本核算制度和高等教育成本补偿机制，深化高等教育改革，正确处理政府、学校、学生家庭或个人以及其他社会组织之间对于教育成本的合理负担的关系，支持高等院校教育事业规划的制定，合理确定高等教育规模，优化资源配置，具有重要的现实意义。为此，首都经济贸易大学一些担任学校财务、资产、后勤管理工作的干部和从事教学科研工作的学者，组成一个团队，围绕上述问题，结合工作实际进行调查研究，旨在深化认识、创新观念、改进工作。

本项研究从2009年开始，每年召开一次国际研讨会和数次小型研讨会，将经过筛选的参会文章结集出版。本论文集就是2009年研讨会的成果。我们希望此文集能够对高等教育投入与补偿问题的关注者——政府有关部门、学校管理当局、专家学者和社会公众有所帮助。

首都经济贸易大学副校长　杨世忠

2009年12月1日

目　录

第一部分　高等教育成本理论

第二部分　高等教育成本核算

第三部分　高等教育成本效益分析

附　录

第一部分
高等教育成本理论

关于完善高等教育财政政策的思考

陶春梅[①]

【摘　要】本文梳理了我国高等教育财政面临的主要问题，深入分析了原因，并提出了完善高等教育财政政策的建议。

【关键词】存在问题　原因分析　政策建议

Some Thoughts on How to Improve Higher Education Financial Policy in China

Tao Chunmei

【Abstract】This paper analyzes problems that higher education faces in China. The author also gives some reasons to explain this phenomenon. In the end of this paper, the author proposes many advices to solve these problems.

【Key words】Existing issues　Reasons　Suggestions

① 作者简介：陶春梅，女，中国社会科学院博士后，北京市教委财务处副处长。

改革开放以来，我国坚持将教育放在优先发展的战略地位，初步建立起了以政府投入为主，多渠道筹措经费的体制，大幅度增加了财政教育投入，促进了高等教育发展与公平。然而高等教育财政管理与新时期教育发展的要求和人民群众的需求还有一定的差距。本文梳理了我国高等教育财政面临的主要问题，深入分析了原因，并提出了完善高等教育财政政策的建议。

一、我国高等教育财政存在的主要问题

改革开放以来，我国高等教育投入不断增加，到2007年全国教育经费总投入达到12 148.07亿元，其中，财政性教育经费8 280亿元，预算内教育经费7 654.91亿元。但教育投入与经济社会发展对教育的需求差距仍然巨大，还存在着投入不足、分配不均衡和使用效益有待于进一步提高等问题。

（一）教育经费仍然十分短缺

主要表现在政府公共教育经费投入不足和社会投入不足两个方面。

从政府教育经费投入的角度来看，早在1993年我国政府就提出，到2000年，国家财政性教育经费占GDP的比例要达到4%。但这一目标到2007年（3.32%）仍未实现（见表1）。

表1　1994～2007年我国财政性教育经费占GDP的比例（%）①

年　份	1994	1995	1996	1997	1998	1999	2000	2001	2002	2003	2004	2005	2006	2007
比例	2.44	2.32	2.35	2.36	2.41	2.55	2.58	2.79	2.90	2.84	2.79	2.81	3.01	3.32

数据来源：教育部、国家统计局《全国教育经费执行情况统计公告》。

根据UNESCO（联合国教科文组织）的统计，2005年世界政府教育经费占GNP的平均比例是4.9%，其中，发达国家是5.5%，发展中国家是4.7%。20世纪80年代以来，我国学者对一定经济发展水平下的政府教育投入水平进行了持续研究，研究结论一致认为，中国政府教育投入水平低于相同经济发展水平国家。政府教育投入尚无法满足教育发展的基本需要。高等教育负债沉重，地区差距继续扩大。

---

① 如果没有特别说明，本文所使用的我国教育经费及比例数据，都来自教育部、国家统计局、历年《中国教育经费统计年鉴》和《全国教育经费执行情况统计公告》。

从社会投入的角度来看，1993 年至今，我国高等教育基本形成了以政府投入为主的多渠道教育筹资体制，公共财政对教育的财政保障力度逐渐增强，但除学费收入之外的其他非财政性教育投入渠道并未得到充分拓展。2007 年全国普通高等学校经费来源中，财政性教育经费占 43.98%，学杂费占 33.66%，学费以外的事业收入占 13.08%，社会捐赠收入占 0.75%，民办学校中举办者投入占 0.88%，其他收入占 7.65%（见表2）。财政拨款和学费合计占 77.64%。

表 2　　全国普通高等学校经费来源（%）

来源	财政性教育经费	事业费收入	其中：学杂费	社会捐赠收入	民办学校中举办者投入	其他收入
比例	43.98	46.74	33.66	0.75	0.88	7.65

资料来源：2008 年《中国教育经费统计年鉴》。

可见，我国高校除学杂费之外的社会投入寥寥无几。而美国公立高校的经费来源中，来自联邦、州和地方政府的拨款约占 50.4%，学费约占 18.5%，包括私人赠予、奖学金和捐赠基金在内的捐赠收入占 5.5%，包括教学收入、附属企业、医院在内的销售和服务收入占 21.6%，其他收入占 3.9%（1999～2000 学年度）（见表 3）。

表 3　　美国公立高等学校经费来源结构（%）

来源	政府拨款	学费	捐赠收入	销售和服务收入	其他收入
比例	50.4	18.5	5.5	21.6	3.9

资料来源：耿同劲，“欧美日大学经费来源差异及对我国的启示”，《山西财经大学学报》（高等教育版），2007 年 3 月第 10 卷第 1 期。

根据陈萦、史秋衡的《美国公立高校经费来源结构变化分析》资料显示，2004～2005 学年度，在美国公立研究型高校经费来源中，各级政府的科研合同收入占 26%（2007 年我国中央所属高校科研拨款仅占总收入的 8.98%，地方所属仅占 0.88%），精英部分的研究型公立高校，不仅科研合同收入更多，而且捐赠基金数额巨大，每年的投资收益都非常可观①。

由此可见，我国高等学校在捐赠和学校自身创收方面远远低于美国学校，增加捐赠收入、增加学校社会服务收入是高等教育增加筹资的重点。

（二）公共教育经费分配不均衡问题仍然突出

高等教育经费在分配结构比例失调方面存在的问题仍然突出，影响并制约了我国高等教育事业的改革和发展。分配结构比例失调方面存在的问题表现在以下三个方面：

① 陈萦、史秋衡：“美国公立高校经费来源结构变化分析”，《教育发展研究》，2009 年第 3 期。

首先是区域之间分配不均衡突出。王善迈、杜育红、王蓉等学者的研究一致表明，我国公共教育经费在城乡之间、区域之间的分配很不均衡。到2007年，这一现象并未得到根本改观。以分省各级学校生均预算内经费支出和生均公用经费支出为例，普通高校生均预算内事业费支出水平最高的地区（北京、上海）比最低的地区（安徽、贵州等地）普遍高出7倍，生均预算内公用经费差距为28倍（见表4）。

表4　2007年普通高等学校生均预算内经费支出省际差距　单位：元

	生均预算内事业费支出			生均预算内公用经费支出		
	最高	最低	极差率（%）	最高	最低	极差率（%）
普通高校	21 431.73	2 852.95	7.51	12 999.78	456.47	28.48

资料来源：2008年《中国教育经费统计年鉴》。

其次是事业性经费与基本建设经费比例失调。2007年，普通高校也只有6.05%，基建经费投入不足，使得学校校园环境、校舍建设和基础设施改善严重滞后。从各地披露的数据估算，公办高校向银行的借款高达1 500亿～2 000亿元①。

第三是基本经费和项目经费比例失调。随着高等教育经费投入的增加，基本运转经费增长慢于项目经费增长，大部分经费以项目建设方式投入，从而使基本经费需求不足进一步加剧。

（三）经费使用效益有待于进一步提高

整体而言，高校资源利用效率不高，资金支出结构无明显改善，同时由于缺乏有效的监督考核问责机制，导致一些学校出现资金浪费和闲置现象。具体表现在：我国高等学校生均经费指数明显高于世界一般水平，设备重置和使用效率有待于进一步改进。

二、教育经费投入存在问题的原因分析

（一）教育经费投入决策和监督评价机制不完善

政府预算程序和决策机制需进一步完善。考核地方政府业绩主要看经济增长速度指标，政府教育投入没有纳入任期考核内容。在预算分配过程中，人大监督力度需强化。对教育经费使用管理和监督有待于进一步加强。

---

① 袁连生："我国政府教育经费投入不足的原因与对策"，《北京师范大学学报》（社会科学版），2009年第2期。

（二）政府财政管理体制与拨款制度不完善

政府收入分配体制不完善，政府性基金等大量政府收入没有纳入规范管理，没有安排用于教育，限制了财政对教育的投入。各级政府负担责任划分不合理，高等教育经费拨款分别由中央和地方分级负担。不同地区对高等教育支持能力不平衡是影响我国高等教育发展和公平的主要原因之一。未建立相应规范的转移支付制度，导致经费不均衡问题更加突出。同时在教育经费管理上也存在事权与财权不统一的问题，教育行政部门难以按照教育事业发展需要对有限的经费作出科学的统筹安排，也无法运用财政手段有效地对教育改革发展进行调控。

高等教育拨款分配因素少，生均综合定额的核算方法主要是历史成本法，没有建立关于高等教育成本核算的具体制度和体系。同时缺乏经费使用效益的评价机制和与拨款相联系的激励机制，从而影响了经费分配的科学性。

（三）缺乏鼓励社会投入的激励机制和优惠政策

我国除学杂费外的非政府投入不足的原因主要有以下几个方面：

第一，缺乏鼓励社会对教育投入的税收激励机制。一是鼓励企业投资教育的税收优惠政策激励不足①；二是教育捐赠途径少，法律规定必须是国务院或省级政府民政部门登记的社会团体才能免税，对大部分处于基层的社会团体进行捐赠则得不到税收优惠政策的支持；三是相关税收制度不健全，缺乏“倒逼”的效用机制。我国至今没有开征遗产税和赠予税，财产继承和转移的税收成本太低，导致继承人和被继承人大多没有捐赠财产的动力。

第二，鼓励民办教育发展的税收优惠政策不明确。2004 年财政部、国家税务总局发布了《关于教育税收政策的通知》未能与《民办教育促进法》及其《实施条例》很好地衔接，在实际执行中导致民办学校的税收优惠政策难以得到落实。同时由于法律在允许取得“合理回报”这一问题上的标准过于笼统，相关的配套政策又迟迟未出台，对要求取得合理回报和不要求取得合理回报的民办学校的定位，税务部门与教育部门之间存在明显的错位现象。造成民办学校与公办学校事实上的不平等待遇，民办学校的税收优惠政策执行不力，民办学校不能与公办学校享受同等的税收优惠政策。积极鼓励、大力支持民办教育发展的政策难以到位②。

① 现行税法只允许企业教育支出按计税工资总额的 2.5% 税前扣除，该比例较低，不利于鼓励企业增加教育支出。

② 财政部、国家税务总局关于教育税收政策的通知（财税［2004］39 号）关于营业税和所得税的第五条规定：“对政府举办的高等、中等和初等学校（不含下属单位）举办进修班、培训班取得的收入，收入全部归学校所有，免征营业税和企业所得税。”而民办学校举办的进修班、培训班取得的收入和举办学校实习场所取得的收入就没有明确规定，现实中多数都需要纳税。第十条规定：“对学校经批准收取并纳入财政预算管理的或财政预算外资金专户管理的收费不征收企业所得税。”由于民办学校的收费暂时不能纳入预算外财政专户管理，导致民办学校需要缴纳企业所得税。

第三，促进民办教育发展的财政政策不完善。目前，尽管地方政府对各级民办学校的财政资助越来越普遍，但总体而言，政府资助的范围和资助力度尚小，民办教育财政资助政策与实践尚处于起步阶段，在资助方向、资助手段与方式以及资助力度方面还需要深入探索①。部分地方设立了民办教育发展政府专项资金，但专项资金的使用还不是很合理，更多地侧重于硬件投入。

三、进一步完善高等教育公共教育财政制度的政策建议

坚持政府投入为主，鼓励社会投入，支持民办教育发展，建立完善的多元化经费投入机制。

（一）建立健全以政府投入为主的多元经费筹措机制

1. 增加政府投入，完善公共教育财政保障机制

一是明确投入目标，切实加大政府投入。确保2012年国家财政性教育经费占GDP比例达到4%，2020年达到5%。所增加的经费主要集中用于解决一些重大教育问题，化解高校财务风险等。二是建立保障政府教育投入增长的决策和监督评价机制。完善政府预算程序和决策机制，实行教育支出预算单列。强化人民代表大会的预算决策权。建立政府教育经费增长考核机制，将财政拨款增长比例列入政府任期目标，将落实情况作为政绩考核和干部任用的重要依据。三是改革政府分担机制，建立规范的转移支付制度。改革政府经费分担体制，在新的经费分担体制下，中央政府的主要责任是完善以分税制为核心的财政体制，通过规范的转移支付制度均衡省级政府的教育财政能力，达到逐步提高地区间教育机会均等程度和缩小各地区内部教育机会均等程度差异的目的。省级政府的责任是统筹中央政府转移支付和本级政府教育经费，承担省属高校的经费供给，建立公平、透明、有效的对高等学校的拨款制度。四是完善财政投入管理体制。完善教育事业费和基本建设经费管理体制，实现教育经费事权和财权的统一。

2. 进一步完善多元化投入机制，增加社会投入

一是完善鼓励社会团体、企业、家庭、个人投资、捐资教育的税收激励机制。提高

① 政府对各级民办学校的财政资助政策有：部分地方政府按照《民办教育促进法》第四十九条规定，对与政府签订委托协议的民办义务教育学校按照生均教育经费的一定比例给予财政补贴；按照《国务院关于做好免除城市义务教育阶段学生学杂费工作的通知》（国发［2008］25号），对承担义务教育任务的民办学校就读的学生，按照“一费制”收费标准，城镇户口义务教育阶段学生杂费标准给予免杂费补助；国家奖学金、励志奖学金和助学金制度向民办高校在校生开放；部分地方政府，如上海、广东、北京、浙江（温州、宁波等）、湖南等地设立民办教育发展专项资金或引导性资金，对民办学校实施重点项目支持和引导等。

企业教育支出和教育事业公益性捐赠支出的税前扣除比例，进一步完善企业捐资教育的激励机制，扩大捐赠渠道和允许捐赠方享受优惠政策的受赠机构范围，制定直接捐赠的税收优惠政策，方便捐赠人的捐赠行为；完善税制，开征遗产税等具有“倒逼”效应的税种以推动公益捐赠事业的发展；鼓励学校开展社会服务，对学校社会服务取得的收入，免征营业税和所得税。二是完善鼓励民办教育发展财税政策，增加民办教育投入。一方面，要落实对民办教育的各项税收优惠政策，确保非营利性民办学校与公办学校享受同等税收优惠政策；另一方面，以公益性为前提，建议研究制定全国统一的“合理回报”政策界限，并制定相应的税收优惠制度、措施。此外，还需进一步完善对民办学校中家庭经济困难学生的财政资助政策，县级以上各级政府应设立民办教育发展专项资金，对举办高等教育的民办学校通过“以奖代补”的方式给予经费支持，支持引导民办学校。

（二）完善教育经费分配机制，促进高等教育事业发展

1. 完善经费分配管理机制，增强经费分配的科学性

完善教育经费分配管理机制，建立依据定额标准，按照发展要求，统筹资源配置，通过民主程序的教育经费分配管理机制。

建立教育经费分配专家咨询决策制度，加强科学论证。提高经费分配的科学性、公正、公平、民主性和透明性。

2. 优化政府教育经费分配结构，促进教育的公平和协调发展

增加对经费发展薄弱地区的投入，促进高等教育区域的均衡发展。增加基本建设经费投入，优化教育事业费与基本建设经费的比例结构。增加基本经费投入，优化基本经费和项目经费结构。

3. 改革高等教育经费拨款方法

国家应确定基本公共教育服务水平标准，在此基础上制定高等教育生均培养成本标准和生均财政拨款基本标准。按照培养成本分担机制，完善生均综合定额加专项经费拨款方法。建立科学合理的绩效考评制度，完善教育经费投入使用的问责和激励约束机制。

（三）加强管理，提高经费的使用效益

改革、理顺学校内部的财务管理体制，建立健全学校内部控制和经费管理制度，加强财务管理工作。推行全面预算管理，建立经费投入绩效考核制度和学校财务信息公开制度。

信息时代的教育成本观

——论黎慈的社会结构与信息时代的大学教育

陈伟中[①]

【摘　要】本研究从教育成本的观点出发，以黎慈（Robert Bernard Reich，1946）的社会结构为基础，探讨信息时代（Information Age）的教育发展趋势和策略。教育机构的运作应该与时俱进，而且在办学宗旨和理念上应该具有个性特色。

【关键词】信息时代　教育成本　特色

A Study on the Costing Aspect of Information Age Higher Education

From a Socio - Economic View Point

【Abstract】This paper mainly discuss educational development trends and strategies on the basis of Reichs' social structure theory. Educational institu -

---

① 作者简介：陈伟中，香港居民，英国伯明翰大学管理学博士，英国出口学会会士，英国皇家地理学会会士，英国皇家公共健康学会资深会员，英国海外贸易局驻外商务官（1970～1974），欧洲银行集团驻北京代表（1981～1989），英国出口学会香港分会秘书长（2004年至今），阿拉伯工业总会会员专业培训及发展事务执行会董（2007年至今）。

tions should follow by the times. Also, in the information age, each institution should have its own strong personality.

【Key words】 Information Age Education Cost Personality

引 言

会计学的本质和任务是反映一个经济体系内的价值观和社会活动发展状况。因此有所谓基督教会计准则、伊斯兰教会计准则、佛教/婆罗门教会计准则等的区分。英国工业革命时期诞生的成本会计学，主要是基于基督教伦理学和西方社会发展的需要。目前，世界三大宗教（基督教、伊斯兰教、佛教）都拥有各自独特的会计准则和制度，尤其是伊斯兰教会计准则，与传统由西方国家订立的会计准则分庭抗礼[①]。由此可见，教育成本所探讨的不仅仅是会计意义上的盈亏计算与成本监控，更多的是研究价值观如何在社会发展中运作。它又是一门跨越多个界别的综合性学问（Cross Disciplinary Study）。

本研究从教育成本的观点出发，以黎慈（Robert Bernard Reich）的社会结构[②]为基础，探讨信息时代（Information Age）的教育发展趋势和策略。本研究的性质属跨界别综合性探索研究，是我近年才涉及的新领域，其中必有未臻成熟、功底欠深之处，欢迎有识之士不吝指正。

一、教育成本的核心内容

教育成本作为人力资源会计学的核心内容，它的文化和价值原则是以人为本（Humanity - based）[③]。在“以人为本”这一点上，世界各大宗教和信仰系统的会计准则（或伦理准则）没有出现根本性的分歧，被一致公认为一项普世价值和伦理关系的底线

① AAOIFI (2008). “Accounting, Auditing and Governance Standards for Islamic Financial Institutions”.

② Reich, Robert Bernard（黎慈），(1991)：“The Work of Nation: Preparing Ourselves for 21st Century Capitalism”《国家的任务》, NY: Random House Inc.

③ 奚洁人：《科学发展观百科辞典》，上海辞书出版社 2007 年版。“以人为本”科学发展观的核心是指以人为价值的核心和社会的本位，把人的生存与发展作为最高的价值目标，一切为了人，一切服务于人。胡锦涛在中共十七大报告中指出：科学发展观，核心是以人为本。深入贯彻落实科学发展观，必须坚持以人为本。要始终把实现好、维护好、发展好最广大人民的根本利益作为党和国家一切工作的出发点和落脚点，尊重人民的主体地位，发挥人民首创精神，保障人民各项权益，走共同富裕道路，促进人的全面发展，做到发展为了人民、发展依靠人民、发展成果由人民共享。“以人为本”是对以神为本和以物为本的否定和超越，本质上体现着对人的生存境况的关怀，对人的价值的尊重，对人的作用的重视。

(Bottom - line Ethics)[①]。教育成本的以人为本，在于追求公平（Fair）与效率（Efficiency），确保教育能发挥对社会发展的支持作用，将与时俱进、不断更新的有用知识和信息资源比较公平和有效率地按照社会发展趋势和策略需要适时适地进行分配。回顾人类社会历史进程，从农业时代到工业时代，再从科技时代到信息时代，教育观念的发展趋势逐渐地从“强调效率、轻视公平”的观念，开始更多地向注重公平方面让渡。目前的互联网世界（Internet World）是人类历史上由人类所建立的、一个比较能够达到效率与公平并重和知识与信息共享的世界，是信息时代的社会特征。教育成本的另一个内容，是衡量教育工作对社会生产力的提升、劳动市场的有效运转、个人生活的改善等方面所能发挥的积极作用。

教育成本的研究亦涵盖了如何扶持奖赏符合社会教育目标的真教育（Real Education）和杜绝惩治有违社会教育目标的伪教育（Pseudo Education）。订立界定真教育与伪教育的标准非常重要，因为它直接影响到教育目标的厘定和资源分配的效益。不好办的地方是这项工作与国际会计准则的制定工作一样，容易触动到个别社会或办学团体的核心价值，经常出现不易统一的矛盾对抗。由于伪教育与伪科学都同样会涂上神秘迷人的色彩，非一般人所能识别，相信将永远是人类教育事业发展史上一项无法解决的盲点。唯一可把握的是：“人要活，并且要活得有尊严。”以《世界底线伦理宣言》的原则作依据，凡违反这条原则的教育内容，理应归类为伪教育，不能获得社会任何形式的资助鼓励。历史上的杨子[②]，主张“拔一毛利天下而不为”，他所拒绝的，正是如伪教育一类的歪理邪行。因此，称得上是一位精明的理财者。此外，请读者注意，宣扬伪教育与印发假文凭是两件互不相干的事情。

从事教育成本工作所面对的其他主要问题，首先是教育机构的经营普遍未能与时俱进，大都停留在“带封建性质的工业时代”的社会思维之中（见表5）。另一个比较严肃的问题，是教育机构之间的相似系数（Similarity Coefficient）都在90%以上，大家缺乏发展具有个性特色的办学宗旨和理念的想法。几乎所有的教育机构都朝同一目标发展，追求学科门类齐全，互相仿效攀比。结果是不利于教育机构本身比较优势（Com-

---

① 1993年8月28日至9月4日，在美国芝加哥召开了一次由来自几乎每一种宗教的6500人参加的世界宗教议会大会，提出了一份《走向全球伦理宣言》。《宣言》中的三点基本的见解如下：第一，在今日世界的背景下，必须在伦理层面与纯法律或政治层面之间作出明确的区分，对“全球伦理”一词提出准确的定义；第二，对所有的男人和妇女、所有的人类社团或机构提出的基本伦理要求，应当是一项基础原则，是人们可以在每一种大的宗教传统或伦理传统中都能发现它的起源的原则，这一原则就是：“每一个人都应当得到符合人性的对待。”或者说“己所不欲，勿施于人”；第三，基本的伦理要求则具体表现为也可以在所有宗教当中发现的这四句古老诫命：“不要杀人，不要偷窃，不要撒谎，不要奸淫。”

② 杨朱是中国春秋战国时期的一名思想家，字子居，卫国人，生平已不可考。当时各家的著述如《孟子》、《荀子》、《庄子》、《韩非子》、《吕氏春秋》等，他的名字曾多次在其中出现。他的行踪多在鲁、宋、梁一带。据《庄子》记载，他曾经见过老子。其活动的年代，比墨子稍后，而又早于孟子。有云他是老子弟子，或为道家别支。其学说在当时相当著名，但早已散佚不存，散见于《孟子》、《列子》及《淮南子》中。

petitive Advantage）的发挥。教育机构之间为争夺同类的生源，采用各种耗费庞大的竞争手段；课程设计以加强销售竞争为目的，不顾社会真正的需要，最终人人都要分担沉重的社会成本（Social Costs）。

表5　两套教育思维模式（成本观）的对照

信息时代的教育思维模式（成本观）	工业时代的教育思维模式（成本观）
根据生活的需要鼓励发展个人能力	根据真理化的标准塑造集体行为
教学管理采取柔性化信息传播方式	教学管理采取自动化工业生产方式
促进阶级流动及社会权力扩散	巩固既得利益者的社会特权和优势
市场导向，知识与讯息自由传播	行政导向，知识与讯息传播受规限
鼓励网络性、多元化思维	鼓励线性、单一化思维
为提升工作能力和解决问题而学习	学习与工作能力和解决问题无必然关系
工作地点是学习场所：问题中心	学校是学习场所：学科中心
带问题向专家请教，重视双向分享	根据课程设计范围，由导师讲解
强调工作能力的评审	注重记忆力的考核
教学设计从学习者的利益出发：灵活亲和化	教学设计从教学者的利益出发：僵硬官僚化
通过普及知识，培养庞大的中产阶级	通过筛选制度，培养少数的精英阶级
社会趋向民主、公平、平等、开放	社会趋向极权、两极分化、不平等、封闭
教师形象：感情参与，双向互动	教师形象：感情揪离，单向传授

资料来源：本文作者编制。

二、迈向信息时代的四项假设与回应

（一）迈向信息时代的四项假设

成本计算的前提，是对有关项目作形势评估和假设。评估和假设是否准确已成为项目成败的决定性因素。无论是微观的教育成本计算（个人、家庭以致企业的教育开支），还是宏观的教育成本计算（国家教育预算、大学预算拨款等），都得首先掌握好社会发展的脉搏（评估）和走向（假设）。以下是信息时代的四大假设。这些假设将引发社会阶级结构的变革，从而影响教育投资和成本计算的内容。

假设一：21世纪必然由工业时代（Industrial Age）、科技时代（Technological Age）

过渡到信息时代（Information Age）。

假设二：以提升能力为本（Competence - based）的终生学习（Life - long Learning）是信息时代生涯发展模式的特征。

假设三：在信息时代，科技与营商方式不断革新，新工种不断出现，旧工种不断被淘汰，是一个充满创业机会，但不鼓励终生受雇（Life - long Employment）的社会。

假设四：信息时代的学习体系，是由网络势力（Internet Power）驱动的终生学习体系发展而来。终生学习不再是理想主义者的话题，而是现代人无法逃避的生活现实。

对中国而言，若我们相信中国崛起论，可以加添两项新假设：

假设五：21 世纪内，中国将跻身世界强国之列，强化与东南亚国家协会成员国的联系（10 +1），恢复以中国作为中心的封贡经济体系（Tributary Economy）①。

假设六：21 世纪内，儒释道混合成的中华文化将与伊斯兰文化连手，抗衡西方文化的主导地位②，重建陆上与海上的丝绸之路，强化与伊斯兰文化带的联系。

（二）西方对四大假设的回应

1. 黎慈的社会结构

在回应人类社会进入信息时代将出现怎样的大形势（Mega Trends）时，克林顿总统时代的美国劳工部长黎慈，在《国家的任务》一书中提出，新世纪社会将是一个由符号分析师（Symbol Analyst）、服务业工人（In - person Service Worker）和常规生产工人（Routine Production Worker）三类人共同建构成的、以知识经济为核心的社会组织，按照工种和工作性质对知识和信息的要求水平来决定它的社会阶级位置。

符号分析师拥有收集、分析、传播、创造、操控讯息与知识的能力。所谓符号（Symbol），是指社会或行业发展趋势的信号。这类人的生涯模式是经常学习，擅于学习，懂得将学习成果转化成人类社会各种新突破、新机遇。他们创意无限，能以小搏大，是新兴的知识资本家，进入社会的最高阶层。

服务业工人，是指知识产品的使用者和传播者，他们共同建构出一个拥有高度运用知识能力的服务行业。这些人包括各类顾问、研究员、出版商、培训师、特许经销商、中小企业家、创业家、专业人士等，是知识经济社会的核心阶层。

常规生产工人，是指从事低技术、低知识要求的在下游工作的一般工人。他们的生

---

① 许海山：《亚洲历史》，北京线装书局 2006 年版。

② Huntington, Samuel P.（亨廷顿）(1996). “The Clash of Civilizations - Remaking of World Order”.《文明的冲突与世界秩序的重建》, NY: Samuel & Sohuster. 亨廷顿（1927 ~2008）认为随冷战的结束，新的国际张力将受到八大文明（西方、东正教、拉美、伊斯兰、中国、日本、印度和非洲）之间的冲突所主宰。“Orientalism”（《东方论述》）和“Culture and Imperialism”（《文化与帝国主义》）的作者扎伊尔德（Edward Said，1935 ~2003）批评亨廷顿只看到“文明”间的冲突，而无视“文明”间的交流、分享和相互孕育。

涯模式是接受指令，重复地、一丝不苟地负责执行“无生命的有序工作”，维持社会机器的日常运作。他们要不断学习以适应和按照新指令执行工作。

信息时代的社会结构，鼓励追求卓越和专业分工，以创业作为个人生涯发展的终极目标。无论是符号分析师、服务业工人还是常规生产工人，均可通过持续的专业进修（Continuing Professional Development，CPD）成为本岗位工作的专家，凭借自己的专长开创个人的事业，晋升至更高的社会阶层。

2. 柏拉图的社会结构

古希腊文明是现代西方文明的根源。有学者认为，黎慈的社会结构有点像柏拉图在《共和国》一书中[①]所描述的“理想国”（Utopia）的现代版。理想国是一个在哲学王统治之下实现三个等级和谐共处的王国社会。

柏拉图以神话表述的方式说明人是上帝所制造，而上帝造人时所用的材料却不相同。上帝用金子造出统治者，他们具有理性的心灵和智慧的美德，因而享有高贵的荣誉。上帝用银子造出辅助者武士，他们具有坚强的心灵和勇敢的美德，其职责是保卫国家。上帝用铜铁造出工匠、农夫，他们的心灵只有情欲，因而必须讲究节制，进行生产劳动，全心全意为统治者服务。柏拉图认为，这种阶级划分是不能混淆的。如果国家由铜铁人的统治取代金银人的统治，国家就要灭亡。柏拉图的社会结构是为统治者服务而设计的，个人生涯发展的全部内容就是终生为统治阶层服务。这种夹杂着宿命论成分的封建帝王统治思维，当然不是信息高度发达的社会所能接受的。

3. 柏拉图与黎慈的构想对比

柏拉图与黎慈的社会结构的共同点是两者都是建立在知识的基础上。两种社会结构的根本差异在于知识的来源和赋予方式。柏拉图推崇一套所谓文无定法，神而明之的天赋论（Plato's Innatism）[②]，将知识神秘化、虚玄化、宗教化。黎慈的知识观，虽然亦存在若干程度上的天赋论元素，如人与人之间在学习能力和机遇上的差异，但认定知识可以通过学习系统传授转让。黎慈尝试将知识解读为促进社会阶级流动和建立信息时代社会的驱动力，强调知识要公开化、世俗化、实践化。

另外一个比较重要的差异是理想国是由哲学王和社会精英分子（用金子铸造的人）

---

① 《理想国》（古希腊语：Πολιτεία）又译作《共和国》，是古希腊哲学家柏拉图在大约公元前390年所写的作品，书籍以对话录为表达形式。书中主要是在探讨政治科学，对后来的学者有巨大的影响，成为政治学领域的经典。本篇对话录关心的是：到底什么是“世事的道理”，并且探讨的领域包括了经济学、政治社会学、政治哲学、伦理学、正义及知识。上述领域都是从研究正义性质的角度进行思考；这就是对话的中心问题：什么是正义？

② 柏拉图的天赋论（Plato's Innatism）：西方哲学中一种唯心主义先验论的认识论学说。古希腊唯心主义者柏拉图重视“一般”，提出“理念”的学说，认为人的认识是灵魂“分有”理念。他断言：人在生下来之前，灵魂里就已经有各种各样永恒的普遍形式“理念”，只是在灵魂与肉体结合而降生为人的时候把它们暂时忘记了；后来受到经验的刺激，引起回忆，才重新恢复他原有的精确知识。在近代，笛卡儿（Rene Descartes，1596～1650）明确提出了这一观念。它否认观念是客观世界在人们头脑中的反映，因而一直受到唯物主义者的反对。

所统治，知识被一撮人垄断独霸，强调独断独行所带来的效率，没有公平的概念。黎慈的社会结构则重视知识的广泛传播和共享，致力于推动由互联网世界所带导的馈赠经济体系（Gift Economy）①，大家都愿意无偿地、自由地通过互联网互相交流学习。信息时代是一个没有英雄的时代，社会处处充满廉价甚至免费的学习机会，只要愿意，人人都可以通过各式各样的交流学习渠道自学成才。人们之间的竞争变成一种学习游戏（Learning Game），彼此学会欣赏，懂得尊重游戏规则和体育精神。

无论是柏拉图还是黎慈所处的时代，知识作为社会财富和权力来源的本质基本不变。16 世纪以来，"知识就是力量"（Knowledge is Power）一直是西方文化的一项核心价值；通过知识创造财富、获取权力是社会对知识和教育的奖赏鼓励，被公认为是一种值得推崇的正当和合理的社会行为。

三、英国大学教育发展史的启示

从历史的角度去审视英国大学教育的发展，我们会发现英国民族性中那股敢于冒险创新的精神和与时俱进的务实传统及智慧，强调公平与效率并重，恰恰是信息时代的教育成本研究所希望推动的一套社会价值观。英国以基督教作为国教，经历过清教徒运动（Puritans Movement，1555～1710）的洗礼，但没有像其他以宗教信仰为社会核心价值的国家那样，出现保守封闭僵化的教育制度，主要原因是它的宗教文化具有以下的特点：

（1）不主张均富，尊重保障私产和个人权益；教权与皇权不像欧洲大陆那样，发展至肆无忌惮、无法无天的地位。

（2）鼓励个人奋斗、发财致富；社会没有仇富的情绪，不视富人为邪恶的化身，反而有嫌贫爱富的倾向。

（3）提倡骑士精神（Knightliness），鼓励见义勇为、拔刀相助的正义行为（Freelance），重视社会慈善公益活动。

（4）在法律上、道德上，社会既宣扬个人求财致富属于无可质疑的正当、合理行为，同时又教导国民将这种行为与禁欲主义（Asceticism）相结合，鄙视纵欲张狂和浅薄的为富不仁。

---

① 馈赠经济（Gift Economy）（又称馈赠文化，Gift Culture）属于经济学的一支。馈赠经济指的是提供商品或服务者并没有明确的预期回馈对象，也没有预期回馈的内容，有许多分享行为出自于非制式的习惯。同时，馈赠的施与受之间已转换成一种未明确规定的义务，形成送礼者与收礼者之间的隐晦关系。馈赠经济也被认为是一种债务经济，在这种经济中，交易者的目标是尽可能获得最多的馈赠债务人，而不像商品经济中以获取最大利润为目的。例如：信息是最适合的商品或服务，互联网的运作就是由馈赠经济所主导，因此亦称 Information Gift Economy（信息馈赠经济）。

由于以上的民族性特点，当欧洲人如火如荼地进行宗教改革时，英国人却产生了清教徒运动主导的资本主义和工业革命，将宗教虔敬、经营致富、个人自由三者有机地结合成新的三位一体（Trinity），以义利合一作为行事准则。英国大学教育的发展（附件1：《英国大学编年表》），明显地受到它特有的民族性和宗教文化的影响，建立在清教徒所信奉的合理、节制和虔敬的信仰基础上。英国教育一直能够紧跟着人类社会发展每一阶段的改变不断进行革新，在农业革命、工业革命、科技革命和信息革命的历史进程中都能与时俱进，适时地支持配合社会的发展需要。无疑地，英国的经验，尤其是在1992年时所采取的大学教育发展策略，为信息时代的教育改革提供了很好的借鉴。二战后的英国大学教育发展，大致可以分成1960年~1990年和1990年以后两个时期（附件1："英国大学教育发展编年表"），分别介绍如下。

（一）二战后英国大学教育（1960年~1990年）

1960年以前，英国教育经过数百年的发展，全国只有23家古老红砖墙大学（Red Brick Universities），大学教育仍属于少数精英分子的天下，远不能满足社会的发展需要。

1960~1990年，史称数码革命时期（Digital Revolution Era）。这段时期，英国公开大学（The Open University）在1960年率先正式成立，利用电子媒体推行全民大学教育，以应付社会转型的需要。广播媒体教育开始受到重视，教育成本概念被纳入到教育管理体系之中。

与此同时，英国教育政策更逐步倾向摆脱传统精英教育（Elite Class Education），着重应用科技研究成果。学术性浓厚的传统大学独霸地位，开始被象征现代化的玻璃幕墙大学（Plate Glass Universities）所侵蚀。1961至1965年间政府创立了6家新型大学，另有7家大专学院在1962至1984年间先后获批准升格为新型大学。教育观念由工业时代步入科技时代。

（二）二战后的英国大学教育（1992年以后）

1. 新世代大学的特性

1992年是英国大学发展史上的重要分水岭。根据首相梅杰（John Major，1990~1997年）签署的《专上及高等教育法令1992》，英国在1992年一年内共有31家理工学院获批准升格成为大学。然后在2000年、2001年、2002年及2005年，每年均有1家理工学院获准升格，总数共有35家。

1992年有两家非理工学院获准升格为大学，1993年、1994年、2001年、2002年，每年各有1家非理工学院获准升格。2004年有3家，2005年有11家，2006年有4家，2007年有4家，2008年有4家，总数合计32家非理工学院获准升格。

这批大学被称为1992年后大学（Post - 1992 Universities）或新世代大学（New Generation Universities），总共67家，远远超过1992年以前所有英国大学数量的总和。新世代大学的出现，标志着信息时代的来临，这批新大学具有以下的特性：

（1）大多数大学为原来地区社团、宗教组织、行业工会、专业学会和工商厂矿企业兴办的职工培训学校、技术学校、艺术学校、专科学校、理工学院等，通过改组、整顿、结盟合并而成。

（2）办学历史大都可追溯到17世纪英国工业革命年代（1830～1900年），拥有深厚的社会、历史、行业以至国际的渊源和威望。有些还在某一行业中享有崇高的权威地位，负有研究、协助制定和宣传相关行业准则和行规的任务。

（3）英国的行业/专业组织都有严格的成员考核和阶级晋升制度，并明确界定本行业/专业的知识结构和实务准则。有些仍沿用着传统的拜师学艺制度（Mentor System），讲究师承渊源。这类具有行业/专业组织背景的新世代大学，通常拥有一项或多项专精独特并可作为开立门户的拳头课程。

（4）与传统重视学术与科技研究成果的大学不同，新世代大学主攻专门知识和技能的传授，着重提升学生的工作能力和谋职优势。它们传承着英国作为世界工厂（Workshop of the World）时代的行业传统；当年英国的制造业和工艺业驰名世界，成为其对外经济贸易扩张的强大后盾。

（5）打破传统学术资格与专业认证资格的藩篱，建立资格互认制度（见表6），强调学术知识与专业实践相结合。在课程设计上，让学生毕业时取得学位和专业认证双重资格。

（6）成为地区大学系统（Regional System）的核心①，为本地区范围内不符合条件未能申请成为大学的职工培训学校、技术学校、艺术学校、专科学校、理工学院等，提供课程设计及开发咨询、导师支持和课程质量评审认可等服务，统一颁授证书、文凭和学位。

（7）对于教育成本而言，新世代大学与传统大学不同，它们完全按照教育服务企业化、课程供应市场化的思路进行独立经营、盈亏自付。影响所及，自1992年以后，英国政府对大学的拨款日渐紧缩，无论红砖墙大学还是玻璃幕墙大学，都要接受企业化的洗礼，面对逐步走向市场的命运。

---

① 地区大学系统（Regional University System）的运作概念源自关连卫星工厂体制（Satellite Factory System）与特许连锁加盟组织（Franchise System）的混合体。它以某一大学作为某一行政分区内所属各类学校和企事业内部培训单位的龙头大哥，建立起一个本区内以该大学为核心的卫星加盟系统，提升本区内的高等教育服务质量和数量。

表 6　　专业资格与学术资格互认制度[①]

专业评级（NVQ）分五级	学术评级（FHEQ）分八级	专业/行业（C&G）资格名衔
入门级（Entry）	（入门级）初中程度	学生会员
第一级（Level 1）	（第一级）初中毕业	职业上岗证书
第二级（Level 2）	（第二级）高中毕业	技术员证书
第三级（Level 3）	（第三级）大一，国家文凭（ND）	全科技师文凭
第四级（Level 4）	（第四级）大二，高级国家文凭（HND）	LCGI 名衔：初级专业会员
第四级（Level 4）	（第五级）基本学位（Foundation Degree）	（未设此级名衔）
第五级（Level 5）	（第六级）荣誉学位（Hons. Degree）	GCGI 名衔：专业会员
第五级（Level 5）	（第七级）硕士学位（Masters Degree）	MCGI 名衔：资深专业会员
第五级（Level 5）	（第八级）博士学位（Doctoral Degree）	FCGI 名衔：院士名衔

资料来源：英国伦敦市行会学院（City & Guilds Institute of London）。

2. 对新世代大学的负面评价

英国新世代大学的出现和随后发生的各种社会变革，对传统保守、讲究阶级出身的英国社会来说，确实带来极大的冲击。尤其招致既得利益者的严厉口诛笔伐。这些负面评价大致可归纳如下：

（1）企业化、市场化气味太浓，沐猴而冠有失大学体统。

（2）提供劣质课程，滥发文凭及颁授学位，形同儿戏，使社会对大学教育信心尽失。

（3）入学要求宽松，滥收不合格学生，课程管理混乱，导致教育制度泡沫化、学历贬值，误人子弟，浪费社会资源。

（4）课程内容和课程水平杂乱，往往偏离传统，不符合社会大众期望的大学课程标准，有大学之名无大学之实，鱼目混珠，无法与传统大学课程衔接。

（5）教师素质良莠不齐，一些创新探索性较强的课程，既缺乏合格师资亦无法订立考核评审基准。

（6）政府鼓励成立新世代大学，其真正目的在于推卸资助高等教育的责任，导致国家人力资源素质下降。

3. 对新世代大学负面效应的回应

以下是针对这些负面评价的回应，是非曲直由读者自行判定：

新世代大学的办学模式，正是黎慈所描绘的信息时代社会结构的必然产物，它们的任务是培养高素质职工阶层，而非传统的大学毕业生。

---

① 本文表 6 以英国伦敦市行会学院（City & Guilds Institute of London）的专业/行业资格名衔架构作为参考例子以便说明，其他专业学会的资格名衔架构大同小异。NVQ Level = Vocational National Qualifications Levels（国家职业资格水平分级）。LCGI：Licentiate；GCGI：Graduate；MCGI：Member；FCGI：Fellow of City & Guilds Institute.

学术研究和科技探索不需要全社会参与，只应属于少数人的事业，由传统大学的研究所负责。社会上其他大学不应浪费社会资源，向永远不会从事学术研究工作的人传授一些与提升职业能力无关的学科和理论。这才是最符合社会和个人教育成本效益的社会分工。

信息时代，专业知识和技能的淘汰更新速度是人类历史上前所未有的，人不能仅靠年轻时获取的一纸文凭吃老本儿过一辈子。人人必须终生学习。新世代大学的责任是教授学习技巧、设计课程、提供学习交流的平台，而不像传统大学那么重视文凭的浮面价值（Face Value）。

新世代大学的课程设置，目的在于协助职工阶层获得终生学习支持，让社会大多数人都有机会在职业与技能上出类拔萃，成为本行业的符号分析师。这与20世纪70年代发生在美国的无墙大学运动（University Without Walls Movement，UWWM）具有相同的理念（附件2：《无墙大学运动的主要观点》）。

无墙大学运动（1970）、黎慈式社会（1991）、新世代大学（1992），都是回应信息时代的新产物。大势所趋，传统大学亦会不可幸免地走上同样的改革不归路。

由于大多数人对教育投资和学历回报的期待仍停留在工业时代，甚至科举年代的升学主义思维，他们无法接受社会转型、学习观念改变和文凭贬值的现实，难免对新世代大学的出现有各种强烈的负面指控。

黎慈的社会结构和新世代大学所引发的教育改革，其实是一次复古运动（Renaissance）（附件3：《新世代大学的源起》；《先秦时代的家学制度》），回归中古时代的行会师徒制。信息时代的师徒制内容包括：在职学习（Work - based Learning）、多媒体学习（Multi - Media - based Learning）和案例分析分享学习（Case - based Experience Sharing）相结合。现代的师傅（Mentor）不再是学习的主体对象而仅仅是辅导学习的工具之一（Facilitator）。由于大家对辅导学习工具型教师与传统教授型教师的角色和功能认识不足，不懂区分，产生了各种不必要的误解。

至于政府对教育的承担问题，在信息时代，大社会、小政府的趋势日益明显，政府将无法同以前一样垄断社会资源分配，实行大包大揽地承担全民性的福利照顾。因而牵涉到庞大的经常性资助的医疗、教育等服务，势必成为政府财政紧缩的重灾区。新世代大学是最符合成本效益和社会发展趋势的公共政策；政府不应亦不可能长期照顾无法自我独立生存或不懂理财的大学。

四、对教育投资泡沫化的考虑

美国的无墙大学运动和英国新世代大学概念，在实际执行过程中，出现了许多被扭曲和误用的情况，备受社会指责。尤其在美国，地下文凭工厂以宣扬无墙大学运动为名，借题发挥，大肆活动公开招摇撞骗，被认为是造成当代全球性教育投资泡沫化的罪魁祸首。地下文凭工厂的骗子行为，目前已经收敛，不过社会为此付出了正规大学操守沦落的代价（见本文："认清学历投资回报率日低的必然性"一节）。

撇开上述骗子行为造成的泡沫不谈，教育投资泡沫化一直是教育成本研究者所关心的问题。我们可以从两个层次进行分析：其一，从教育服务提供者的层次分析；其二，从教育服务使用者的层次分析。

（一）从教育服务提供者的层次分析，衡量宏观教育成本的准则

1. 教育服务提供者的泡沫分析

教育投资泡沫的形成，就其性质而言，主要可分成三类：（1）由于投资观念错误所引发的泡沫；（2）由于制度问题所引发的泡沫；（3）由于师资人才问题所引发的泡沫。

（1）投资观念错误引发的泡沫。许多国家的政府为了缓解社会就业不足的压力，将大学教育作为推迟年轻人进入职业市场的手段。尤其是20世纪90年代中后期，这种政策手段更被普遍应用。英国的新世代大学（1992）、台湾修正《大学法》（1998）和中国实施扩大招生（1999）等手段都具有推行这种政策的意义。

政府若希望通过延长学生在校时间作为缓解社会就业不足的手段，是一种完全违反市场运作规律的思维方式。仅凭简单的常识推论便可得知，一方面市场需求不足，另一方面却大量生产没有市场价值的产品，最终必然导致产品一文不值。将延长学生留校时间作为解决社会就业问题的手段，不仅不能解决问题，只能制造更大的问题。社会不可能希望人人终生躲在校园内不务正业，浪费社会资源。这种根据错误观念作出的教育投资决策，只会不断制造出大量的无职场参与能力的高学历社会废物，最终引发泡沫效应。

此外，一般人对大学的概念，仍摆脱不了红砖墙校园的巍峨建筑物形象，视大学教育投资等同硬件建设投资。许多政府和大学决策者都热衷于兴建红砖墙校园，不管是否需要，都不计成本地大规模投资于耀眼的建筑物和硬件设置，所谓政绩工程。这种以媚俗、娱己为目的的投资依据，其结果必然导致大学财政长期陷于困境之中，造成泡沫。大学形象无须依赖巍峨宏伟的建筑物去营造。一个全球性的普遍现象是：教育事业发展状况越贫困落后的地区，往往越喜欢建造大白象工程充撑场面。

要减少由错误观念所酿成的资源浪费和教育投资失误，政府、企业、社会及个人必须摒弃传统学历主义和升学主义的思维，面对信息时代的社会现实（参看本文"迈向信息时代的四项假设"一节），集中资源去协助社会适应不断变化的生存环境，学会如何面对企业革新和产业转型对个人生涯发展的影响，提供终生学习的机会和设施（附件

4：《信息时代的企业生存环境》)。

另一项必须要正视的观念是：信息时代的教育事业就是传播事业，教育机构就是传播机构。网络技术自1994年从大学实验室里走向社会后，互联网已成为一个最强大的传播媒体，提供了最新的、源源不断的信息和学习服务。互联网科技配合现代多媒体的运用，被公认为是最符合成本效益的教育投资。大学尚可利用本地区范围内的公共设施，如与图书馆、博物馆、办学团体、企业、工厂等合作，建立大学分教网，节省大学的硬件建设投资（参看本文“新世代大学的特性：地区大学系统”一节）。

英国大学亦存在投资硬件建设不当的问题。大学当局除利用互联网科技开办全球性的遥距教育课程外，还通过大量招收海外留学生和建立海外合作办学网，向海外大学提供培训咨询服务和课程设计服务，以降低投资与经营成本。中国大学能否采取类似的措施，不仅是一个值得探索研究的教育成本课题，亦是中国大学未来的发展方向。

（2）制度问题引发的投资泡沫

由于政府、企业、社会、个人在决策时受过时观念的影响，以工业时代甚至是科举时代的观念来理解信息时代的教育问题，必然导致制度泡沫的恶果。以台湾地区为例，“教育部”自1998年以来，为响应中产阶级的诉求和解决大学学位供应不足而推行的教育改革，一方面鼓励“国立”专科院校合并改组升格成大学，另一方面鼓励民间大量兴办私立大学，形成一股大学兴办潮。大学数目激增，大学录取率由30%急攀至98%，人人可读大学。2007年出现一个被广泛谈论的话题：传闻某大学的入学录取线为单科分数2.8分（100分为满分），五科共11分（500分为满分）即可获录取。当时的国民党立院党团副秘书长周守训严厉批评说：“单科连三分都达不到的考生可上大学，意味着只要名字没写错，选择题随便猜猜即可上榜；连十分都拿不到，就算进了大学又能学到什么？”

周守训的言论所代表的正是工业社会的产品筛选文化，将教育素质低落和教育制度泡沫化简单地往低分学生的头上推。这种现象主要是筛选制度本身出错，没有与时俱进，背离时代。一试定终生的考试已被证明是一种不负责任、重效率、轻公平的官僚制度。人们只懂得恶意批评、践踏歧视低分的考生，而忘记了现有制度每天都在大量制造着高分低能的读书考试机器。教育既是以人为本，就要考虑因材施教，包括将学生按个别情况分流培育，为人人提供自我提升机会，而不是用分数筛选去毁坏无辜的青少年，为社会制造出大批未战先输的失败者。

大家要开始认识一个事实：信息时代的精英分子不再是升学主义和红砖墙大学内的产物。当人类的活动日趋全球化时，社会结构部落化趋势越来越明显。现代的部落是“以专业技能或某项共同文化项目凝聚而成的社会群体”（Communities - of - Practice，COP），现代的精英分子是来自这些部落的领袖。他们通过亲身经历和面对各式各样的挑战，建立起自己独立的人际网络和信息网络。信息时代的精英培育不再依循传统直线发展规律，不会一厢情愿地认为："外在的世界会长期冻结在自己所期望的状况中，事情会理所当然地按计划发生。"这种思维方式在环境变化不大的农业社会以致工业社会或许正确，可是在瞬息万变的信息社会中，显然变得左支右绌。

英国拥有历史悠久的专业团体（professional bodies）和博雅组织（Learned Societies）的制度与传统。这类群体的有些活动甚至扩大至全球各地，成为庞大的国际非政府组织（Non Government Organizations，NGO），百家争鸣，形成各式各样以专项、专门知识作凝聚的部落文化。英国近年进行的教育改革，其中一项内容是将原来的专业培训或博雅活动注入大学教学体系中，丰富大学的学科内容，改变大学教育与社会需求脱节的状况，降低制度问题引发的投资泡沫风险，值得中国教育界参考学习。

（3）师资问题引发的投资泡沫

近年来，全球各地均在竞相新建或扩建大学，作为政府政绩的评审依据，这种现象蔚然成风。大学数量急剧增加，可是硬件建设容易，合格教师难求，师资素质是经常受非议的地方。许多新办大学由于经费和名气不足，无法吸引到合格的教师，师资来源主要有以下几个方面：①年轻缺乏历练的教师；②从社会各业界物色兼任教师；③退休公务员、企业家和专业人士。以上的师资队伍组合，通常的问题是良莠不齐，教学素质浮动不一，让学生感到无所适从，既浪费金钱又浪费时间。较严重的是，这些教师大都缺乏指导学生的经验，在教学过程中常常显现出心有余而力不足，从而导致教育质量下降，所颁授的学历资格证书形同废纸。以台湾为例，社会上一般只承认 1998 年以前成立的大学所颁授的学位资格。

尽管如此，信息时代新型大学的教师队伍，本来就应该从社会各界人才中招揽。大学的目标，就是要协助社会建立一个以专业信息掌握能力分工的黎慈式结构，并向社会提供实现全民终生学习的服务。只要能管理好这些来自五湖四海的英雄豪杰，能让其百花齐放、各尽其才，令校园生活多元化，并无不好；但要减少师资不足引发的投资泡沫，就应当更好地看待和处理好这个问题。

在设计成人学习课程和考虑课程成本时，美国成人教育家纽鲁斯（M. S. Knowles，1913～1997）在《现代成人教育实务》[①] 一书中概括出成人学习者的四项特性：

①随着一个人的成熟，其自我概念会从依赖性的人格转化为一个自我引导的人。

②成年人所积累的日渐增多经验，是一个丰富的学习资源。

③成年人对学习的准备度，与其社会角色的发展任务息息相通。

④随着人的成熟，时间观点也会出现改变——从知识的未来应用转变为实时应用。因此成年人在学习上比较倾向于问题中心，而不是学科中心。

---

① Knowles，M. S.（纽鲁斯）（1980）."The Modern Practice of Adult Education：From Pedagogy to Andragogy"《现代成人教育实务》，Chicago：Association Press.

信息时代的大学教育体系应以全新的概念走出一条自己的路，那就是开发成年人的这些学习特性，使其成为教师的来源。首先，教师的培养和选拔条件，应更多地强调他们的辅导和启发学生自学的热心和能力。必须注意的是信息时代的教师任务是辅导（Facilitate）而不再是教导（Teach）和训导（Instruct）；教师亦是学生，彼此互相向对方学习。其次，大学应鼓励一些本来就是从事某些行业的精英分子的兼读学生担任兼任教师，发挥教学相长的效益。这样建设起来的教师队伍会更为健康可靠，有助于解决师资泡沫的困扰。

2. 衡量宏观教育成本的准则

21 世纪的国际形势，无论是依据亨廷顿主张的《文明冲突论》还是扎伊尔德的《文明分享论》推论，世界将是由八大文明势力各据地盘、相互竞争的格局。另一方面，若我们相信中国将在 21 世纪崛起成为世界级大国的假设（参看上文“迈向信息时代的四项假设”一节），则中国应该奋起直追，致力于跻身世界级符号分析师国之列，同时将中华文明的传播工作尽快提升至具有全球性战略意义的地位。至于如何跻身世界级符号分析师国之列，本文已在多处论述；本节将集中讨论大国崛起的文化策略。

日本是一个很好的近代大国崛起例子。论者认为日本的成功，是坚定执行《脱亚论》[①] 的结果。明治维新时（Meiji Restoration，1868～1889），日本思想家及教育家福泽谕吉（Fukuzawa Yukichi，1835～1901）发表了著名的《脱亚论》，主张摒弃中国思想和儒家精神，废除传统士农工商的四民社会结构，转而吸收学习西方文化，引进西方工厂式的教育制度，这一主张使日本率先其他亚洲国家较早进入工业时代。

对于日本而言，《脱亚论》扬弃儒家精神的主张，纯粹是一种对外来异文化进行筛选和向强者学习的务实强国行为。必须注意的是，日本在社会维新转化的过程中，从没有对自己的民族传统文化采取彻底的自我否定和践踏的手法，而是致力于将本民族的传统文化发展得更精致、更优秀，并升华至国魂（National Soul）的境界。日本之所以成功，原因是其从不离弃自身的固有文化，培养国民具有强烈的国魂意识和民族自豪感。一个没有灵魂的民族和国家，只能沦为异族、异文化的奴隶。若国家任由自我否定与僵化的教育所主导，则只能培育出素质低劣，缺乏自信和变态的国民，绝非崛起中的大国的教育所应有。

《礼记·大学》有云：“物有本末，事有终始，知所先后，则近道矣”。以教育投资成本而言的本末排列次序，应该是按照孟子所主张的“民为重，社稷次之，君为轻”，与《礼记·大学》所提到的“身修而后家齐，家齐而后国治，国治而后天下平”的理

① 《脱亚论》（“Leaving Asia Theory” 1885）：福泽谕吉终其一生都致力于在日本弘扬西方文明，介绍西方政治制度以及相应的价值观。他积极提倡当时正经历明治维新的日本应该放弃中国思想和儒教精神，转而吸收学习西方文明。此文在日本民间广泛流传，而且为日本文化及明治维新的现代化带来巨大影响。福泽谕吉被誉为日本历史上一位最伟大的思想家。日元的一万元钞票上印有他的肖像。

念遥相呼应。用现代的概念来演绎，就是以民为本；有了（素质）优秀和（物质与精神）富裕的国民，才能有富强的国家，才能有效地捍卫赖以凝聚国民和国家利益的文明势力。在全球化进程不断加速的信息时代，衡量宏观教育成本的准则，可概括为以下两点：

（1）教育投资除了促进学习各式各样的异文化外，是否同时兼顾到优化本国固有的传统文化？——教育内容不应鼓励自我否定，矮化个人和固有传统文化的价值。

（2）教育投资除了确保人类社会知识的有效传播延续外，是否同时兼顾到国民获得平等机会从事个人特长和兴趣所在的事业？——教育应该着力于培育创业冒险精神，而不应集中灌输直线生涯发展概念，力求统一。

以上两点已逐渐成为新世纪大国教育的基本原则，并将这两大目标落实到本国的教育内容当中。教育国民不忘本，《庄子·外篇·秋水》中的一则小故事，足堪大众玩味："子独不闻夫寿陵余子之学行于邯郸与？未得国能，又失其故行矣，直匍匐而归耳！"

（二）从教育服务使用者的层次分析，衡量微观教育成本的准则

1. 教育服务使用者的泡沫分析

全球许多家庭省吃俭用，将大部分储蓄甚至不惜借债让家庭成员获得可以改变命运的教育机会。教育服务使用者最关心的泡沫是学历贬值，学历贬值令投资于教育的时间、心力和金钱最终所得回报越来越低。不幸的是，在信息时代，凭借学历改变个人和家庭社会地位的机会已日渐渺茫。社会往上攀爬的游戏规则已随着时代更替默然改变（参看本文"制度问题引发的投资泡沫"一节）。这是时代大势所趋。

封建时代，生涯出路比较简易单一。最基本最直接的出路是读朝廷指定范围的书去考取功名，为政权服务；考不上的，就只能潦倒终生。另一条出路是经营致富，然后捐官买爵。两者都是围绕着依赖皇朝政权安身立命的需要。其获取社会地位的成本计算是从官本位出发的；当时，以促进社会就业为目的的全民性教育概念和制度尚未出现。

工业时代为配合社会发展的需要，催化了工厂式的就业教育制度的诞生，是现代学校制度的原型（Prototype）。受教育成为就业和提升社会地位的途径，于是孕育出了教育宗教和文凭崇拜，引发出以下社会现象：

（1）将获取文凭的能力等同获取知识的能力，造成学历竞争比拼的恶性循环，加速学历贬值，令社会丧失有效的知识能力评审机制。

（2）鼓励急功近利，促使以货就价的劣质课程充斥市场。

这种现象的背景是社会缺乏一套鉴定知识的有效机制。用人单位大都简单地以文凭（容易鉴定）而非知识（不易鉴定）作为人才选拔机制，营造出一种唯学历主义。这突显了工业时代人口向城市集中所出现的强制性、竞技性学习体系所产生的恶果。由于互

联网通讯技术发达，加之生产方式和概念改变，城郊交通网络设施建设也日趋完善，近年来，西方社会出现一股回归自然和传统家庭伦理价值的新趋势，人口往小乡镇社区迁移，蔚然成风。回应这股趋势的教育改革思潮正在酝酿形成之中，工业时代的旧观念将难以为继。

（1）认清学历投资回报率低的必然性。以获取学历作为社会攀升的资本，已不是一项有保证的投资。要懂得区分投资于获取学历与投资于获取知识技能的不同，两者之间没有必然的关系。美国在这方面的经验非常值得参考。

美国的教育，除了少数长春藤大学以外，近年来整体素质大幅下降。大学入学人数大减，要依靠招收外国学生来帮补维持。这种状况的形成背景是，办学机构、尤其是政府州立大学，为了弥补教育系统腐败与不合理的成本结构，达到收支平衡，盈利创收的目标，甘愿放弃教育理想与原则，沦为近似文凭工厂，制造出了大量高学历低职能的社会废物。由于大学之间彼此竞争激烈，滥收新生、滥发文凭的现象非常普遍。一个出人意料，令人啼笑皆非的情况是，导致美国向来生意兴隆的地下文凭工厂（中国称之为“野鸡大学”）的业务一落千丈，部分“工厂”唯有向海外落后地区的市场寻找出路。20世纪90年代中后期，这类机构曾在中国相当活跃，众多急功近利的个人甚至办学单位上当受骗。社会资源最大的流失，是长期维持一些不切实际、漠视社会成本和发展效益的教育机构，制造学历泡沫，直接损害社会大众的教育投资利益。

黎慈所提出的社会结构设想，正是这种社会背景下的产物，目的在于打破传统社会的信息权力分配制度，通过将教育成本合理化和平民化，解决美国本土及全球发展的人才困局。黎慈的社会结构，有利于摧毁文凭崇拜，杜绝传统教育机构以不同形式经营文凭工厂的行为。文凭贬值和泡沫化是必然的趋势，但却有利于带动社会回归正道，减少教育资源的错用。我深切祈盼中国的大学能以美国的经验为鉴，不要走上文凭工厂的错路。

（2）认清生涯规划的时代转变。工业时代社会是根据机械论发展而来的。生涯规划和教育目标是把人的思维推向安于本分从事“无生命的有序工作”，成为大机器（社会）和小机器（企事业单位）的一部分。通过学校提供的阶段性教育，文凭已成为一项可兑换成金钱与职业机会的有价资产。

信息时代的教育是根据信息特性发展出来的。信息是一种充满生命活力、性质无序的媒介物，不受时空界限的限制。在信息时代，接受阶段性教育的传统概念，将由以培养随时随地接收信息的习惯所取代，学习将成为日常生活的一部份。新世纪的生涯规划概念是，在人生的不同发展阶段进行自我检讨和重整奋斗目标。

信息时代中崛起的大国，在制订教育投资时，宏观层面上可参考日本明治时代的大国文化策略和英国当前的大学分类架构。微观层面上，社会与个人可参考学习大英帝国鼎盛时的国民精神面貌。

英国民间的核心价值是业余精神（Amateurism）和献身志愿服务（Freelance）的传统。业余精神绝非不务正业，而是个人专注于将个性与创意转化为生涯发展机会。Freelance 一字是由 Free（后备闲置）和 Lance（轻骑兵所使用的长矛）所组成，是英国中古时期的一种武士道遗风，人人随时准备着在社会有需要时挺身而出，为捍卫大众利益服务。英国是世界童子军运动组织（World Organization of Scot Movement）的创始国。英国年龄 8 岁至 18 岁之间的男女儿童大都参加童子军活动。童子军的铭言是："准备！日行一善！人生以服务为目的！"这就是业余精神，社会从小向儿童灌输业余参与志愿服务社会活动的教育。信息时代与工业时代的截然不同之处是，个人生涯规划不在于对文凭和高学历的追求，而在于如何将业余爱好和业余参与的志愿服务于社会活动，并提高至专业的层次。

2. 衡量微观教育成本的准则

以学历、文凭代表知识和能力水平，只是工业时代为配合推广工厂式教育和人力资源管理所刻意创造出的假象，诱发中下层工人对职业生涯产生遐想（文凭崇拜），使没有机会受教育获得文凭的人认命；教育成为人们心灵寻求安抚和盼望的一种宗教信仰。

黎慈以对知识和信息的掌握作为社会阶级地位分配的依据，个人在衡量教育投资决策时所依据的准则，主要是评估有关教育服务提供者所提供的学习机会，主要内容如下：

（1）能否有助建立起成为有利于生涯发展的关系网络。

（2）能否有助于个人将业余兴趣活动从业余向专业转化。

（3）能否支持个性发展，使个人的特性和经历获得诱导发挥。

中国已成为全球在国外留学人数最多的国家。仅美国就有十多万名中国留学生。一种令教育成本研究者感兴趣的新情况是，本科留学生人数比例急速增长。以美国为例，2006 年约为 8 000 人左右，2009 年已激增至将近 30 000 人，增幅接近 4 倍，并有持续上升的趋势；生源绝大部分不是政府公派的学生，主要是民间自费留学生。招收中国自费留学生已成为国外大学一门重要的生意经。

原来留学深造的概念，是让已经完成大学甚至研究生教育的人到国外学习别国较先进的科技和理论或考察创新的突破。花费大笔钱财送子女留学攻读本科接受基础教育的家庭，是完全违反到国外留学的意义的。尤其让心智尚未成熟、成绩差劣的学生被迫在异国入读品流复杂的学店，往往容易误交损友，习染不良风气，这种情况更是非常可怜又可悲的。这种社会现象的形成不能单纯指责暴发户家庭的浅薄虚荣思维，只懂胡花乱用金钱，活该如此。此外，留学生集体舞弊、制造事端、贿赂大学教师和领导买卖文凭的事情，更是时有所闻。中国教育界要躬身自省，尝试分析这类教育服务使用者内心更深层次的教育投资动机和成本观。

五、教育投资的全球性战略意义

一个国家的教育投资方向，取决于该国本身的文明定位、国家定位与全球战略定位。我们可尝试从以下四种较具代表性的例子来讨论这一问题。

（一）新加坡的小国思维

新加坡国家小，天然资源有限，政府非常重视人口素质结构与社会发展的关系，因而很早就通过修正移民政策，积极在境外，尤其华人地区吸纳精英人才。同时大量投资于人力资源开发，向国外学生提供优厚的培养机会，扶持高增值的服务业，增强本身的国际竞争优势。在此政策下，仅大陆地区就有十多万人长住新加坡。

新加坡公民中，75% 是华人，马来人占 14% 左右，印度族为 8%，还有少部分欧亚混血人口；常住人口中，25% 以上是外国公民。虽然它是世界上除中国以外，华人人口占大多数的国家，但人民普遍接受西方（主要是英式）教育，政府机构等多通用英语。在国家文明定位方面，据说政府近年大力推广普通话教育，宣扬儒家价值观，然而最终能否成为中华文明势力圈中的一员，成效不容乐观。新加坡传统上是作为西方文明进入亚洲的马前卒，要完全改变这一历史和文化角色，难度相当大。

新加坡与香港均受自身先天条件的局限，采取最符合本国利益的教育投资策略，都是走多元化的精英教育之路，通过建设一个高度知识密集型的社会，提升本身的人口素质，发挥城邦（City State）小国的比较优势，承包大国的高增值生产任务，配合大国全球政策的推行。

（二）香港的城邦之路

香港本来具备培植开拓型创业人才的社会氛围，目前的困局主要是对精英教育的取向仍停留在英殖民地时代培养高级执行指令型的政务官和洋买办的状况，不利于发挥香港人多元化、独立创意个性的优势，也没有一套清晰的自我价值定位和发展方向；加上教育施政朝令夕改，摇摆不定，也是造成社会人力资源潜力被严重压制浪费的原因。

香港政府在回归后的政策推行，处处表现出志大才疏，事事陷于议而不决、决而不行的状况，虚耗了不少社会资源和发展时机。最近香港政府提出香港要重点发展六大服务产业（教育、医疗、检测认证、环保、创新科技及文化创意）。连同先前提出的国际伊斯兰金融债券中心等构想，香港似乎已逐渐摸索出一条在一国两制下以提供国际水平的高质素专业服务为目标的城邦社会应走之路。目前，按照黎慈的社会分工结构来衡量，香港的社会整体能力水平属于比上不足、比下有余的阶段，若能脚踏实地，应能成功走上服务业的城邦之路，为国家建设提供有用的支持。近年香港也在模仿新加坡的做法，重资吸引各国的优秀人才予以培养，改变本身的人力资源结构，前景仍有待观察。

（三）仆役国之路

发展中国家（经济力及生产力较弱小的贫穷国家）如印度、中国、巴基斯坦、孟加拉国、印度尼西亚、菲律宾、越南、东欧、非洲和中南美洲国家等，大都在走劳工出口或加工生产的仆役国之路。印度、中国两国近年的经济虽然增长喜人，但国内贫富差距情况仍非常严重，未能摆脱低技术、低知识劳工出口和加工生产国家之列。劳工出口国容易滋生无数家庭破碎、妻离子散等社会问题；加工生产国往往成为发达国家污染性、厌恶性、危险性和违反人权的工序的转移基地。子民被长期虐待和剥削。仆役国之路，除了社会成本高昂外，国际间低知识、低技能的劳工，甚或黑市劳工以至奴隶供应等市场的竞争日趋白热化，亦不受各国欢迎，渐入穷途。

另一方面，以菲律宾和印度为例，尽管它们的高等教育非常普及，专业人才如工程师、教师、医师等人数众多，英语普及率极高，但却只能停留在劳务出口大国的位置上。原因是长期受西方殖民主义统治和宗教传统（分别为天主教和印度教）的影响，他们的教育概念和体制性质仍处于工业时代的中后期，因而只能局限于培养优秀仆役人才的层次。

（四）大国崛起之路

黎慈的社会结构，代表了西方全球性战略意义的大格局思维，希望建立和维持一套由西方主控的全球一体化秩序，通过输出知识产权，对服务工人国和生产制造国进行资源掠夺和金融剥削，并以各种手段迫使发展中国家心甘情愿地专注于发展第一、第二和第三产业服务，维持仆役国状态，让西方永远高居符号分析师国的地位，垄断世界的知识与信息资源。目前所采取的策略是，先进国家一方面利用发展中地区普遍存在的崇洋心态，向发展中地区推销报废过时和低层次的教育课程，借机将本国的教育成本转嫁摊派；另一方面，通过有组织地输出教育服务，在各国培养新一代的买办人才，为现代版的新帝国主义（Neo Capitalism Modern Version）① 全球化扩张服务。

2001 年诺贝尔经济学奖得主史蒂格利兹教授（Joseph Eugene Stiglitz），在全球中国联接组织主办的“前瞻中国未来年会（2005）”中，严辞批评大国在贸易谈判中所采取

① “现代版新帝国主义论”（Neo Capitalism Modern Version）是由英国首相布莱尔（Tony Blair，1997～2007）的外交政策高级顾问罗伯特·库珀（Robert Cooper）首先明确提出的。2002 年初，库珀在他主编的英国外交政策中心出版的文集《世界秩序的重组：9·11 事件的长期影响》中发表了一篇论《后现代国家》的文章中，全面阐述了这一观点。

的霸权作风之余，表示期待“中国应该为众多弱小的发展中国家出头，在国际贸易组织中争取权益”。

由于中国的国力、人口数量和领土面积优势，以中国中心概念（China - centric）为主导的地缘政治日渐形成。中国教育体系应着力摆脱落后和浪费的工业时代教育成本观念，迈向信息时代。《庄子·内篇·逍遥游》中有这样一则故事：“宋人有善为不龟手之药者，世世以洴澼为事。客闻之，请买其方百金。聚族而谋曰：‘我世世为洴澼，不过数金；今一朝而鬻技百金，请与之。’客得之，以说吴王。越有难，吴王使之将，冬与越人水战，大败越人，裂地而封之。能不龟手一也，或以封，或不免于洴澼，则所用之异也。”从这个故事可以看出，在信息的掌握与运用水平上的差异可令个人以至社会发展的成果大不相同。

根据巴列图 80/20 原理（Pareto 80/20 Principle）①的推论，一个堪称信息时代的富裕大国，国内具备符号分析师身份的国民人数，应占成人就业人口的 20% 以上。1991 年的美国人口组合研究显示，美国已经达到这一要求。至于其余 80% 的组合，大致上是越发达地区，服务业从业人员所占比例越高，生产制造业工人所占比例越低。以瑞士、芬兰、瑞典等富裕小国为例，它们的人口组合中，符号分析师和服务业从业人员所占比例相当高，全国主要从事知识密集型的高增值行业。全球性竞争就是人力资源素质的竞争，正如邓小平所说：“我们国家，国力的强弱，经济发展后劲的大小，越来越取决于劳动力的素质，取决于知识分子的数量和质量。”

中国的社会文化结构千百年来所表现出的，主要是以儒家为体、道家为用，所谓似儒实道，更夹杂不少其他诸子百家和地方宗教信仰的内容。即使外来宗教（如佛教、基督教、伊斯兰教）和异文化的进入，也必须面对如何适应如此根深蒂固的强大文化压力的问题，作出自我修正，即所谓汉化过程。道家精神崇尚反向思维，思想开放活泼而深邃，主张自然与信息时代的精神成天生绝配。另一方面，中国近年来致力于西部经济的开发建设。西北部有配合中亚各国的大中东观念的发展鸿图（进入伊斯兰文明的腹地），西南部则是积极推动东盟 10 + 1 的紧密联系（中国历史上的封贡体制和华人势力比较集中的地区，包括三大伊斯兰文明国家，印度尼西亚、马来西亚、文莱）；印度洋方面，更是大力加强与非洲友邦（其中 23 个为伊斯兰国家）的经济合作（注：非洲 53 国，48 个为中国邦交国）。综合以上两方面的情况分析，中国无论是自身所具备的

① 巴列图 80/20 原理（Pareto 80/20 Principle）：这个原理是 19 世纪末期与 20 世纪初期的意大利经济学家兼社会学家巴列图（Vilfredo Pareto，1848 ~ 1923）所提出，后来经过美国质量管理大师朱雅伦（Joseph M. Juran，1904 ~ 2008）大力推广应用，奠定了其在管理学上的地位。它的大意是：在任何特定群体中，重要的因子通常只占少数，而不重要的因子则占多数，因此只要能控制具有重要性的少数因子即能控制全局。这个原理经过多年的演化，已变成当今管理学界所熟知的“80/20”原理，即 80% 的价值是来自 20% 的因子，其余的 20% 的价值则来自 80% 的因子。

民族文化精神条件，还是其全球战略布署成果，大国崛起格局日渐成形（参看本文“迈向信息时代的四项假设”一节）。

后　语

古诗曰：“秦时明月汉时关”[①]，古希腊哲人亦说过：“人不能两次踏入同一条河流”[②]。换言之，我们不可能用现代人的观念去评价过去所发生的事，亦无法预知未来世界的情况。信息时代会有多长久？以后又是一个什么样的时代？我们实在不必杞人忧天，浪费时间去想得太多。只需要把握一点，那就是：“人要活，并且要活得有尊严”，这是世界一切事物的根本。

我们所处的年代，基本上是由工业时代建立的计算文化（Calculative Culture）所主导。精算本来属于自然科学范畴的东西，一旦被应用到人文学和社会学上，就必须小心谨慎。英国的工业革命及其后出现的各种社会变革，都在于试图将计算文化套用到解决社会和人力资源的有效管理上。数字控制了现代人类的思想和行为。

现代科学管理学（Scientific Management）又称泰勒制（Taylorism or Taylor System）的开山祖师爷泰勒（Frederick Winslow Taylor，1856～1915），是近代较早尝试将计算文化应用到人性的管治上，通过运用规划、标准化及客观分析等方法以增加人们的工作效率，最能代表工业革命计算文化的精神。计算文化即《老子》所指的“为学”。“为学日益，为道日损”，“益”就是增加，“损”就是减少。计算文化往往为人类平添了许多无谓的枷锁束缚，《老子》“损”的思维，是尽量减少计算，认为“大道废，有仁义；智慧出，有大伪”。

《庄子·外篇》其中的一段将当代的计算文化刻画得淋漓尽致，原文如下：“马，蹄可以践霜雪，毛可以御风寒，龁草饮水，翘足而陆，此马之真性也。虽有义台路寝，无所用之。及至伯乐，曰：‘我善治马’。烧之，剔之，刻之、雒之，连之以羁，编之以皂栈，马之死者十二三矣；饥之、渴之、驰之、骤之、整之、齐之，前有橛饰之患，而后有鞭策之威，而马之死者已过半矣。”

中国改革开放30年，正由地区性强国向全球性强国之路进发（参见本文：“迈向

---

① “秦时明月汉时关，万里长征人未还。但使龙城飞将在，不教胡马度阴山。”唐边塞诗人王昌龄这首《出塞》诗，千百年来传为佳作。对首句“秦时明月汉时关”的理解和诠释，则是见仁见智。

② 赫拉克利特（Heraclitus，540 B. C. ～480 B. C.），古希腊哲学家。生于以弗所一个贵族家庭，相传生性忧郁，被称为“哭的哲学人”。他的文章只留下片段，爱用隐喻、悖论，致使后世的解释纷纭。“人不能两次踏入同一条河流。”是被人们最常引用的名句。他以此来说明，世界上没有静止和不动的东西，一切都在永恒不断地变化着。任何事物都既存在着，又不存在；因为它存在的时候同时又在变化着，变成了别的东西，也就是原来的东西不存在了。

信息时代的四项假设”一节）。中国若要不负众望，争取在21世纪内跻身世界级强国之列，则必须深刻检讨目前的社会人口组合结构和教育成本观，提升整体的软实力(Soft Power)[①] 水平，争取早日获得符号分析师国的地位。我的结论是：现代成本会计学是工业革命的产物[②]，免不了烙上深刻的计算文化印记。然而，教育毕竟是关乎人的事情，尤其在信息时代，人的因素已逐渐取代物的因素，成为社会发展的主轴；因此，教育成本的计算，必须加入人性与伦理的考虑。希望这篇报告，有助大家悟出一些道理。

参考文献：

1. Reich, Robert Bernard（黎慈）:《国家的任务》(1991), NY: Random House Inc.

2. 奚洁人:《科学发展观百科辞典》，上海辞书出版社2007年版。

3. 许海山:《亚洲历史》，北京线装书局2006年版。

4. Huntington, Samuel P.（亨廷顿）(1996): “The Clash of Civilizations—Remaking of World Order”(《文明的冲突与世界秩序的重建》), NY: Samuel & Sohuster.

5. Knowles, M. S.（纽鲁斯）(1980): “The Modern Practice of Adult Education: From Pedagogy to Andragogy”《现代成人教育实务》, Chicago: Association Press.

6. 库珀：“论后现代国家”，英国外交政策中心出版的文集《世界秩序的重组：9·11事件的长期影响》，2002年版。

7. “把教育工作认真抓起来”，《邓小平文选》（第三卷），人民出版社1994年版。

---

① 19世纪下半期，英国工业革命促使企业生产规模迅速扩大，在生产方式上开始从工场手工业向使用机器的工厂制度过渡。19世纪末20世纪初，西方资本主义国家完成了工业革命，机械化的大生产取代了作坊式的小生产，竞争日趋激烈，以经验和直觉为核心的传统管理方式已不能适应生产发展的需要。客观上促使企业管理向科学化、系统化和标准化发展，于是，体现科学管理方式的泰勒制取代了旧的落后的传统管理。为了泰勒制的实施，于是标准成本、差异分析、预算控制等与泰勒的科学管理直接相联系的计划、控制方法被引进到会计中来。现代成本会计学与管理会计学逐步发展成熟。

② “软实力”(Soft Power)，相对于建立于军力上的“硬实力”(Hard Power)，是美国哈佛大学教授、国际政治学家、新功能主义和相互依存理论的重要代表约瑟夫·奈（Joseph S. Nye, Jr., 1937）所提出的一种国际政治概念。指“一国通过吸引和说服别国服从你的目标从而使你得到自己想要的东西的能力”，主要存在于一国的文化、政治价值观及外交政策之中。

附件 1

英国大学教育发展编年表

1. 重要历史时期

（1）欧洲文艺复兴（European Renaissance，1300 ~ 1600）

（2）哥伦布发现美洲新大陆（Columbus landing America，1492）

（3）欧洲宗教改革（European Reformation，1500 ~ 1600）

（4）欧洲全球殖民扩张（European Global Colonial Expansion，1600 ~ 1900）

（5）英国工业革命（British Industrial Revolution，1830 ~ 1900）

（6）第一次世界大战（WWI，1914 ~ 1918）

（7）第二次世界大战（WWII，1939 ~ 1945）

（8）二战后重建（Post WWII Reconstruction，1945 ~ 1960）

（9）二战后婴儿潮（Post WWII Baby Boom，1946 ~ 1964）

（10）科技白热化年代（White Heat of Technology Era，1958 ~ 1961）

（11）数字化革命［Digital Revolution，1960（or 1980） ~ 1990］

（12）全球化与信息化年代（Globalization and Information Era，1960 ~ Present）

2. 大学类别

（1）中世纪文艺复兴期成立的古老大学（共七家）Ancient Universities（the seven medieval and renaissance universities）

（2）19 世纪成立的大学（共三家）Universities chartered during the 19th century

（3）20 世纪初一战前期间成立的“红砖墙大学”（共六家）Red Brick Universities chartered at the turn of twentieth century before WWI

（4）“类红砖墙大学”（共七家）Para Red Brick Universities

（5）20 世纪 60 年代成立的“玻璃幕墙大学”（共七家）Plate Glass Universities chartered during the 1960s

（6）“类玻璃幕墙大学”（共十三家）Para Plate Glass Universities

（7）1960 年公开大学成立 The Open University

（8）1992 年后成立的新世代大学（前身理工学院）（共三十五家）（Post ~ 1992 Polytechnic – converted New Generation Universities）

（9）1992 年后成立的新世代大学（前身非理工学院）（共三十二家）（Post ~ 1992

Non - Polytechnic - converted New Generation Universities)

（10）1836 年成立的伦敦大学集团 University of London System（19 members to date）

（11）1893 年成立的韦尔斯大学集团 Wales University System（9 members）

3. 英国大学发展编年表（见表7）

表 7

大学正名	校　名	始创年份	备注栏
1167	University of Oxford	1167	(A)
1209	University of Cambridge	1209	(A)
1413	University of St. Andrew（Incorporating the University of Dundee from 1897～1967）	1413	(A)
1451	University of Glasgow	1451	(A)
1582	University of Edinburgh	1582	(A)
1592	University of Dublin（Trinity College, Dublin）	1592	(A)
1733	St. Georges University of London	1733	(L):1836
1791	Royal Veterinary College	1791	(L):1836
1822	Royal Academy of Music		(L):1999
1826	University College of London		(L):1836
1828	University of Wales, Lampeter	1822	(W):1971
1829	Kings College London		(L):1836
1836	University of London System:（1）Birkbeck;（2）Goldsmiths;（3）Kings;（4）London Business School;（5）London School of Economics and Political Science;（6）Queen Mary;（7）Royal Holloway;（8）School of Oriental and African Studies;（9）University College London;（10）Central School of Speech and Drama;（11）St. Georges;（12）Heythrop;（13）Institute of Cancer Institute;（14）Institute of Education;（15）London School of Hygiene and Tropical Medicine;（16）Royal Academy of Music;（17）Royal Veterinary College;（18）The School of Pharmacy;（19）External System	1836	(B)
1837	University of Durham	1832	(B)
1845	Royal Agricultural College	1844	
1858	University of London External System	1858	(L): 1858
1860	University of Aberdeen	1495	(A)
1872	Aberystwyth University	1872	(C1)(W):1893
1875	Royal Veterinary College	1791	(L):1949

续表

大学正名	校名	始创年份	备注栏
1880	Victoria University of Manchester (re: University of Manchester)	1824	Merged with UM in 2004
1881	Cardiff University (Left University of Wales System in 2004)	1881	(C1)(W):1893
1882	Royal College of Music	1882	
1893	University of Wales System: (1) Aberystwyth; (2) Bangor; (3) Glyndwr; (4) Swansea Metropolitan; (5) Swansea; (6) Trinity; (7) Cardiff Institute; (8) Lampeter; (9) Newport	1893	(B)
1884	Bangor University	1884	(C1)(W):1884
1900	Royal Holloway College	1879	(C1)(L): 1900
1900	University of Birmingham	1825	(C)
1902	London School of Economics & Political Science	1895	(L):1900
1903	University of Liverpool	1881	(C)
1904	University of Leeds	1831	(C)
1905	University of Sheffield	1828	(C)
1907	Imperial College London (Left University of London System in 2007)	1907	
1908	The Queen's University Belfast	1845	(C1)
1909	Institute of Cancer Research	1909	(L):1909
1909	University of Bristol	1876	(C)
1915	Queen Mary, University of London	1123	(C1)(L):1915
1916	School of Oriental & African Studies	1916	(L):1916
1920	Swansea University	1920	(C1)(W):1920
1924	London School of Hygiene & Tropical Medicine	1899	(L):1899
1926	Birkbeck College	1823	(L):1920
1926	University of Reading	1860	(C1)
1932	Institute of Education	1902	(L): 1932
1948	University of Nottingham	1789	(C1)
1949	School of Pharmacy, University of London	1842	(L):1949
1952	University of Southampton	1862	(C1)
1954	University of Hull	1927	(C1)
1955	UMIST (re: University of Manchester)	1851	Merged with UM in 2004
1956	University of Exeter	1855	(C1)
1957	University of Leicester	1921	(C1)
1960	Open University	1960	(E)
1961	University of Sussex	1961	(D)
1962	University of Keele	1949	(D1)

续表

大学正名	校名	始创年份	备注栏
1963	New Castle University	1834	(C1)
1963	University of East Anglia	1963	(D)
1963	University of York	1963	(D)
1964	University of Essex	1964	(D)
1964	University of Lancaster	1964	(D)
1964	University of Strathclyde	1964	(D1)
1965	University of Kent	1965	(D)
1965	University of Warwick	1965	(D)
1966	Aston University	1895	(D1)
1966	Brunel University	1928	(D1)
1966	City University, London	1894	(D1)
1966	Heriot - Watt University	1821	(D1)
1966	Loughborough University	1909	(D1)
1966	University of Bath	1885	(D1)
1966	University of Bradford	1832	(D1)
1966	University of Surrey	1891	(D1)
1967	Royal College of Art	1837	
1967	University of Dundee (1897 ~ 1967 as part of St. Andrews University)	1897	(C1)
1967	University of Salford	1896	(D1)
1967	University of Stirling	1967	(D1)
1968	New University of Ulster (re: University of Ulster)	1968	Merged with UU in 1984
1969	Cranfield University	1946	
1971	Ulster Polytechnic (re: University of Ulster)	1971	Merged with UU in 1984
1983	University of Buckingham	1976	Private Own
1984	University of Ulster (merger of New University of Ulster and Ulster Polytechnic)	1968	(D1)
1986	London Business School	1964	(L);1964
1990	Goldsmiths College	1891	(L);1904
1992	Birmingham City University	1843	(F1)
1992	Bournemouth University	1970	(F1)
1992	Coventry University	1843	(F1)
1992	De Montfort University	1969	(F1)
1992	Glasgow Caledonian University	1875	(F1)

续表

大学正名	校名	始创年份	备注栏
1992	Kingston University	1899	(F1)
1992	Leeds Metropolitan University	1824	(F1)
1992	Liverpool John Moores University	1823	(F1)
1992	Manchester Metropolitan University	1970	(F1)
1992	Middlesex University	1878	(F1)
1992	Napier University	1964	(F1)
1992	Nottingham Trent University	1843	(F1)
1992	Oxford Brookes University	1970	(F1)
1992	Robert Gordon University	1750	(F2)
1992	Staffordshire University	1971	(F1)
1992	Sheffield Hallam University	1969	(F1)
1992	Thomas Valley University	1990	(F1)
1992	University of Brighton	1828	(F1)
1992	University of Central Lancashire	1828	(F1)
1992	University of Derby	1851	(F2)
1992	University of East London	1898	(F1)
1992	University of Glamorgan	1913	(F1)
1992	University of Greenwich	1890	(F1)
1992	University of Hertfordshire	1952	(F1)
1992	University of Huddersfield	1825	(F1)
1992	University of Northumbria at Newcastle	1969	(F1)
1992	University of Plymouth	1989	(F1)
1992	University of Portsmouth	1869	(F1)
1992	University of Sunderland	1901	(F1)
1992	University of Teesside	1929	(F1)
1992	University of the West England, Bristol	1970	(F1)
1992	University of Westminster	1838	(F1)
1992	University of Wolverhampton	1835	(F1)
1993/4	The Royal Scottish Academy of Music & Drama	1847	
1993	University of Newcastle	1834	
1993	University of Wales Cardiff Institute	1865	(F2) (W):1992
1994	University of Abertay Dundee	1888	(F2)
1998	Harper Adams University College	1901	
2000	London South Bank University	1892	(F1)

续表

大学正名	校名	始创年份	备注栏
2001	University of Gloucestershire	1834	(F2)
2001	University of Lincoln	1861	(F1)
2002	London Metropolitan University (Merger: Guildhall University 1848 and University of North London 1896)	1848	(F1)
2002	Newport University	1975	(F2) (W):1996
2004	Roehampton University	1975	(F2)
2005	Southampton Solent University	1855	(F2)
2004	University of Arts London	1986	(F2)
2004	University of Bolton	1842	(F2)
2004	University of Manchester (merger of former Victoria University of Manchester & UMIST)	1824 and 1851	(C)
2005	Anglia Ruskin University	1858	(F1)
2005	Bath Spa University	1975	(F2)
2005	Canterbury Christ Church University	1962	(F2)
2005	Central School of Speech and Drama	1906	(L):2005
2005	Liverpool Hope University	1994	(F2)
2005	University College Falmouth	1902	(F2)
2005	University of Chester	1838	(F2)
2005	University of Chichester	1839	(F2)
2005	University of Northampton	1975	(F2)
2005	University of the Creative Arts	1866	(F2)
2005	University of Winchester	1840	(F2)
2005	University of Worcester	1946	(F2)
2006	Bishop Grosseteste University College	1862	(F2)
2006	St. Mary's University College, Twickenham	1850	(F2)
2006	University of Bedfordshire	1882	(F2)
2006	York St. John University	1841	(F2)
2007	Heythrop College, University of London	1614	(L):1971
2007	Newman University College	1968	(F2)
2007	Queen Margaret University Edinburgh	1875	(F2)
2007	Trinity College, Carmarthen	1848	(W):2005
2007	University College Birmingham	1957	
2007	University College Plymouth, St Mark & St John	1862	
2007	University of Cumbria	1822	(F2)

续表

大学正名	校名	始创年份	备注栏
2007	University of the West of Scotland	2007	(F2)
2008	Buckingham New University	1893	(F2)
2008	Edge Hill University	1885	(F2)
2008	Glyndwr University	1887	(F2)(W):2003
2008	Norwich University College of the Arts	1845	Arts School
2008	Swansea Metropolitan University	1976	(F2)(W):1992
2008	UHI Millennium Institute	1992	
2009	The Arts University College at Bournemouth	1885	

附件 2

无墙大学运动的主要观点

1. 无墙大学（University Without Walls）：20 世纪 70 年代在美国兴起，主张打破扭曲人性发展的教育制度，反对教育作为反民主的“精英社会”的筛选工具，将大部分人边缘化、劣质化。该运动的口号是：不管在什么地方学习，什么时候学习，跟谁学习，用何种方式学习，学习成果都应获得社会承认。

2. 学习观与生涯观：学习活动是为了解决生活上和工作上的问题，与文凭和社会地位没有必然的联系。

3. 全球化与网络化势如破竹，人类进入知识爆炸的信息时代，在学校围墙内施教的传统僵硬制度，应由非校园化的终生学习所取代。

4. 公平的社会是人人注重学习，随时随地热心学习的好学社会（Learning Society），学习意向和学习活动不应遭到任何有形或无形围墙扼杀。教育必须接受市场供求规律的洗礼。

附件 3

新世代大学的源起

勒斯蒂奥（Hastings Rashdall，1858～1924）在《中世纪的欧洲大学》书中提到，

University（大学）这个在文艺复兴时期出现的名词，原意是社团或行会（Society or Guild），主要在于传播某一行业的技能以及独特文化，并为初入行者提供培训。当时要成为大学中的师傅级成员（Masters 或 Doctors），首先必须获取入行资格，成为拥有认可执照的人（Licentiate,）。大学的培训内容，主要是该行业的特定技术与经验，师傅都必须拥有认可执照。早期的大学将拜师学艺有组织地推向建制化，成为现代专业学会的先驱。

后来的学术研究团体取用了“大学”这个名称，发展成由教师向学生宣讲（profess）研究成果的场所，教师成了宣讲者（Professor）；教师与学生，彼此不再是师徒关系。英国的新世代大学结合专业学会，正试图恢复古制，可以视为现代教育史的文艺复兴。

先秦时代的家学制度

先秦诸子所从事的，正是信息时代最重要的行业，即讯息与培训相结合的知识传播产业。诸子各家所传递的讯息内容、传播目的与传播方法所表现出的思想解放，重视社会基层组织和小群体的社会生命功能等，具有现代社会的形态。无论当时的国际观、学习观、生涯观，甚至社会结构与黎慈所描绘的信息时代状况有着惊人的神似。据《汉书·艺文志》记载，所谓诸子百家，确数是 189 家，每一家派都有本身的家学体系（Body of Knowledge）与学风（Corporate Culture），尤其墨家的组织，已具备现代专业文化部落（Communities - of - Practice，COP）的形式。诸子的思想，不只是中国的资产，也是全人类的共同财富。

古今中外影响生涯发展的因素，不在于以分数筛选入围，而在于能否投身适当的部落（专业团体）拜师学艺，建立起自己的信息和专业人际网络，为个人创业做好准备。

附件 4

信息时代的企业生存环境

信息时代称为熊彼得时代或创造性毁灭时代：企业生存必须依靠不断创新与变革，这种企业行为，称之为创造性毁灭（Creative Destruction）。面对残酷的市场竞争，企业与产品的生命周期日趋“短寿”。在熊彼得经济理论与网络商贸主导年代，将出现大企业所最惧怕的“以小搏大、以小胜大”的小企业经营思维。市场充斥着无数有创意和勇于尝试的小企业。小企业的优势是较易对市场变化作出迅速的反应，较易获得足够的生存空间。它们像鬼魅般随时因缘出击，令大企业无法发挥规模经济的威力，对市场进行垄断，我们称之为“歌利亚效应”（Goliath Effect）。

面对小企业的竞争和市场要求不断创新的压力，大企业必须不断对它的资源进行调配。企业瘦身（Downsizing）大概在1982年开始就成为企业管理的时尚手段。企业瘦身的真正目的，不是单纯地为了节省开支，而是一种更换企业能力结构的策略安排。企业必须经常淘汰技能过时的员工，引进企业需要的人才。

另一方面，人类的寿命越来越长，大多数人的储蓄均不足应付其漫长的退休生活，而必须继续工作养活自己。因此，周期型生涯逐渐成为社会的主流。这种生涯模式是追求终生就业能力，不存在一职终生和退休概念。个人创业成为知识型社会中每个人的终极生涯目标。社会将充满各种生活形态和个人转型的实验；各式各样的顾问公司、培训公司、分包公司和小型创意行业林立，为人类开启一个与以往截然不同的全新社会。

因此，终生学习是现代人无法逃避的生活现实，而CPD（持续专业发展）是终生学习的一种重要学习形式。它将工作、学习与生活有机地结合在一起，鼓励参与者通过接触和解决业务上的实际问题，不断更新自己的知识与技能结构，以达到学习的目标。CPD不是学校教育的延续，亦不是正统教育制度的补充，而是直接针对工作能力与解决现实问题的个人素质发展学习，重视知识的应用性与功利性。专业学会还要求成员每年必须获取若干认可CPD学分才可保有专业资格。英国大学更是将CPD纳入到教学体系中，学员可通过CPD方式获取学位和专业资格。

高等教育的政府责任探析

蔡秀云[①]

【摘 要】发展高等教育，不仅有高校及其教师的责任，更有政府的责任，政府在高等教育发展中扮演着十分重要的角色。本文对高等教育政府责任的内涵、存在等问题进行了分析，认为应从转换政府角色入手，重新界定高等教育中的政府责任。政府不仅应站在宏观的高等教育行政主体视角，还应站在微观的高校和社会主体视角；不仅从投资方面，而且还应从公平角度、资源利用率角度以及财政政策角度等方面，重新审视高等教育的政府责任。

【关键词】高等教育 政府责任 变革与创新

Government Responsibilities in Higher Education Development

Cai Xiuyun

【Abstract】The government has an important role in the development of higher education. This paper analyzes the connotation of government responsibility and existing problems in higher education development. The responsibility of

① 作者简介：蔡秀云，女，经济学博士，首都经济贸易大学财政税务学院教授，副院长。

government in developing higher education should be redefined from the fairness view, resourcc utilization point and fiscal policy view.

【Key words】 Higher Education Government Responsibility Reform

目前，在高等教育领域，日益激烈的国际竞争和科技革命，使得培养高级专门人才的高等教育正逐步走向现代化、大众化、国际化及终身化。大学从社会的边缘走向社会的中心，并对人类社会的进步和发展发挥着日益巨大的作用。在我国，高等教育在"十五"期间提前三年实现大众化目标，规模先后超过俄罗斯、印度、美国，居世界第一位。这对我们这样的发展中人口大国来说，是一个非常令人振奋的成就。但是，我国的教育发展仍很不平衡，一些关系人民群众利益的教育问题还没有很好解决。我国人均受教育程度不高，劳动力素质与国际上还有相当的差距，我国中等及高等教育的毛入学率与中等以上收入国家平均水平相比落后 15 年左右，与发达国家相比落后 30 年以上。在深化高等教育管理体制改革的新时期，明确高等教育的政府责任，对避免效率低下、教育资源浪费、教育分配不公等一系列问题都具有重要意义。

一、高等教育政府责任的基本内涵

高等教育的政府责任与大学和外部世界的关系密不可分。在诸多关于大学与外部世界关系的论述中，克拉克（Clark）的三角协调模型（coordinate triangle）一直被引为经典。它将国家高等教育系统置于"三角张力"之中，认为高等教育系统的位置是三股反方向的力量（即国家权力、学术力量以及市场力量）共同作用的结果。可见，和其他经济组织一样，高等教育机构受到供应者的专业技术（学术力量）、消费者的个人需求（市场力量）以及国家所代表的集体利益（政府力量）三者之间相互竞争的合力影响，如图 1 所示。其中，国家追求的是整个社会的利益，至少是维持政权所必需的社会大多数人的利益。应该说这三者之间的关系，基本决定了高等教育政府责任的基本内涵和内容。

高等教育的政府责任主要涉及这样两个方面，一是在高等教育领域政府应该做什么；二是政府怎样去做。因此，要明确高等教育的政府责任，首先要明确政府在高等教育中的角色，区分大学的举办者、大学的管理者和大学的办学者三个概念的不同内涵。

大学的举办者，是指依法举办大学的政府、组织和个人。它包括各级人民政府、具有法人资格的企业、事业单位、社会团体及其他组织和个人。

大学的管理者，是指有权对大学进行行政管理的主体，它只能由政府或政府授权的组织来承担。

大学的办学者，是指依法管理学校内部诸事务的主体，它应该是大学自身，即大学是大学的办学者。

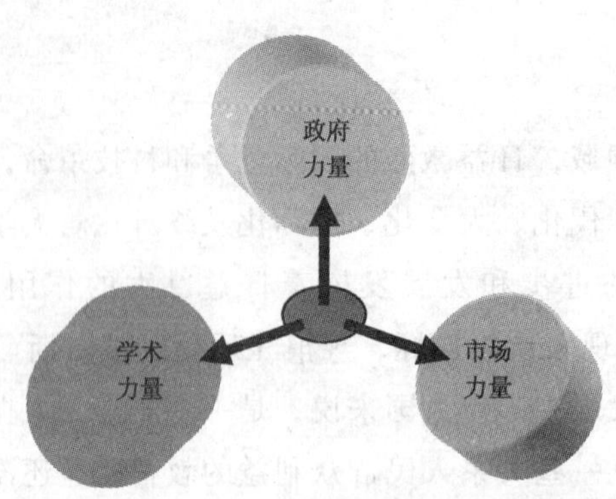

图 1 高等教育的三角协调

如此看来，政府的角色应当是：首先，政府不是所有大学的举办者，而只是公立大学的举办者；其次，政府是所有大学的管理者；最后，政府不是大学的办学者，对于公立大学来说不是，对于社会力量举办的大学来说也不是。

政府不是社会力量举办大学的举办者，但它是它们的管理者。社会力量举办的大学作为社会组织中的一员，有义务接受国家公权的代表——政府的外部行政管理。对公立大学来说，政府既是举办者，又是行政管理者，具有双重身份。但政府绝不应该将这两种角色的职能混在一起行使，而应将举办者的职权同行政管理者的职权予以分离，分别依据不同的要求和规则来行使。

由此可见，高等教育政府责任主要包括两个方面：一是当政府作为公立大学举办者时所具有的职责，二是政府作为大学行政管理者所具有的职责。

首先，政府作为公立大学举办者应具有制定大学章程，任命学校决策机构成员，核准或任命大学校长等权利。与此同时，政府作为公立大学举办者需承担相应的责任。

政府作为公立大学的举办者，最重要的责任是为大学提供必要的和稳定的办学经费，这是由举办者的身份所决定的必然要履行的责任。虽然随着高等教育规模的扩展和大学数量的增多，仅仅依靠政府的财力来维持大学的生存和发展已有相当难度，事实上很多国家大学自筹的经费已接近或达到政府拨款的数目，但政府财政拨款依然还是大学收入的主要来源。如法国大学有 60% 的经费来自政府财政。加拿大大学也有 95% 的基建费、75% 的事业费由政府拨付。再如美国，虽然政府对大学的控制一直较弱，但政府对大学的经费供给却占到近一半的比例。总之，政府可以鼓励大学利用其他渠道和方式来增加收入，却不能以此为理由推托自己为大学提供办学经费的义务。我国《高等教育法》第六十条规定：“高等学校的举办者应当保证稳定的办学经费来源，不得抽回投入的办学资金。”这是对举办者（包括政府）所作的义务性规定，政府也必须履行。

政府为大学拨款，可以采取不同的途径和方式。不同的拨款方式可以带来不同的大学行为。以规定项目、按人员编制计划为基础的预算分配方式，由于它极大地束缚了大学的手脚，大学没有任何自由选择分配的余地，因而必然带来僵化、保守、死气沉沉的局面；而以科研合同或资助入学大学生的方式进行的拨款，却能充分调动大学的活力去参与竞争，它所带来的是完全不同的一种结果。因此，政府采用多种途径拨款，可以产生比单一拨款方式好得多的效果。

其次，政府作为大学行政管理者，应具有规划、审批新建大学，制定标准等权利，相应地具有实现教育公平，提高教育质量，培养高素质人才的重要职责。政府作为高等教育宏观管理者的一个重要职能就是为大学发展制定规划，无论是在计划经济条件下，还是在市场经济条件下都是如此。而且，市场经济更需要政府在高等教育领域进行宏观的规划和控制，保障高等教育秩序的稳定性。

审批新建大学，是各国政府的一项重要权力。无论是政府控制较为严格的欧洲大陆国家，还是自由选择权力较大的北美地区，政府虽然拥有的权力有多有少，但审批新建大学是其共有的、最基本的一项权力。

政府审批新建大学的权力表现为：第一，公立大学由政府任命设立；第二，私立大学必须经政府批准方可正式成立。日本的国立和公立大学由国家和地方政府依据《学校教育法》、《大学设置基准》、《国立学校设置法》设置，而私立大学由学校法人依据《私立学校法》、《大学设置基准》等法律文件规定的程序和要求向文部大臣申请，文部省根据相关法律规定向"大学设置审议会"提出咨询后，决定是否批准设置该大学。又如美国，虽然只要符合大学所应具备的条件，任何个人和团体均可申请举办大学，但法律规定只有在取得州议会颁发的特许状后，一所新大学才算正式成立。

政府的行政管理职权表现最为突出的方面就是制定规范和标准。主要目的是为了保证高等教育的健康发展和对社会的贡献。政府制定的这些规范和标准一般都是某一方面需达到的最低界限，是大学必须遵守和达到的。它们主要包括：（1）大学设置标准，如设置大学必需的创办经费、合格的场地、校舍、仪器设备及必备的图书资料等。（2）教师资格和职务标准。教师任职资格的标准对大学教师执教必须具备的学历、教学能力等方面进行了规定。教师的职务标准是教师获得一定专业技术职务所必须具备的条件，我国颁布的《教师职务资格条例》，就是规定教师职务标准的。（3）专业设置标准。它包括设置一定专业要求的专任教师的人数、职务、教学设备及学生数目等内容。（4）干部人事任免标准。主要是指大学的校长、副校长、各院正副院长、各系正副系主任及其他非教学人员的任免标准。（5）学位证书标准。学位和证书是一定学术水平的标志，其授予是严肃和认真的。政府必须制定相应的学位证书标准，明确在何种情况下，达到什么条件可以授予学位证书。对高等教育运营中的各项工作进行评估和监督是政府的一项重要的行政管理职责。

需要强调的是，作为大学行政管理者，政府履行为高等院校的发展制定规划、审批新建大学、制定标准的职责的最终目的，应该是实现教育公平、提高教育质量、培养高素质人才的重要职责。政府作为高等教育宏观管理者的一个重要职能就是为大学发展制定规划，无论是在计划经济条件下，还是在市场经济条件下，都是如此。而且，市场经济更需要政府在高等教育领域进行宏观的规划和控制，保障高等教育秩序的稳定性。

二、我国高等教育中政府责任存在的问题

我国政府对于两个方面的高等教育政府责任——作为公立大学举办者的职责和作为大学行政管理者的职责，基本上都能够很好地履行。尤其是作为公立大学的举办者，我国政府能够很好地履行制定大学章程、任命学校决策机构成员、核准或任命大学校长等职责；与此同时，作为大学的行政管理者，我国政府在制定和落实高等教育发展规划、审批新建大学等方面，也能很好地履行其职责。但不可否认，我国高等教育中的政府责任仍存在一些问题。比较突出的问题有两个：一是教育经费问题，二是教育公平问题。

在教育经费问题上，一方面是我国政府教育投入不足，远低于国际水平；另一方面是政府不能动员更多的社会力量投资于教育，不能满足百姓的教育需求。一个国家的政府教育经费投入水平受到经济发展水平的制约。国际上一般用公共教育经费占国内生产总值（GDP）的比例这一指标，来计量和评价政府教育经费的投入水平。根据联合国教科文组织的统计，2005 年世界政府教育经费占 GDP 的平均比例是 4.9%，其中发达国家是 5.5%，发展中国家是 4.7%。

早在 1993 年，我国政府就提出，到 2000 年政府教育经费占 GDP 的比例要达到 4%，但这一目标至今都没有实现，2007 年达到了 3.32%。

第二次世界大战以来，世界各国在发展教育事业的过程中，均面临着教育需求日趋膨胀但用于发展教育的多种教育资源却十分有限的矛盾。高等教育的成本总是递增的。高等教育就其本质来说，是一种培养人才的社会活动。在培养人才的过程中，是要有成本投入的。而且，伴随着科学技术的迅速发展，教学科研所需要的高新技术设备不断增加，且设备更新的速度又不断加快，从而导致高等教育的成本递增。如 1993 年，我国高等教育生均事业费为 6 462 元，而 2002 年为 12 394 元，按可比价格计算，增幅为 36.3%。由此可见，高等教育培养成本迅速递增，但国家财政投资又十分有限，教育经费日益紧张。

自新中国成立以来，一直到 20 世纪 80 年代，我国的高等教育经费一直处于由政府包办、单一拨款的阶段，高等教育经费的 98% 来自国家财政拨款，这个时期的高等教育是一种“纯福利事业”。20 世纪 80 年代中期，由于对高等教育需求的持续增长以及政府承担高等院校费用的愿望和能力的减弱，这种危机变得日益严重了。正如约翰斯通所指出的，在工业化程度不太高的国家里，大部分高等学校都处在严重的财政困境之

中，即使在最富有的国家里，大部分的高等学校好像也总是处在困境的边缘，而从某一个国家或社会的范围来看，这种困境更加引人关注。

1993年后，根据《中国教育改革和发展纲要》的要求，全面推行国家财政拨款为主，辅之以征收用于教育的税费，收取非义务教育阶段学生学杂费、校办产业收入、社会捐资和设立教育基金等多种渠道筹措教育经费的体制。

20世纪90年代以来，中国高等教育经费筹措已经由原来的片面依赖政府投资发展到由国家财政拨款为主，其他多渠道筹措经费为辅。从而改变了以往的高等教育经费筹措存在的显性的单一性。但实际上，其他收入来源占总经费的比例并不高，甚至还出现了下降，从而使得高等教育经费在实现了多元化筹措的同时，又出现了隐性的单一性，这在地方所属高校中体现得更加明显。

一方面，较高的学费水平和较低的学费收入是当前我国高等教育从学费渠道筹措经费的矛盾所在；另一方面，捐赠和基金收入又微乎其微。捐赠和基金收入在国际高等教育领域受到广泛重视。如表8所示，截至2005年，美国哈佛大学捐赠基金已达226亿美元，占学校年收入的50%；耶鲁大学的捐赠基金已超过150亿美元，占学校年收入的30%。

表8　　国内、国外高校捐赠基金收入比较

大学名称	美国高校		英国高校	中国高校	
	哈佛大学	耶鲁大学	牛津大学	清华大学	南京大学
捐赠收入（2005年）	260亿美元	150亿美元	4.5亿英镑（至2004年）	5亿元人民币	5亿元人民币
捐赠总收入（2000年）	2043亿美元		/	16亿元人民币	
捐赠总收入占GDP百分比	2%		/	0.02%	

资料来源：由百度搜索网统计得出。

捐赠之所以能如此盛行，除了文化传统等原因外，更重要的是政府实行了鼓励捐赠的政策。这主要是经济上的原因。由于我国社会还处于资本积累的阶段，期待出现像卡内基、比尔盖茨这样的慈善家尚不现实。政府鼓励企业和公民向教育捐赠的税收优惠政策、扶持公益性教育基金和信托基金的金融政策及相关法律法规尚不完备，致使学校捐赠收入始终维持在较低水平上。

在教育公平问题上，由于20世纪50年代开始，中国的教育奉行国家目标至上，视个人为实现国家目标的工具，为此，个人的一切都可以改变乃至牺牲。在计划经济时期形成的精英教育价值取向，将高等教育置于教育的重心，将城市置于资源配置的重心，倾向于维系城乡之间、重点学校与普通学校之间、公办教育与民办教育之间的“二元结构”，这些诱发教育不公平的价值特征在如今的教育政策制定中仍具有极大的惯性。

改革开放后，原本出自20世纪80年代经济改革的“效率优先”概念，未经论证就成为教育发展不容置疑的“硬道理”，从而在理论上模糊了政府提供教育公共服务的特定职责，以及义务教育主要是政府的义务的概念，在现实中则混淆了政府和市场、公办教育和民办教育的不同功能，将政府用纳税人的钱提供的“公共产品”变成民众需要花钱购买的服务，架空了弱势人群享受公共服务的机会和权利，加大了教育不公平。

2007年10月，中共十七大报告提出，教育公平是社会公平的重要基础。这成为我国深入推进教育公平的标志。对国家而言，这是理念上的一次变革。

三、高等教育政府责任的变革与创新

（一）构建“五位一体”的新型的高等教育财政管理模式

如前所述，政府作为公立大学的举办者，最重要的责任是为大学提供必要的和稳定的办学经费，这是由举办者的身份所决定的必然要履行的责任。而对于所有大学来说，稳定的办学经费，是其生存的必要条件。高等教育财政是高等教育发展强有力的财政支持和政策保障。但符合社会主义市场经济要求的新型的高等教育财政管理模式，应涵盖多元教育投资主体、教育资源公平配置等多方面的内容。本文认为，我们应着力构建政府财政拨款机制、多元教育投入机制、公平教育资源配置机制、科学的高校财政政策制定与执行机制以及有效的高校财政监督与管理机制共同构成的“五位一体”的新型的高等教育财政管理模式（见图2）。尤其是包括政府教育投入、学费、民办高等教育举办者的投资、科研创收、社会捐赠和基金收入“五位一体”的新型的高等教育经费形成机制的完善，对于高等教育的生存与发展尤为重要。而这一机制的完善，有待于政府从法律、制度、政策等各方面的积极推进。

（二）创新教育财政拨款模式

我们必须进一步改变传统的财政拨款模式，根据“公平、效率”的原则，更多地采用绩效拨款、合同拨款、专项拨款、招标拨款、边际拨款等模式，要求政府不仅要考虑按在校生数来提供公共投入，还必须考虑其他如学位授予数、教师获得的竞争性的科研拨款数、毕业生受高等教育结果的表现以及在同行中的学术声誉等指标，要求有合适的激励系统能对大学领导、教授和各级政府具有不同的影响，并根据一些制度拨给院校一笔总预算，再由院校来作出分配决策，包括允许学校不同开支类别间的互换，跨年度预算节余留用及非学术性服务机构的承包等。因为该种改革认为，相对于政治家和政府官员来说，院校更能够实事求是地、有针对性地作出更好的资源分配和再分配决策。最终确立创新和基础研究等领域的财政拨款优先方向，增强财政拨款的科学性，提高财政

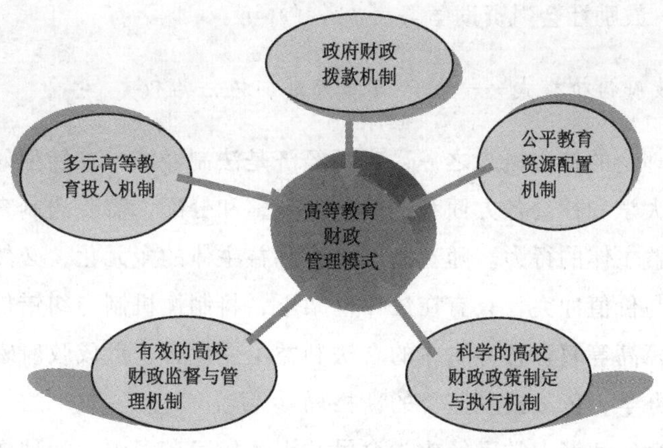

图 2　高等教育财政管理模式图

拨款的公平度和透明度。

（三）推行高等教育的多中心治理模式

随着社会资源分布状态的改变和政府职能的转变，政府不再独家垄断治理权力，大学的办学自主权得到进一步扩大，大学与社会联系越来越紧密，这就为大学单位制度改革奠定了较好的社会基础。但是，任何制度形成之后都会由于惯性的作用产生“路径依靠”，难以打破。因此，政府应充分发挥其作为强势力量存在的优势，积极推进大学单位制度改革，引导社会其他力量参与治理大学事务，使大学发展从事业单位走向公共事业，使大学办学从封闭走向开放。

在计划经济体制下，政府是全能型的，对高等教育事务承担着无限的治理责任。实践证实，政府承担无限责任的单一治理模式已出现了“政府失灵”，对高等教育发展造成诸多障碍。当然，推行多中心治理模式并不否认政府要继续承担发展高等教育的责任，实际上，政府承担的责任还非常巨大，从人事角度来看，政府管理高等教育的职能在于宏观调控高等教育结构，补充和矫正市场机制不足，有效预防和克服市场带来的弊端，以达到高等教育市场效率与公平的统一。

（四）积极促进教育公平

教育改变人的命运，而教育公平是人的发展起点的公平。对于每一个家庭来说，谁也不愿意自己的孩子输在起跑线上。因此，政府应积极促进教育公平。要在坚持教育改革的基础上，建立健全高校家庭经济困难学生资助体系，保障家庭经济困难学生的受教育机会。建立高等教育国家奖学金助学金制度，加大资助力度，扩大受助学生比例，帮助家庭经济困难的学生顺利完成学业。完善和落实国家助学贷款政策，改进高校毕业生到艰苦地区和行业工作的助学贷款国家代偿制度。继续实行高校家庭经济困难学生就学的“绿色通道”。鼓励社会捐资助学等。

（五）创新政府治校模式——从政策治校走向依法治校

法治是治理理论的核心概念之一，市场经济是法制经济，在转型时期，政府职能转变涉及到政府、大学和社会各方面利益的重新调整和分配，需要法制来加强、促进、保障和规范多方利益主体的行为。随着高等教育利益主体的多元化，必然会出现各方主体之间的利益冲突与价值冲突，只有在法律框架下，将制衡机制与纠错机制以法律形式确定下来，才能保障高等教育各方主体的合法利益不受侵害，形成政府宏观治理，学校依法按照章程自主办学，依法接受监督的新格局。

构建和谐社会、和谐大学已经成为全民共识，如何在多中心治理模式下分配各个治理主体之间的权、责、利，如何使各个治理主体通过博弈实现“多赢”局面等问题，都需要有法律对其作出较为明确的规定。因此，政府应当积极主动地站在公平、合理、前瞻的高度，从制定和完善法律规章，加强教育法律的培训以及明确法律责任，加大执法力度等方面来建立健全我国高等教育法律体系。依法治教是行政合法性原则在教育领域中的具体表现。行政合法性原则是指政府行政权力的存在、运用必须依据法律、符合法律。当然，其前提是有法可依。政府管理高等教育的法制化程度有待进一步提升，目前，我国已相继出台了一些规范政府行为的法律性规定，如《行政诉讼法》、《行政处罚法》等，但在对教育行政部门与高校之间的基本权利和义务关系的划分方面以及不属于行政许可事项的管理方面，政府的基本职能并没有得到明确的规定和限制。

参考文献：

1. 俞可平：“治理与善治引论”，《马克思主义与现实》，1995 年第 5 期。

2. 揭爱花：“单位：一种非凡的社会生活空间”，《浙江大学学报》（人文社会科学版），2000 年第 5 期。

3. 刘克利：“论转型时期高等教育发展中的政府责任”，《高等教育研究》，2006 年第 4 期。

4. ［美］迈克尔·夏托克编，王义端译：《高等教育的结构和管理》，华东师大出版社 1987 年版。

5. 陈学飞主编：《美国日本德国法国高等教育管理体制改革研究》，教育科学出版社 1995 年版。

6. 廖叔俊、王冀生主编：《高等教育与社会主义市场经济基本问题研究》，广东高等教育出版社 1996 年版。

基于绩效理念的高校教育成本管理：逻辑与建议

宗文龙[①]

【摘　要】随着高校办学自主权利的逐步回归，教育成本管理重心开始倾向于微观教育主体的绩效管理。本文基于绩效理论，运用规范研究方法，设计了高校教育成本管理框架，并结合中国高校管理现状，提出完善教育成本管理的措施。本文的目的在于，为高校管理者提供一种成本管理思路，服务于中国高校的健康发展。

【关键词】高校　教育成本　绩效

Higher education cost management based on performance theory: logic and suggestions

Zong Wenlong

【Abstract】This paper applies standardized research methods to set up higher

① 作者简介：宗文龙，男，博士，中央财经大学会计学院副教授，硕士研究生导师。联系方式：zongwenlong@sohu.com。

education cost management framework. On the basis of performance theory, the author also recommends measures to enhance higher education cost management.

【Key words】College　Education Cost　Performance Theory

一、问题的提出

教育成本（The Costs of Education，或 Education Costs）的概念有广义和狭义之分。广义的教育成本研究大致兴起于20世纪50~60年代，以美国为代表的西方发达国家在第二次工业革命中大力倡导科技振兴。科技依赖人力资本，人力资本源于教育，理论上需要论证教育投入与经济发展之间的关系，于是产生了教育经济学[①]。早期的教育成本，泛指教育活动的社会总投入。

进入20世纪80年代以后，随着财政日益不堪压力，西方国家政府提出教育成本分担的主张，认为教育成本（尤其是高等教育成本）应当在国家、社会和受教育者之间按照一定的比例分摊。在教育收费制度下，为确定学生应承担的合理教育成本比例，教育经济学研究重心转向微观办学主体的教育支出，这就是狭义教育成本，也是本文讨论的话题。

教育收费改革动力源于公共部门绩效改革。20世纪70~80年代，全球掀起政府绩效改革浪潮，公共部门（政府）开始仿效企业管理，大力提高公共资源的投入效益。中国的教育投入传统上以政府为主体，公立学校属于事业单位，在绩效改革的要求下，学校如何提高教育投入的效益既是国家教育主管部门关注的问题，也是学校持续健康发展的客观需求。本文围绕这一话题，从高校内部管理的角度，着重讨论教育成本绩效管理的思路、方法与需要解决的问题。

中国高校的绩效管理是一个新兴课题，本文的研究为提高学校内部管理水平提供了有益的借鉴，同时，也丰富了公共部门绩效管理理论研究。全文包括四个部分，第一部分为导言，说明了研究的背景、对象与意义；第二部分为文献回顾，梳理了绩效评价、教育成本的相关研究理论和成果；第三部分设计了高校教育成本绩效管理的框架、核心内容以及需要解决的难点；第四部分提出政策建议并进行总结。

---

① 教育经济学主要研究经济增长和教育发展之间的关系与运行规律，为经济增长中的人力资源配置和教育发展中的经济决策与管理技术提供支持。教育经济学涉及的范围很广，包括教育的经济价值问题，教育在经济增长、教育在经济和社会发展中的作用，教育生产理论，教育劳动理论等。其中，教育生产理论主张，要合理利用稀缺教育资源，提高教育投资经济效益，教育成本理论即是服务于教育经济效益的研究而产生的。

二、相关理论与文献回顾

（一）非营利组织的绩效管理

发端于20世纪80年代的西方发达国家公共部门管理改革，提出了政府绩效的概念，旨在推动政府从管理型向服务型的转变。绩效是指“成绩和功效”，包括经济、效率和效果。其中，“经济”是指输入成本的降低程度，“效率”指一种活动或一个组织的产出及其投入之间的关系，“效果”指产出对最终目标所作贡献的大小（Lewis等，1990）。绩效的含义与业绩近似，只不过业绩通常对应营利性组织，而非营利性组织通常采用绩效一词。

非营利组织不以营利为目的，面临的竞争压力不大，容易导致其工作效率低下，运行成本过高、资金利用效果不佳。为提高非营利组织的绩效，理论界主张强化非营利组织的治理。Dennis R. Young（1993）认为，应发挥非营利组织董事会职能；Edward L. Glaeser（2002）构建了包含差异因素的模型以强化非营利组织管理；俞可平（2000）提出治理的特性包括合法性、透明性、问责性、法制性、回应性、有效性，治理的实质是政府和公民、社会共同参与重大问题的决策。邓国胜（2001）认为，对非营利组织应实行问责机制；王名等（2003）提出发挥行政监督、董事会监督、信托监察人监督、民间组织评估和监督、社会公众和新闻媒体监督，强化非营利组织的透明度与监督力。

朱小平等（2006）提出了非营利组织绩效管理的思路，在明确非营利组织运行目标的前提下，合理安排非营利组织的内部权力结构，并运用一定的制度保障非营利组织的经营者与捐资者激励相容，建立非营利组织的预算制度与评估制度。

绩效预算首先由实施主体确定想要实现的结果以及为实现这些结果而拟定的计划需要花费多少资源，接着为这些结果制定绩效目标，并用量化的指标来衡量其在实施每项计划的过程中取得的成绩和完成工作的情况。其核心是通过制定支出的绩效目标，建立预算绩效评价体系，逐步实现对资源从注重资金投入的管理转向注重对支出效果的管理。绩效预算将预算建立在可衡量的绩效基础上，强调的是结果导向，或者说强调的是责任和效率。绩效预算增强了预算资源分配与绩效之间的联系，有助于提高支出的有效性。

绩效评价是非营利组织在积极履行公共责任的过程中，在讲求内部管理与外部效应、数量与质量、经济因素与伦理政治因素、刚性规范与柔性机制相统一的基础之上，对其获得的产出进行的评审和界定。在非营利组织中进行绩效评价，需要运用科学的标准、方法和程序，根据管理效率、服务质量、公共责任、公众满意度等方面的判断，对其在公共管理过程中的投入、产出、最终结果所体现出来的绩效进行评定和认可。

（二）高校教育成本的研究

教育成本研究源于“人力资本”理论。1960年，时任美国经济学会会长的芝加哥大学教授西奥多·舒尔茨（Theodore Schultz）提出，人力资源是推动社会进步的决定性动力，人力资本的生产能力超过了其他所有形态的资本生产能力，对人的投资带来的收益率超过一切其他形式的资本投资，他还具体测算出1929~1957年间，教育投资对美国经济增长的贡献达到33%。爱德华·丹尼森（Edward F. Denison）随后佐证了舒尔茨的看法，用数学方法计算出教育对于1929~1957年间美国经济增长的贡献为23%。“人力资本”理论在西方引起了轰动，世界各国掀起了投资教育，尤其是高等教育的热潮。为了计算教育投资的产出价值，人们提出了教育成本的概念，用教育投入和教育产出对比，分析投资效益。当时的教育成本实际上指的是国家教育宏观投入，一般采用财政投入作为其表示方法（Schultz，1964；Elchanan Cohn，1972）。

20世纪80年代后期以来，世界经济的衰退导致财政对教育投入减少，理论上也逐渐发现，教育与国民经济增长之间没有直接的函数关系。于是，世界各国开始为教育寻找更广阔的经济来源，由国家负担教育成本改为社会、个人、国家与企业分担的形式，教育成本研究热点围绕“高校教育收费与教育成本”展开。例如，“卡耐基委员会”（2001）研究了公立高校的学杂费从1980年至1996年上涨234%的现象，发现公立大学学费上涨的最大原因是政府拨款的减少，私立大学学费价格的上涨主要是由于日益增加的费用。John S. Barry（2002）认为，导致高校学费价格上涨的原因有以下5点：1. 大学学位价值增加，1980年大学毕业生的收入比高中生多43%，现在则高出70%，更大的求学需求导致价格上涨；2. 为提高声望，大学的教师都愿意花更多的时间搞科研，从而减少了上课的时间，这使得学生的学习时间被延长，或者是雇佣更多的教师，从而增加了成本。3. 州财政拨款减少。1980年时，财政拨款占高校收入的46.3%，而1993年时为36.8%。4. 联邦政府方便的家庭贷款政策使教育服务买方具备了暂时的购买能力。5. 学校的垄断特性使得价格市场缺乏竞争。

以20世纪80年代为界，早期教育成本概念通常指宏观教育投入，后期主要指微观主体的学校教育成本。前者是以国家为研究对象，后者是以学校为研究对象；前者的教育投入来源主要是财政拨款，后者的成本补偿渠道包括财政拨款、学费收入、社会捐赠等。讨论教育成本问题时，必须辨析其所指含义，这是教育成本研究中必须注意的一个问题。

国内有关教育成本的研究起步较晚，主要集中在1990年以来的十几年。研究领域多集中在宏观领域范畴，包括教育成本补偿问题（周文良，1998；靳希斌，1999；丁小浩，2000；闵维方，2001）、教育投资（成本）的行为特征（蒋鸣和，2001）、教育的成本效益分析（王善迈，1998；陈晓宇等，2003）等。中国学校传统上属于“事业单位”，会计核算以“收付实现制”为基础，而“成本”概念建立在前，现行会计制度无法提供“权责发生制”基础的教育成本信息。1998年颁布实施的《高等教育法》[①] 规定，高校以教育成本作为学费定价的依据，但教育成本应包括哪些内容，相关法规未予明确规定。这一时期研究中涉及到的教育成本或是指国家教育投资、或是指教育活动的总耗费，并非真正意义上的成本概念。

如何得到可靠的教育成本信息，学界对此有过各种方案。王耕（1988）提出过“调整法”，即在现行制度核算基础上增设待摊费用、预提费用、折旧费用、累计折旧四个科目，日常核算以权责发生制处理，期末按照收付实现制原则，通过编制调整表的形式进行必要的账户调整，使期末总账符合收付实现制的现行原则。袁连生（1999）提出，在学校已有的“收付实现制”会计核算方法以外，再采用“权责发生制”模拟核算学校的业务，借鉴企业产品成本核算的原理来计量学校的教育成本。因为学校需要对一笔业务同时进行两类核算，所以也称为“双轨制”。此后，楚红丽（2002）、陈俊生（2002）、吴晓青（2003）、崔邦焱（2004）等也都有过各自的看法，但实质无外乎以上两类方法，历经十余年，教育成本核算迄今仍未有定论。

（三）相关研究的评价

一定时期的政治、经济特征往往影响着这一时期的学术研究，教育成本研究的发展历史反映着政府公共财政改革的变迁。总体来说，教育成本研究关注点已从宏观教育投入转到微观教育支出，这种变化趋势符合高校自主经营的客观需要。

需要指出的是，目前教育成本的研究重心仍没有真正立足于高校内部管理，高校内部教育成本管理缺乏充分的理论指导。例如，教育成本研究或者是出于服务宏观教育研究，或者是为测算教育收费定价，鲜有从满足高校内部管理出发的，这是理论研究的不足之处。随着教育体制改革的深入，高等学校必然要走向市场，其管理权利逐步回归学校，这是中国《高等教育法》给高校的定位。

笔者认为，教育成本不是一种完全、严格的成本核算，它是以加强高校内部管理，反映财务投入成果，提高资金使用效益为主要目标的财务活动。结合高校非营利组织的属性定位，教育成本管理可以结合绩效的理念，这是本文的创新之处，也是研究的基本出发点。

---

① 《中华人民共和国高等教育法》第六十二条规定，“国务院教育行政部门会同国务院其他有关部门根据在校学生年人均教育成本，规定高等学校年经费开支标准和筹措的基本原则；省、自治区、直辖市人民政府教育行政部门会同有关部门制订本行政区域内高等学校年经费开支标准和筹措办法，作为举办者和高等学校筹措办学经费的基本依据”。

三、高校教育成本管理的框架与内容

成本管理应以组织战略目标为使命，在特定的管理环境基础上，通过有效的管理手段，实现对管理对象行为的规范。在绩效的理念下，教育成本管理的要素包括：设定绩效管理目标（包括长期目标与短期目标），将短期目标落实为预算，分析预算执行过程中可能出现的风险并设定控制活动，建立有效的信息沟通，以绩效评价实现控制活动的监督（见图3）。

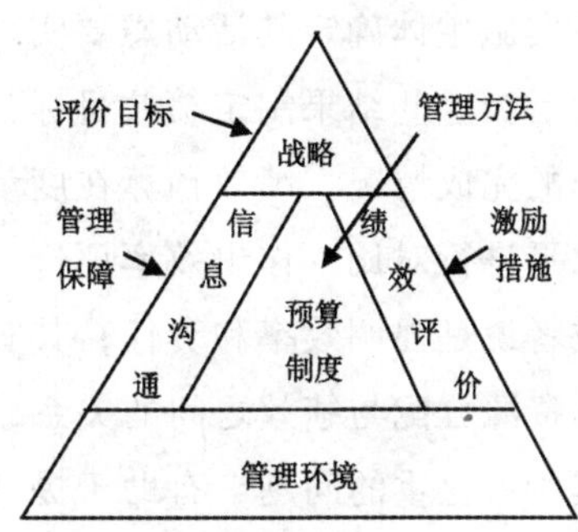

图3　教育成本管理框架

（一）确定战略管理目标

高校应结合自身发展定位，设计长远战略发展规划。国际上，知名高校通常都具有声誉上的独特性，例如，牛津大学倡导“领导人物”，耶鲁大学提出“服务公众”，麻省理工学院突出“高新技术的研制与开发”。按照管理大师波特的观点，战略管理目标来源于对自身情况横向与纵向的分析。周济曾经形象地将高校战略描述为“两个问题”和“三个规划”①。

具体来说，高校可以从以下几个方面考虑高校战略：

1. 人才市场的需求。需求决定供给，结合历史、当前、未来，分析社会对人才培养的需要，确定本校发展重点。

2. 学校所处的宏观环境分析。如生源情况，国家及地方教育发展政策，人们对教育的心理预期等。

3. 竞争对手分析，“知己知彼，百战不殆”。

① “两个问题”包括办什么样的大学、怎样办大学，“三个规划”包括学校发展战略规划、学科建设规划、校园建设规划。

4. 客观的自我评价。

确定战略目标后，需要将长期规划的目标、任务分解到年度，制定年度工作计划；将学校的年度目标、任务分解到院系，年初部署，年终检查考核，明确各自责任，推进落实。

（二）编制绩效预算

绩效预算是一种预算编制方式，是一个事前框定的预期数，是一种根据“结果”来确定“投入”的预算方式，其最终目标是工作的成果。绩效预算将绩效水平与具体的预算数额联系，它不仅是预算方法的创新，还是管理理念上的一次革命。在绩效预算中，诸如政府、非营利组织等实施主体确定其活动想要实现的结果以及达到这些结果采取的活动需要付出的资源，然后为这些结果制定绩效目标，并用量化的指标来衡量其在实施过程中取得的成绩和工作的完成情况。绩效预算在度量活动的同时确定其成本并进行评价，将实际成本与计划水平进行对比，作出效率评价。

绩效预算是结果导向，或者说是强调效率和责任，其实际拨款数应当通过绩效评价来确定。绩效预算增强了预算资源分配与绩效之间的关系，可以有效的约束实施主体在支配资源的过程中不断提高其所占比重的问题，有助于提高支出的有效性。

（三）控制执行过程

现代管理强调“事前、事中、事后”的全过程控制，而不是“秋后算账”的事后反映。预算的编制属于事前控制，绩效评价与考核属于事后控制，事中控制则通过分析可能的风险点并设定必要的控制活动来完成，这是“例外管理”原则的应用，可以突出重点并节约管理成本。

风险，泛指一切阻碍管理目标实现的可能因素，包括舞弊、执行差错、判断失误、内外不利情况等。风险源于管理环境，常见的风险识别方法通常是分析内部、外部管理环境，寻找薄弱环节。风险管理是一种经验式的管理活动，因此需要循序渐进，逐步提高水平。高校教育成本管理中常见风险点有：

1. 日常支出合规性。对于事业单位属性的高校来说，必须根据国家预算管理的要求列支各类成本项目，尤其是专项资金的使用，必须确保专款专用，不能在专项资金中列支非专项费用。此外，还要监督专项资金的使用进度情况。

2. 采购行为的合法性。下属单位的备品需求尽量由学校统一采购，大宗备品的采购应采用招投标制度。采购活动设定岗位牵制制度，请购、批准、询价、选择供应商、验收各环节严格把关，防止出现采购环节的舞弊行为。

3. 对外投资的管理。对下属事业或法人单位，要明确出资人和管理者的权责，围绕资金管理，设计有效的财务监管系统，保证对外投资的安全性和收益性。

对于可能的各类风险，应采取分级管理的方法。按照“轻、重、缓、急”设计不同等级的管理措施，利用有限的管理资源实现最大效率的控制。

（四）实施绩效评价

由于自身的组织特征和发展过程，非营利组织在管理中不可避免的存在着运作效率低下、运作成本过高、缺乏风险意识、管理人员利用职务之便谋取私利等问题。在市场机制健全的企业中，由于受制于强制性责任机制的约束、内部的利益驱动、外部的竞争压力，这些问题往往能够得到有效控制，但是缺乏这种硬约束机制却是非营利组织的固有缺陷。为了加强对非营利组织的管理，配合对非营利组织的绩效预算，必须引入绩效评价。

绩效评价是一个管理周期的总结，同时也是另一个管理周期的开始。评价的核心问题是如何设计科学的评价体系，包括评价活动的组织、评级指标的设计、评价与激励制度的结合等，核心是评价指标的选取。高校绩效评价可以借鉴平衡记分卡的原理，从组织的业务绩效、财务绩效和成果绩效三个方面选取指标。

1. 业务绩效指标

包括投入、过程以及产出三方面。投入方面的指标是可以反映非营利组织提供产品和服务所投入的人力、物力、财力的指标。过程指标是反映非营利组织在组织开展业务的过程中，对各个环节的控制和预算制度的执行情况。产出指标可以反映非营利组织提供的产品或服务的数量和完成的工作量等变量。例如某一高校的本科、硕士研究生及博士研究生的毕业人数，学术成果及科研成果等。

2. 财务业绩指标

包括财务和产权两个方面。财务方面包括：反映财务管理情况的指标，反映收入、支出预算情况执行的指标，反映组织创收能力的指标，偿债能力的指标，反映非营利组织的各项利益相关者对组织财务信息的了解程度以及公开信息的可信性和可靠性的指标。在产权方面，主要是反映利润分配原则体现程度的指标。

3. 成果绩效指标

成果绩效指标反映了非营利组织的预算执行效果，包括效益性指标和有效性指标。这一类指标包括反映项目完工效率、单位成本、非营利组织的声誉、非营利组织的公信力等方面的指标。

在从业务绩效、财务绩效、成果绩效选取适当指标的过程中，还需要关注非营利组织发展变化的各种指标。通过这些观察指标可以观察、评价非营利组织发展成熟度，具有引导非营利组织健康发展的重要意义。如：服务项目结果的可重复性和可持续性，与环境共生制度、社区协同等指标。

四、提高教育成本管理水平的建议

（一）营造良性的管理环境

1. 提高管理意识

一方面，高校的管理者多为各领域的专家，鲜有出身财务专业，相对重业务、轻财务。传统上，我国高校财务依赖政府投入，导致了高校管理者更容易“向上”去争取财政拨款，忽视了高校内部的精细化管理。另一方面，尽管高等学校凝聚着知识精英，但相对滞后的事业单位改革，一定程度上使高等学校的财务管理落后于企业，目前的高校财务制度、会计制度大致都是十年前的。缺乏政策的指导，高校的财务管理者知识更新不足，对新环境、新业务的管理知识储备不够，阻碍了高校财务管理水平的提高。

2. 理顺管理体制

在管理权责对称方面，高校的管理体制设计仍显不足。主要表现在：对高校管理者的监督主要来自于上级或外部，没有内部监督与制衡；学校一级管理与学院二级管理权责不清晰，未能形成良性互动；对下属单位的管理偏重人事，忽略制度制约；重制度建设，轻执行监督。

理顺管理体制是发挥管理效果的前提。管理体制建设应遵循“职责清晰、协调运作、有效制衡”的原则，可以首先解决风险最大的点，比如对下级单位的管控，逐次推广到全部。

3. 培育成本管理文化

作为事业单位，高校一直以来追求政治效益的动机强于自身发展需求，为完成事业职能，通常不计成本，还有相当多的管理者认为，教育成本管理有可能阻碍事业职能的履行。教育成本管理没能成为高校的核心理念，风险控制活动得不到参与者的有利支持。在高校，预算管理往往沦为形式，预算的制定和执行缺乏刚性，效果大打折扣；或者被业务部门相互扯皮、讨价还价，甚至在年度评价中给予财务部门负面评价。

成本管理强调全员参与，尤其是高校主要管理者必须身体力行，积极推动。

（二）树立起持续改进的理念

不同类型、不同发展阶段的高校，管理环境的差异决定了成本管理方法的多元性。按照从低到高的发展阶段，笔者将高校教育成本管理划分为四个阶段：完善制度阶段、严格管理阶段、追求绩效阶段、服务优质阶段。

1. 完善制度阶段

主要指发展起步晚、管理处于初级阶段的学校，可以将成本管理的重点放在建章建制、完善管理组织机构等方面。“没有规矩，无以成方圆”，评价行为是否规范，可以对照国家相关部门的管理制度，检查学校自身是否已经作出相应的安排。

2. 严格管理阶段

在制度完备的基础上，本阶段的重点应放到制度执行方面。可以从严格预算管理制度着手，强化预算制定、执行的刚性特征，经过一段时间的运行，预算管理已经可以达到良性循环的程度。

3. 追求绩效阶段

这一阶段管理的重心在于提高资金的运行绩效方面，设计科学的绩效评价方法，能够按照绩效进行校内资源的配置。绩效成为引导学校各项工作的指南针，校内各项工作、各个部门间协调有序地开展工作，按照预先设定的战略目标有条不紊地进行。

4. 服务优质阶段

这是教育成本管理的最高目标，也是高校财务工作的根本价值所在。从本质上说，教育成本管理过程是一个服务过程，是服务于外部出资人、内部管理者和所有利益相关人的过程。达到优质服务，表明高校成本管理可以实现各个方面的信息与管理需要。无论是管理过程、管理效果，还是信息传递，都已经达到了畅通、高效的程度。

以上各阶段应具有前后继起性，各阶段管理重心不同，在完成前阶段的基础上可以为后阶段铺垫。每个阶段工作的完成都需要管理环境的逐渐提高，比如客观的需要、管理者的意志、整体管理氛围等。管理活动具有阶段性，笔者不主张跨越式的发展，“领先半步为赢，领先一步则死”，要实事求是，讲求客观情况。

（三）把握事业单位改革良机

中国事业单位改革已经开始启动，从深圳市的试点情况看，未来事业单位将分类为政府、非营利组织和企业三种类型，高校属于典型的非营利组织性质。按照国际上非营利组织的管理模式，高校（公立）管理体制改革后，将进行治理机制、人事制度、管理形式等多方改革。

1. 建立理事会制度

形成由资金提供者、教师代表等多种成份的理事会，代表学校的最高管理机构，形成与校长领导的管理机构之间的“委托——代理”关系。理事会类似于企业的董事会，负责选用、监督、评价管理者的活动。

2. 改变事业人员的国家干部身份

按照独立经营的原则，高校的人员任用由高校自主决定，不再具有国家干部的身份特点，从而改变目前“能进不能出”的用人模式。在评价机制上，更多地结合个人工作业绩，不再套用任何政府行政模式。

3. 将管理权真正还给学校

高校资金来源可以是政府，但机制上表现为政府购买高校的服务，而不再是按照生均教育成本进行拨款。高校管理得好，完成了政府设定的目标任务，政府会“付费”给学校，否则不予财政支持。

事业单位的改革，为高校强化教育成本管理创造了良好的制度基础，为高校管理注入了强劲的推动力。可以预见的是，随着事业单位改革的深入，高校教育成本管理将突飞猛进。这对于当前教育成本管理的意义在于：其一，高校应着眼未来，规划目前的行动方案，“人无远虑，必有近忧”，高校管理者应及早规划，做好制度、人才等方面的储备；其二，高校可以将教育成本管理与事业单位改革很好地契合在一起，在事业单位改革的大背景下推进自身管理，从而减少教育成本改革带来的心理和人力的冲击，一定程度上能够降低管理成本。

（四）探索绩效管理方法

绩效的观念在中国刚刚兴起，还没有成熟的高校绩效管理方法。当前应加强绩效理论研究，为高校事业改革提供理论支持。高校工作不同于企业，绩效管理的难点在于绩效评价体系的设计，即如何选择评价指标，如何设定评价指标系数，如何设计评价方法，以及如何检验评价方法的有效性。

参照中国国有企业绩效评价方法，笔者建议，由教育主管部门（或行业管理组织）发布相关实务操作指南，“指南”应包括“总则”、“细则”和“案例”三个层次。其中：“总则”部分描述评价的原则、评价内容、评价方法、评价工作的组织等；“细则”解决具体操作中的问题，包括定量指标的计分方法、定性指标的评议方法、考核办法等；“案例”部分则以一个实际高校为对象，模拟全部的评价过程。这需要大样本的行业数据统计，应结合教育主管部门、高校和研究人员的共同智慧。

参考文献：

1. 朱小平、宗文龙：“美国高校会计管理与信息披露制度的启示”，《预算管理与会计》，2004 年第 1 期。

2. 朱小平、杨研：“公益性非营利组织绩效预算与绩效评价的理论探讨”，《审计与经济研究》，2006 年第 3 期。

3. 宗文龙：“高校教育成本核算与控制研究”，中国财政经济出版社 2006 年版。

4. 宗文龙、胡红霞、段倩：“非营利组织平衡计分卡的设计与应用”，《财会月刊》，2008 年第 9 期。

5. 宗文龙：“关于高等教育成本问题的思考”，《财会月刊》，2004 年第 5 期。

6. 宗文龙等："事业单位财务管理模式研究"，《财务与会计》，2009 年第 4 期。

7. 北京新华信商业风险管理有限公司译校：《非营利组织管理》，中国人民大学出版社 2004 年版。

8. 财政部会计准则委员会：《政府绩效评价与政府会计》，大连出版社 2005 年版。

9. ［美］西奥多·H. 波伊斯特：《公共与非营利组织绩效考评：方法与应用》，中国人民大学出版社 2005 年版。

对高等教育成本分担若干问题的思考

罗道全[①]

【摘　要】当前，我国的高等教育成本分担中存在成本归集和核算的假设错误，成本分担制度执行和落实出现偏差等问题，必须认真研究现有的政策，采取总体成本分担比例基本不变，增强学校收费的自主权，对不同地区、不同层次、不同专业的成本分担进行分类控制等改革措施，才能保证我国教育公平的实现。

【关键词】高等教育成本分担　存在的问题　教育公平　改革思路

Some Thoughts in Cost－sharing of Higher Education

Luo Daoquan

【Abstract】At present, there are some problems in Cost－sharing in higher education in China, for example, the assumption under with which the cost is imputed and calculated is wrong, Cost－sharing system performance is not satisfactory. In order to ensure equity in education, we must study the existing

① 作者简介：罗道全，男，河南固始人，北京石油化工学院副教授，律师，研究方向：高等教育研究（民办）、高校德育。

policies carefully and take some reform measures to enhance the autonomy of school charges fees, and to control cost - sharing by category.

【Key words】 Cost - sharing in Higher Education Problems Education Equity Reform

改革开放以来，我国居民的收入普遍提高，生活有了很大改善，带动了对教育需求的上升。2003年，农村居民家庭恩格尔系数降至45.7%，开始跨入小康阶段，而城镇居民家庭恩格尔系数降至37.1%，开始跨入富裕阶段。从社会集团利益的角度来看，原来的社会分层结构发生了很大的变化，收入差距也在逐渐拉大甚至悬殊，2003年基尼系数已经逼近0.45，2004年超过0.465[①]。收入差距的扩大导致了显著的社会贫富差距。不同社会阶层的人们，他们对待教育的态度和能够接受的受教育成本差异很大。但是，近些年的高等教育成本分担的实践中并没有考虑诸如此类的问题，因此实施的过程中存在许多问题，必须认真研究现有的政策和制度，采取具体的改革措施，完善相关政策，这样才能保证我国教育公平的实现。

一、当前高等教育成本分担实施过程中存在的问题

（一）教育成本分担比例达到或超过了社会大多数人能够承担的心理极限

高校收费改革从20世纪90年代开始，到1996年招生并轨时，全国平均收费标准年均约为500元。2005年，许多高校收费达到了5 000元左右，平均10年上涨了10倍。现阶段大学费用支出，一年收费最低是3 800元，再加上住宿费、生活费等所有开支平均在1万元人民币以上，有的学校每年仅学费就超过1万元。2005年民办大学与独立二级学院的收费一般至少在每年1万元左右，最低的也有7 300元。

1996～2005年，人均国民收入增长不到4倍，从支付能力来看，高等教育成本分担比例达到或超过了社会多数成员接受的心理极限。国家统计局的数字表明，2004年占全国人口70%的农民人均收入只有2 936元，其中有40%是实物性收入，还有20%必须用于第二年的生产开支，如购买种子、化肥、农药等。这样一来，农民真正的可支配收入每年人均不足1 200元。要供一个孩子读书是非常困难的，而供养一个大学生几乎没有可能。

（二）国家分担的比例没有随着经济的增长而增加

高等教育成本是动态上升的，对教育经费投入的总需求量也是不断上升的。2003

---

① 根据国际惯例，一般认为，基尼系数小于0.2时为高度平均，介于0.2～0.3之间，表示相对平均，介于0.3～0.4之间，为比较合理水平，介于0.4～0.6之间为不平均，0.6以上为高度不平均。国际上通常把0.4作为贫富差距的警戒线，认为超过这条警戒线，就容易产生社会动荡。

年，全国普通高等学校生均预算内事业费和公用经费支出分别比2002年下降了6.56%和4.12%，这已经威胁到了教学和科研的质量。其中部分原因是由于学生数量迅速增长（参见表9和表10）。

表9　1999年、2004年中国大陆高等教育在校人数（宽口径）变化情况　单位：万人

年度	学生总人数	研究生数			普通本、专科学生数			高等教育毛入学率（%）
		总量	博士	硕士	总量	本科	专科	
1999	800	23.25	5.4	17.85	408.59	272.44	136.15	10.5
2004	2 000	81.99	16.56	65.43	1 333.5	737.84	595.66	19
2004年比1999年增长倍数	1.5	2.53	2.1	2.67	2.26	1.71	3.38	0.80

表10　2002～2004年全国高等学校数量变化情况　单位：个

年度	高校总量	普通高校数	成人高校数
2002	2 003	1 396	607
2003	2 111	1 552	559
2004	2 236	1 731	505

注：表9、表10数据均来源于教育部国家教育行政学院主办的《高教领导参考》2006年第28期。

近年来，全国每年GDP增长率都在9%以上，一方面国家对高等教育的投入确实在增长，但另一方面，政府投入与学校和学生增长幅度不相称的财政拨款并未配套，导致从1999年扩招以来，学费收入成了高等学校经费来源的主要部分，政府和社会对高等教育成本的分担比例不但没有提高，反而相对还在下降。但是，短期要解决这一矛盾的最好方法，就是在一段时间内稳定高等教育的规模，否则，国家分担成本的比例还会继续下降。我国经济增长带来的社会财富无法反映到高等教育成本分担上来，不能让更多的学生享受到教育体制改革的成果。

（三）成本归集和核算的假设错误

我国现有的成本核算和价格决策方式的思想基础是高等学校中心论。我们一直习惯于强调国家、高等学校对学费标准和尺度的掌握与把持，学费一般是由国家和高等学校计算、规定的。一般由高等学校根据学校层次、专业特征、基本建设以及学校运行支出等要素预先测定成本，然后按比例分摊在学生身上，得出应向学生收取学费的多少。在这个成本核算的过程中，学生只是教育价格的被动接受者。在我们的核算系统中，是用“投入”成本而不是用产出价值来确定的。度量教育的价值，用的是教师的工资和设备的成本，而不是学生获得的知识所创造的价值。

目前，高等教育的成本核算，在具体操作中对学费有两种核算方法，一种是按实际成本进行核算；一种是按日常的运行成本进行核算。考虑到成本计算的复杂性，现在教

育部选取了后一种办法对高校年日常实际运行经费进行成本归集和核算。这样核算成本是不太合理的，它是以已经发生的费用作为成本计算的，即发生的费用等于成本。它实际上是基于这样的经济学假设：存在即合理。

正是基于这种假设，学校、教师在培养人才的过程中可能盲目地追求低成本，而不顾人才培养的质量，提供低质量和低水平的教学管理和服务；也可能出现不顾社会对人才的需要，片面地、不计成本地提高培养规格，形成对学生的过度教育，产生教育浪费；还有许多学校开设大量的没有什么意义和价值的教学课程，给学生讲授过时的、空洞的教学内容，这无疑是对宝贵生命的极大浪费。以上种种都是要计入成本的，这些“成本”如果让学生来承担，将是极端不合理的。

目前，许多高等学校实际上就是把与学生培养有关的各种费用直接归集为培养成本，他们根本就没有科学、合理地核算培养成本的要求，也没有控制和降低成本的动力。因此，高等学校中管理方式粗放、浪费的现象随处可见，许多不应该归入成本的开支都被计算进来，这些都使培养成本迅速增加。2003 年，许多学校人均日常运行经费高的已超过 1.4 万元，低的也在 1 万元左右。按 1.4 万元的 25% 的高限来计算，每个学生每学年的学费应该在 3 500 元左右。但实际上，大多数学校人均学费都超过了这个标准，学生个人和家庭分担的比例在上升，并且上升比例已经超过了 25%，这主要体现在学费的增长上。

从一定意义上来说，学生和学校是一种契约、合作的关系，这种关系通过两者之间物质、文化和情感的交流与沟通得以确立并为双方认同。那么，在正常状态下，学生补偿与学校补偿是正相关的，学生补偿越多，意味着学校的补偿也越多，反之亦然，这有利于发挥学校、学生两个方面的积极性，符合市场原则和价值规律。但有时两者处于零相关。

在这种情况下，学费是由学校单方面借助外部力量“强加”给学生的。学校收费上涨的冲动是很难控制和抑制的，上级主管部门就是动用行政方式也无法很好地控制。现在学费的增长和水平已经超过了民众对高等教育的需求强度与经济承受能力。

如果把那些不应计入成本的支出和浪费都归入所谓的“实际培养成本”，就非常不合理地增大了学生的“实际培养成本”，而且把这些“成本”让学生来分担的做法本身就是不合理的。因此，我们认为，把发生的费用等于成本作为教育成本的归集与核算基础的假设是十分错误的。

（四）成本分担制度的执行和落实出现偏差

《普通高等学校学生管理规定》规定了学生要承担不超过 25% 的教育成本，但是由于我国高等教育成本分担制度执行的不到位，在执行的过程中，许多学校将 25% 的高限作为成本分担的政策和道德底线来控制成本，加大了公民接受高等教育的成本负担。

另外，成本分担制度执行过程中的简单化和收费的“一刀切”，一定程度上加剧了社会分配的不公平，影响到整个社会的均衡发展。

对于那些家境困难的学生，《高等教育法》也规定，学校应采取以“奖、贷、勤、补、减”为主体的、多元化资助经济困难学生的政策，但是实际执行的效果不容乐观。

目前，高校学生月生活费不足200元的可视为贫困大学生，不足100元的为特困生。按照这一标准，贫困生目前占北京高校在校生总数的15%以上。目前，全国大学生中贫困生的比例已近30%，特困生比例为10%~15%，贫困生人数将近300万人，绝大多数来自农村。

现在的问题是，我们在执行成本分担制度时，没有考虑教育对象的接受能力，特别是没有考虑社会低收入阶层，特别是贫困阶层中学生的承受能力。同时，政府有关部门在成本分担比例的控制上，没有充分发挥应有的主导作用和监控作用，客观上加剧了享受高等教育机会的不平等。

（五）成本分担制度设计的简单化影响了实施的效果

《普通高等学校学生管理规定》规定学生要承担不超过25%的教育成本，我们认为：作为一个国家、地区、行业，甚至学校的总体成本分担的控制目标都具有合理性。但是，如果不考虑具体情况，把它作为各类学校、不同专业的统一成本分担的控制目标，就不具有科学性和合理性，有时可能是十分错误的。

现在的高等教育收费标准是由各个地方的物价局根据《高等教育法》的有关规定核定和控制的，其核定标准主要是按专业和学校的类别来划分和确定。从道理上讲，这种按培养成本控制和核定学费标准的做法是严格的、合理的。但是，在这种简单化的成本分担制度的设计中，没有真正考虑和核算不同专业的直接成本（仅仅按专业大类进行了粗略的估计），没有考虑这种制度设计对社会未来人才需求结构的影响，没有考虑人才培养中会产生教育过程与结果的巨大浪费等一系列问题。

按照这样的成本分担制度，除了艺术、医学等专业院校之外，普通高等院校不同专业学费差异并不大，高等职业学校收费接近于民办高等学校，远远高于一般普通高校。其结果是：

1. 大量的学生不管是否喜欢，不管将来的社会需要，都去学习那些所谓的热门专业，如计算机、商科类、法学类专业，而许多社会急需专业没有人去学。结果就是一方面就业难、就业压力大，另一方面企业中的许多岗位没人能干。

2. 每年大量的分数很低的富家子弟，往往由于能够承担培养成本，可以进入高等职业学校学习，几年后，一批仅仅是为了一纸文凭而支付大量的培养成本，素质较低而且将来根本就不想也不会从事高级技师工作的人走出各级职业培训机构的大门。这一方面造成社会的高级技能型人才的短缺，另一方面也造成国家、社会、家庭财富的极大浪费。

本来高等职业教育培养的是高级劳动者，其教育培训的对象应是那些中低收入家庭的子女，而按照培养成本收取费用的做法恰恰把这些人排斥在外。另外，中等职业教育也存在同样的问题。那些急需受到职业培训的中低收入家庭的子女，同样因高额的学费而被拒之门外。

由此可见，这种成本分担制度设计，没有起到根据社会的需要去正确地引导学生学习那些社会急需的专业，没有考虑公众对高等教育培养成本的支付能力。

二、高等教育成本分担的改革思路

教育公平是社会公平的基础。一个和谐的民主社会，起点就是机会平等，而机会平等首先是受教育机会的平等。失去受教育权，将会造成深远的、长久的社会不平等、不安宁。要在制度上保障人民平等竞争的权利，核心之一是保证教育公平。

（一）在国家财政收入逐年增加的情况下，在科学、准确计算高等教育成本的基础上，逐步加大国家对高等教育分担成本的比例，有针对性地承担更多的社会责任

制定学费的标准有两个依据：

其一，法律依据。《高等教育法》规定，现阶段高校收取学费最高不得超过生均教育培养成本的25%，具体比例必须根据经济发展情况和群众承受能力分步调整到位。同时还规定了对培养成本的核算范围和学费的减免范围。我们认为，根据我国的国情，高校学费收入只能占学生培养费的二成左右，不能过快增加。因此，改革高校管理体制，加强成本控制将是高校改革的努力方向。

其二，按照世界通行的做法，学费大约是人均收入的10%～20%。这与20世纪30年代国立大学的学费占平民百姓家庭生活费份额的5%～10%，或者相当于一个工人一两个月平均工资的标准是吻合的。20世纪30年代的北京大学、交通大学、清华大学和北师大有许多大学生来自劳动人民和小市民家庭。私立大学或“贵族化”的教会大学的学费占平民家庭生活费的份额为35%①。

上述两种办法，均有合理之处，但我们认为，目前在成本计算不清楚，哪些费用支出应该归入成本范畴争论不休的情况下，不应当以学校的培养成本作为成本分担的基

① 1929～1930年《上海市工人生活程度》的社会调查报告中提到，当时普通工人的月工资通常为16至33银圆之间，平均约为22银圆；国立大学，如北大、清华、交大、北师大等每年的学费为20银圆左右。

础，而应以社会大多数人能够承担的平均成本作为成本分担的基础，即人均收入的10% ~15%。相比之下，第二种方法可操作性更强，也更容易控制和监督。

（二）增强成本核算的科学性和透明度

采用高等教育成本分担方式的前提是，要有一套更加科学、权威的高等学校生均教育培养成本核定办法，并向全社会公布，接受来自社会方方面面的监督。实行高等教育价格听证是对学生支付的必要补充，体现国家、高校、学生的权力和责任，并成为一种制衡机制。

按照国家发改委、财政部、教育部在2002年6月联合发出的通知，我国教育收费实行公示制度。对此，要求教育部和各地教育主管部门尽快实施高校教学基本状态数据年度公布制度，并逐步建立和开放数据库网上检索系统。定期计算和公布各类院校成本，作为社会评价监督的基本依据。

与此同时，要求全国各级各类学校实行教育收费公示制度，学校通过设立公示栏、公示牌、公示墙等形式，向社会公布收费项目、收费标准、收费依据等相关内容，增加高等学校办学的透明度，便于社会监督。

（三）教育成本分担比例的确定应基于社会承担能力和社会人才需求状况

2004年城镇居民人均可支配收入9 422元，全年全国农村居民人均纯收入2 936元。全国共有2 201万城镇居民得到政府最低生活保障。按年人均纯收入低于668元的标准，年末农村绝对贫困人口为2 610万人，比上年末减少290万人；按年人均纯收入669 ~924元的标准，年末农村低收入人口为4 977万人①。

教育成本分担不等于平摊。让不同收入水平的人群按相同的标准支付学费，对贫困家庭来说，的确困难很大。因此，在我国实行“一刀切”的高等教育成本分担制度有悖国情，需要调整和改革。

（四）总体成本分担比例基本不变，增强学校收费的自主权

在国家财政收入不断增加，对高等教育的投入稳步提高的情况下，国家教育部和地方教育主管部门应进一步做好对每一个学校成本核算的管理，对国家分担成本（投入经费）进行总量控制，对学校学费收入总额进行总量和比例控制。与此同时，逐步放松对每一个学校的几乎所有专业学费的管理与控制。不同专业学生在成本分担比例上的差异，应由各个学校按照一定的比例自行设计。

成本分担应该是总体上的平均分担，而非简单地平摊到每一个个体。国家可以要求

① 《中华人民共和国2004年国民经济和社会发展统计公报》

每一个普通高校根据历年生活困难学生的比例，在总成本分担比例不变的情况下，选择一些专业，采用不同的分担比例来鼓励和吸引不同社会阶层的学生进入不同的专业学习，具体来说，包括以下三种成本分担方式：（1）长线的冷门专业，国家全部分担；（2）中线专业，国家部分分担；（3）热门专业，国家不分担。

我们可以设想，学校不同专业如果按上述三种成本分担方式来收取学费的话，其大致比例为1：1：1。

我们建议，在基础学科专业，特别是自然科学和部分工程科学类专业，培养学生的成本应该由国家全部负担或大部分负担。而那些应用类专业，特别是商科类、法学类、应用医学、药学类专业，国家就不应该承担相应的培养成本，其成本应主要由学生和家庭分担。

（五）对不同地区、不同层次、不同专业的高校成本分担进行分类控制

在国家分担总成本基本不变的情况下，根据不同地区、不同层次、不同专业类别高校的具体情况，设计和采用不同的成本分担设计方案。

1. 不同地区的高校成本分担分类控制

中西部地区的高校，国家应分担更高比例的培养成本；东部经济发达地区的高校，国家应分担较低比例的培养成本。

2. 不同层次的高校成本分担分类控制

高等职业学校和中等职业学校的培养对象主要应该是社会中低收入家庭的子女，主要培养的是高技能人才，国家应高分担或全分担成本，低收费或不收费，引导和鼓励这些家庭的子女学习应用技术。而且，随着普通高校的增多，特别应当增加高职院校的数量。

普通高等学校和普通高级中学的培养对象，国家可以部分分担或不分担。

3. 不同专业的高校成本分担分类控制

逐步在一些大学推行学费全免政策，鼓励那些学习优秀但是家境不好的学生，能够没有任何负担地进入大学学习，费用由国家全部分担。例如，历史上师范院校是不收费的，很多中低收入阶层人家的子弟都可以读师范院校。具体来说，可以在一些农林牧、矿业勘探与采掘和师范院校继续推行学费全承担的政策。

根据经济社会发展的需要以及人力资源市场的供求状况，通过高低不同的学费，引导和鼓励学生选择国家急需的专业进行学习，体现国家对专业人才培养的结构要求和导向。通过市场价格手段，利用学生学费杠杆和标准，发挥学生的选择性、能动性，调节教育经费，协助调整学科专业结构和办学模式，推动高等教育结构调整和竞争力的增强。与此同时，优化高校布局结构，缩小区域间发展水平差距，推动各类高校合理分工定位，形成各具特色的人才培养、科技贡献和社会服务方式。

高等教育成本个人分担的影响因素分析

马京华①

【摘　要】当数量既定时，教育成本的分担结构就成为教育问题研究的重点。本文在梳理我国高等教育成本分担发展脉络的基础上，针对影响个人分担高等教育成本的因素进行分析，并提出了相关建议和对策。

【关键词】高教成本　个人分担　影响因素　发展建议

The Factors Influencing Individual Sharing of Higher Education cost

Ma Jinghua

【Abstract】When the volume is constant, education cost - sharing structure is an important factor on which education studies focus. This paper summarizes higher education cost - sharing conditions in China, and mainly analyzes the factors which have influences on higher education cost - sharing. Also, the author gives some advices.

【Key words】Higher Education Cost　Individual Share　Factors and Advices

① 作者简介：马京华，女，管理学硕士，现在首都经济贸易大学财务处从事预算管理工作。

高等教育成本是大学生接受高等教育期间的教育费用，即高等教育活动中所消耗的物化劳动和活劳动的价值形式的总和。内涵方面，可以分别从广义和狭义的角度进行分析。广义而言，是指培养一名合格的大学生，国家、社会和家庭所耗费的全部费用，包括有形教育成本和无形教育成本两种。有形教育成本是可以用货币计量和体现的耗费；无形教育成本是指学生由于把时间用于求学而引起的机会成本。狭义而言，则指高校培养每个大学生所耗费的全部费用。包括直接成本、间接成本和期间成本三种。直接成本是指直接用于培养大学生的费用；间接成本是指间接培养大学生的费用，可按一定比例折算到教育成本中；期间成本是指学校行政管理部门为管理学校而发生的管理及人员的费用。从高等教育成本分担与补偿的角度来看，高等教育成本分担与补偿主要是分析高等教育的直接成本。

在教育成本数量一定的情况下，教育成本的分担结构就成为教育问题研究的重点。从现实来看，教育成本分担结构是指政府（包括中央政府和地方政府）、个人及企业几个主体共同分担教育成本的制度安排及比例构成，本文就当前高等教育成本分担中的国家与个人的分担比例问题以及影响因素谈一谈自己的看法和观点。

一、高等教育成本分担的发展过程分析

研究高教成本个人分担的现实发展情况和影响因素，首先需要理清其发展过程和脉络线索。总的来看，从 1949 年至今，我国高等教育成本分担机制的演变大致经历了三个发展阶段：

第一阶段：1949 ~ 1984 年。

由于正处在新中国成立后新的教育体制的调整和建立阶段，受我国社会主义计划经济体制的影响，国家在这一阶段实行免费高等教育。政府不仅承担了几乎全部的教育成本，而且还给上大学的学生发放生活和书籍等费用的补贴。

第二阶段：1985 ~ 1998 年。

伴随着我国改革开放的不断深化和市场氛围的逐渐加深，国家开始尝试高等教育成本补偿。这一阶段，国民收入的分配持续向个人倾斜，个人收入占国民收入的比例上升，政府财政收入占国民收入的比例下降。1989 年，国家出台了《关于普通高等学校收取学杂费和住宿费的规定》，从政策上第一次明确高等教育实行成本分担与补偿制度，高等教育成本分担制度开始在全国高校中进行试点，并逐步推广。从“双轨制”到全面实施高校收费的“并轨”，个人（家庭）承担少部分接受高等教育的成本，学费

占学校生均日常运行成本的25%以内，国家对大学生的生活补贴（助学金）取消，开始实施奖贷学金制度。

第三阶段：1999 年至今。

社会主义特色的市场经济对于各种资金的发展起到了相当程度的促进作用。这一阶段，国家在政策上鼓励各种社会资金投入高等教育，多种投资体制的高等教育机构迅速发展，为满足不同收入水平家庭的需要，还出现了多种收费制度的高等学校，有些高校个别学生学费占学校生均日常运行成本的比例甚至接近 100%。个人承担接受高等教育成本的比例加大，学费占学校生均日常运行成本的比例总体超过 30%。

从数据来看，这三个阶段呈现出在平稳前进中持续上扬的发展趋势，如表 11 及图 4 所示。

表 11　　1995～2003 年我国普通高校平均学费及其占生均总经费数据表

指标 \ 年份	1995	1996	1997	1998	1999	2000	2001	2002	2003
学费（元）	1 200	2 000	2 000	3 500	3 200	3 514	3 892	4 218	4 424
年度生均总经费（元）	8 280	9 365	10 666	13 990	15 230	15 974	15 445	15 120	14 963
学费/年度生均总经费（%）	14.5	21.4	18.8	25.0	21.0	22.2	25.2	27.9	29.5

根据表 11，可以绘出图 4。

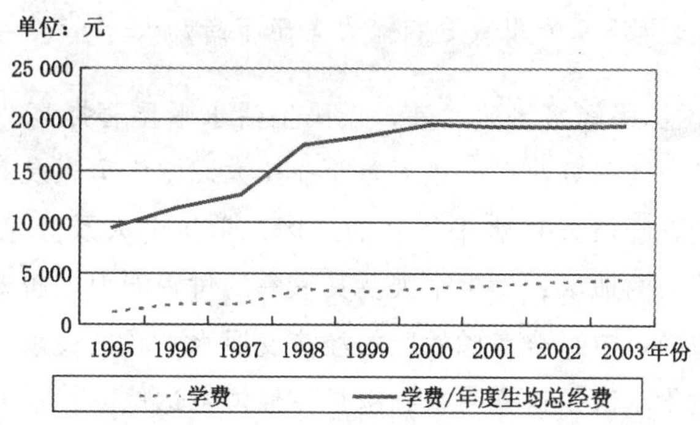

图 4　高校个人分担学费曲线走势图

从表 11 及图 4 可以看出，全国高校学费标准不断提高。从 1995 年至 2003 年，学生人均学杂费从 1 200 元上涨到 4 424 元，增长了将近 4 倍。个人分担的高等教育成本比例迅速提高。从 1995 年的 14.5% 上涨到 2003 年的将近 30%。随着学费标准的不断提高，个人负担的高等教育成本比例迅速提高。这种改革对于增加教育经费，改善办学条件，扩大教育供给，促进教育发展有着积极的意义。现在我们需要思考的问题是：在高等教育成本分担中，个人应承担的比例是多少？学费的上涨有没有上限？政府在教育成本分担中的比例是否还会进一步下降，到底应达到什么比例合适呢？

随着我国市场经济体制的进一步完善和高等教育体制改革的深化，以及高等教育投资主体多元化格局的形成，国家财政性教育投入在高等教育总经费中所占比例还有进一步下降的趋势。学生学杂费的收取，学校创收渠道的拓宽，教育资本市场的形成，这些都为高等教育的发展提供了有利条件。但从现实来看，我国单一的高等学校办学模式还未得到根本改善，高等教育所有制实现形式单一，高等学校的融资主体不落实，这就导致了大有潜力的民间资金投入高等教育的渠道不畅或受到堵塞。另外，虽然居民个人及家庭有很强的教育需求，也具备相当的投资能力，但从现实情况来看，必须考虑两个因素：一是从总体上看，我国仍处于低收入国家水平，居民人均可支配收入较低；二是我国目前收入的贫富差距相当大，许多有教育需求的个人及家庭无法承担高昂的学费。基于以上理由，在短时间内大幅减少国家对高等教育的投入是不利于高等教育发展的。

二、高等教育成本个人分担的影响因素分析

结合我国高等教育发展的趋势情况和目前我国城乡的经济发展水平，高等教育成本个人分担的影响因素在以下三个方面值得重点关注：

（一）区域经济发展不平衡引致分担能力差距不断加大

近20年来，我国国民经济迅速发展，人民生活水平显著提高。但是经济高速发展的同时，各地区居民人均家庭收入的绝对差距在拉大，学生个人及其家庭为高等教育付费能力的差距在拉大。经济发展水平较高的地区，学生个人及其家庭的付费能力就越强；经济发展水平较低的地区，学生个人及其家庭的付费能力就越差。因此，高等教育成本个人分担水平的确定应综合考虑地区的经济发展水平和居民承受力的因素，实施高等教育成本补偿属地化。但是这样一来，越是在经济发达地区，地方政府、社会和个人等对高等教育的总投入水平就越高，高等教育经费就越多。反之，越是在经济落后地区，其高等教育经费就越少，长此以往发达地区和落后地区的高等教育在质量上和数量上的差距将越来越大。

目前，我国沿海地区与内陆地区之间的教育发展不平衡已十分显著，从大学的分布来看，近一半集中在东部地区，其中，北京有63所，而青海只有6所。北京、上海、天津每万人中有在校大学生数分别为169人、112人和81人，而贵州、青海每万人中大学生只有12人和17人，地区差距悬殊。因此，在实施高等教育成本个人分担属地化

的情况下，政府的宏观调控职能和作用显得尤为重要。笔者认为，政府应通过财政转移支付方式加大对经济落后地区的高等教育投入，以保证经济落后地区的高等教育数量和质量，促进我国各地区的平衡发展。

（二）差异化经济支付能力引致比例分担向社会公正倾斜

可行的高等学校学费水平应当是使大多数居民有能力支付，而且应当推行辅助政策来确保低收入者接受高等教育的机会，所以，应考虑将社会平均收入和普通家庭的支付能力作为制定高等教育收费的原则之一。

在确定高等教育成本分担比例时，个人的支付能力应列入首先考虑的因素。个人（家庭）是高等教育成本的主要分担主体，分担能力是分担高等教育成本的重要基础，个人（家庭）分担的高等教育成本如果超出了其分担能力，会损害高等教育公平和社会和谐；如果学费水平过低，一方面会使学费失去教育成本分担的价值，另一方面可能造成虚假的教育需求。

合理的收费标准应是既有利于高等教育成本的回收，又能够使受教育者承受得起，能维护受高等教育者的机会均等和社会公正。因此，在尽快建立科学的高等教育成本核算体系，准确核算高等教育成本的基础上，努力实现国家规定的个人分担高等教育成本比例不超过生均培养成本25%的目标，要通过严格的价格规定，保证私人价格不突破25%的上限，同时，国家要通过立法建立长效机制，加大政府对高等教育的投入力度，保证税收补偿价格达到75%。政府应采取措施，将高等教育成本控制在合理的范围内，并保证公共价格承担人不出现缺位。

（三）高校专业差别促使比例分担应该区别对待

由于我国的市场经济体制还刚刚起步，市场还不够完善，因此各行业之间、各企业之间的收入差距很大，这样就引起不同专业的大学生就业后收入上的差距。因此，高等教育成本分担要考虑到不同类型学校、不同专业毕业生就业的难易程度和就业后收入上的差距。

对于社会直接受益程度较高、个人受益程度较低的基础性学科专业，如气象、生物、历史等专业，适当降低个人分担高等教育成本的比例；对社会直接受益程度较高、个人受益程度较高或者更高的应用性学科专业，如工程技术、经济、管理、法律、医学等，适当提高个人分担标准。这样受益程度较高的学生多分担一些成本，受益程度较低的学生少分担一些成本，符合“受益者付费”的原则，也能为受教育者个人所接受。

四、建议和对策

（一）实行国家主要负担高教成本的政策

实行高等教育成本个人分担并不意味着政府就不分担教育成本，相反，为了提高我国高等教育质量，缩小与世界发达国家的差距，政府应加大对高等教育的投入。

在高等教育投资的四条主要渠道（即国家财政拨款、学生缴纳学费、高校创收和社会捐集资）中，国家财政拨款是高等教育经费的主要来源，或者说是主渠道，这一点是确定无疑的，也是国家法律所规定的。高等教育作为准公共产品，政府有义务提供必要的经费，并随着财政收入的增长而增长，不应一味地将政府的财政负担转嫁给学生家庭。从完善合理的高等教育投资体制的角度来看，学费作为高等教育经费构成中一个重要的、稳定可靠的来源渠道，进行必要的调整，适当地提高是必须的和可行的，但前提是，一定要在以国家财政拨款为主的条件下，决不能喧宾夺主，否则，必然给现阶段我国高等教育投资格局造成极大的影响，阻碍高等教育的平稳发展。

政府投资应突出重点，既要发展重点学校、重点学科，更要扶持落后地区与薄弱学校。应加强政府间教育资金转移支付的力度，中央政府对高等教育的投入应适当向西部、少数民族地区的高校和办学条件先天禀赋不足的高校倾斜。一些具有先天优势的重点高校，不仅政府投入力度大，而且自身的造血功能也很强。而许多一般院校则不仅政府投入少，而且创收渠道也十分有限，急需教育扶贫。

（二）完善资助制度，健全助学贷款制度

学费的不断上涨必然加重人们特别是低收入学生家庭的经济负担和心理压力。据不完全统计，我国每年考上大学的数百万学生中，贫困生和家庭比较困难的学生比例很高，人数也较多。因此，在控制学费上涨、建立合理的高等教育成本个人分担政策的同时，必须建立和完善大学生资助制度，保证弱势群体和经济困难者接受高等教育的平等机会。通过计算教育成本、预期家庭经济状况和学生经济资助需要、公布资助基本配比标准并及时作出调整等几个步骤，进行多因素分析，使复杂的资助工作规范、透明、易于操作，通过对大学的资助资源进行规范合理的配置，使每个学生都能获得与其困难程度相当地经济资助。纵观国外一些实行高额学费的发达国家和发展中国家，无不具有一套较为完善的学生资助贷款制度，使得绝大多数来自低收入家庭的学生能够得到奖学金或贷款，从而极大地缓解了个人及家庭所承担的压力。在我国，政府也一直在不遗余力地进行这方面的尝试，努力建立起一套以“奖、贷、助、补、减”为主的多元化资助

政策体系。总之，在收取学费的同时，我们应完善各项资助手段，以保证高等教育机会公平。通过完善贷款制度、建设等措施，保障经济困难大学生顺利完成学业。

（三）改革高校财务制度，建立效益成本核算机制

以往的高校会计核算体系大多只核算教育经费支出，忽视了经济效益指标，排斥教育成本核算。因此高校都未进行教育成本核算。对国家下拨的教育经费，高校只是简单地计算生均经费支出数，依此作为向国家申请预算的数据资料。高校长期处于“年初报预算，年终报决算，支出靠拨款，不足伸手要，教育成本不计算，经济效益无人管”的状况，从而造成高等教育经费的极大浪费。虽然国家对高校财务制度进行了改革，取消了预算内外割裂核算和使用的办法，实行了“核定收支，定额或定项补助，超支不补，结余留用”的预算管理模式，但仍局限于计算预算收支余额，并未实行教育成本核算，这使得高校有限的教育经费得不到合理利用，造成了教育资源的极大浪费。因此，必须改革高等学校现行的收付制会计核算模式，建立权责发生制核算模式。加强高等教育成本核算，合理地收取学生费用，不仅可以使学生和家长了解高等教育成本的客观性，进而理解和支持并缴纳费用，还可以使高校内部实现科学管理、优化资源配置、提高办学效益，从而在较大程度上促进高等教育的良性发展，产生积极而深远的社会影响。

参考文献：

1. 解建立、吴红岁：“我国高等教育成本分担与补偿问题探析”，《高教探索》，2005 年第 2 期。

2. 胡炼：“高等教育成本影响因素探析”，《当代经济》，2008 年第 11 期。

3. 阳秋林、张春丽：“基于经济学模型下的我国高等教育成本分担探析”，《教育财会研究》，2008 年第 5 期。

4. 甘国华：《高等教育成本分担研究》，上海财经大学出版社 2007 年版。

5. 麻跃辉：“论高等教育成本分担体系中个人的分担比例”，《内蒙古师范大学学报》（教育科学版），2007 年第 5 期。

6. 杨斌：“论当前高等教育成本分担中国家与个人的分担比例”，《云南师范大学学报》，2001 年第 12 期。

高校教育成本探析

于玉环[①]

【摘　要】高校教育投入的增加，使得社会各界对高校教育成本的关注度和重视度越来越高。但是，长期以来，我国高校的教育成本核算在认识上和实践中都不能够满足高校管理的需要。本文从对高校成本属性的认识出发，探讨在高校教育成本核算中本量利方法的使用问题。

【关键词】高校　教育成本　本量利

Cost Analysis in Higher Education

Yu Yuhuan

【Abstract】With higher education investment is increasing, more and more people pay close attention on higher education cost. However, for a long period, our knowledge and practice of higher education cost calculation can not be satisfied. Based on higher education cost attributes, this paper mainly discusses how to apply Volume－Profit Method in higher education cost calculation.

【Key words】Colleges　Education Cost　Volume－Profit Method

① 作者简介：于玉环，女，高级会计师，现在首都经济贸易大学财务处从事预算管理工作。

长期以来，我国高等教育缺乏成本意识，导致教育成本管理水平低下，教育资源浪费严重，制约了高等教育事业的发展。近年来，随着社会主义市场经济体制的建立和高等教育体制改革的不断深入，高等学校生均教育成本问题逐渐受到政府的高度重视和社会的广泛关注。本文依据现代成本管理理论，借鉴企业成本管理经验和前人的研究成果，结合普通高等学校的自身特点和作者从事高等学校财务工作20余年的经验，对高等学校生均教育成本及其测算问题进行了研究。希望通过作者的研究，为解决目前普通高等学校普遍存在的成本意识不强、资源配置效率低下、无法简便快捷地提供较为准确的教育成本信息等问题提供理论支持和实践操作的借鉴，以达到优化高等教育的各种投入要素，满足社会对高等教育的迫切需求，使高校获得持续健康发展能力的目的。

一、教育成本核算向教育属性回归

高校成本细分起来，除了教育成本还有行政成本、社会服务成本、非教育职能成本、校园维护成本，在高等教育成本核算时，应该怎样核算？如果采取“全成本”统计的方式，结果不言自明。

核算教育成本的目的，应该是由此弄清高校究竟应该承担什么职责，高校应如何有效地运用资金，并由此唤醒高校向办学属性和教育属性回归。如果将成本核算，最终演绎为现今所有成本的确认，把所有的行政成本、社会成本、校园维护成本、非教育职能成本都归为学生培养成本，并用很高的比例来让学生分摊，那么，这样的成本核算除了给高校高收费制造“理由”和提供依据外，对高等教育的发展没有丝毫益处。如果让受教育的老百姓来发言，他们会说：大学不应该有那么多的行政管理人员，不应该有所谓的部级、局级、处级机关干部，不应该有那么多的吃喝玩乐，这些行政成本，不应该发生；大学不应该承担退休教师的福利，这些成本不能算教育成本；大学校园不应该那么大，校舍不要那么金碧辉煌，那么多建筑的折旧、那么大面积校园的维护，有些只是好大喜功的领导的“政绩成本”，而非真正的教育成本。

所以，对于高校教育成本的核算应当首先明确其属性，确定哪些属于教育成本，把一些不该由学生来承担的成本剔除，这样核算的成本才有意义，才有利于高校管理水平的提高，才符合核算高校教育成本的初衷。

二、社会保障成本不应列入教育成本

在高校教育成本核算体系中，长期存在着教育成本属性不清，界限不明的问题，有的把高校的支出和成本的概念对等起来，使得成本变得很大，同时变成了支出就是合理的，这样显然违背了高效成本核算的初衷。在目前高校的支出中，很多都不应该作为成本由学生来背负，比如社会保障支出。

社会保障成本是履行社会保障性质而非办学性质职能发生的成本。由于我国社会保障体系的不健全，高校实际上承担了大量的社会保障职能，大量离退休教职工的退休金、养老金和住房津贴，以及照顾现有教职工而运行的班车、开办的幼儿园、小学、初中等，使大学的运行成本居高不下。多年倡导实施的后勤社会化，由于长期以来积累的各类问题，并没让大学从“办社会”中真正解脱出来。大学承担这种职能，一方面使“办学”经费更为紧张，另一方面则严重分散办学精力。有的高校专门有校领导分管此项工作，并设立相应的管理机构。这类成本同样不是真正意义上的办学成本，而应该是大学的“办社会成本”。

三、高校教育成本补偿问题

（一）高校教育成本补偿概述

高等学校是培养人才的场所，是生产和再生产人才的“工厂”。同物质资料的生产一样，人才的生产也要具备一定的物质条件，发生一定的物化劳动和活劳动的耗费，同样存在成本问题。2006 年年初，高校教育成本核算问题、教育收费问题，被社会公众和众多媒体所关注，一度成为当时的关键词。教育收费是否应该，到底怎么收，实际收多少，贫困生上学难的问题怎么解决，所有这些问题的焦点都集中在了教育成本的核算和补偿机制上。对于高校教育成本核算，国内外均有研究，也提出了一些较为可行的方法。但对于高校教育成本补偿的研究仍停留在对补偿的理论基础、依据、原则等理论探讨方面，没有形成一套完整的、具有应用性的方法。相关研究尚缺乏一定的深度，而且，成本补偿的方法也缺乏实用性和可操作性。

（二）高校教育成本补偿的主要问题

1. 教育成本核算意识淡薄

高等学校是从事劳动力再生产的部门，它是为物质生产部门培养、训练物质财富的创造者，即生产物质产品的生产过程中的基本要素——人的劳动能力。教育过程和物质生产过程一样，都是从资金的投入、资金的运转使用到产品的产出过程，也存在一个投入与产出的比较，投入要考虑耗费和占用，产出要考虑质和量。物质生产过程中资金运动的节约规律也贯穿在教育过程中，同一类型的不同教育单位，为培养每一名学生所付出的代价不同，这就是资金运转过程中节约规律作用的结果。但人们长期以来对此还缺乏认识，总习惯于把教育看成是单纯的消费事业，花钱不讲效果，不计产出，实行的是“预算会计”，用收付实现制来代替成本核算。年初根据教育经费数在上级规定的开支范围内安排分项开支数，经费多就多花，经费少就少花，年终结算时按手续把钱报销了事。至于开支是否合理，与培养学生有什么关系，效果如何，则很少考虑。这是消费部门的报销会计，而不是生产部门的成本核算，是违背学校经济活动的性质和规律的。只有在教育部门内实行成本核算，才能更好地使用教育投资，提高教育经费使用的效果。

2. 教育成本核算体系不健全

高校实施教育成本核算是我国许多教育理论工作者和高校实际财务工作者的共识。20 世纪 80 年代末以来，虽然许多专家、学者相继撰文对高校教育成本核算问题进行研究，取得了一定的进展。但是，在如何进行高校教育成本核算方面，至今尚未取得突破性进展，还没有形成一种比较成熟的、被广大高校实际采用的成本核算体系。研究中存在的主要不足有：一是高校教育成本概念不清。在诸多研究教育成本的文章中，高校教育成本提法很多，但具体应指什么，包括什么内容，还很不明确，也不统一。二是定性研究多，定量研究极少。大多数文章只研究高校教育成本的特点和核算的必要性等问题，很少研究高校教育成本计算的具体方法、成本报表及其分析等问题，不具有实际操作性。

同时，研究内容零散，缺乏系统性。研究对象层次偏高，侧重于研究全校教育成本，很少研究系（部）教育成本。每个高校都有多个系（部），专业、学科不同，其研究领域、教学特点等也不尽相同，所以，各自的教育成本构成不一。只笼统地研究全校教育成本，就无法反映各学科教育成本的高低，也不能对相同或相近学科的教育成本进行比较。而且，即使是对全校教育成本的研究，大多也只局限于经费投入问题。用经费投入总额除以全校学生总数，即人均经费来代替人均成本，这并非真正意义上的教育成本。

实践表明，随着经济的发展，学费占据高校教育经费的份额会越来越大，且随着生均培养成本的提高而呈现增长趋势。如何借鉴国外高校教育成本补偿机制的经验，得出我国教育成本补偿的启示，使成本补偿形式多样化，以适应不同学生群体的需要，确保学校的经费来源，是广大教育工作者和相关部门必须思考的现实问题。

四、本量利分析方法在高校成本核算中的应用

为了适应不同的管理需要，可以按不同的标志将高校成本进行不同的分类，主要有以下分类方法：按数量可以分为总成本和单位成本；按成本是否可以直接区分受益的成本对象可分为直接成本和间接成本；按成本发生的领域不同可分为教学、科研、服务成本等；按成本的性态可以分为固定成本、变动成本、混合成本。本量利是成本、业务量和利润三者依存关系的简称，具体到学校，本就是教育成本，量就是学生数，利就是净结余。用本量利法分析教育成本不失为一个有效的方法，具体步骤如下：

（一）收集、整理和分析本量利等相关数据资料

按年初高校招生规模等发展的要求，分析招生计划资料，收集有关业务量（学生人数）计划、平均计划学杂住宿收费水平、计划办学投入成本等计划材料，为本量利分析做好材料准备。在运用本量利分析方法对高校办学进行分析之前，必须按高校各项成本的性态，将高校支出划分为变动成本和固定成本，这是在进行本量利分析前必须具备的一个重要基本假定。只有可靠地划分出变动成本和固定成本，建立起有关的成本性态模型，并且假定办学项目成本只包括变动成本，而所有的固定成本，均作为期间成本处理，直接在当期的边际贡献中扣除，才能保证本量利分析的准确性。

依照以下原则划分变动成本和固定成本：

1. 在直接费用中，将其成本总额随业务量变动而变动的成本划分为变动成本。即将院、系、处、教研室等部门开支的直接消耗成本，包括电话费、业务费、报刊材料、其他材料费、低值易耗品费、电话费等列入变动成本。

2. 将直接费用中为教学业务开展而发生的、不随业务量变动而变动的费用，划分为固定成本。据此原则，将教学部门和教辅部门开支的基本工资、补助工资、教工福利费、社会保障费、修缮费、购置费、其他费用等列入固定成本。

3. 将间接费用，即将不能直接计入教学支出的管理费用列入固定成本。包括高校行政管理部门和后勤部门发生的各项支出以及教工教育费、咨询诉讼费、坏账准备、科研费、报刊杂志费、租赁费、无形资产摊销、利息支出、银行手续费、汇兑损益等。

4. 将其他支出，即教学支出以外的支出列入固定成本。包括被没收的财物支出、各项罚款、赞助、捐赠支出、财产物资盘亏损失、与高校无关的基础性科研支出等。

5. 此外，将财政专项支出专项反映，不纳入高校成本性态模型分析范围。

（二）预测计划年度目标利润（事业结余），为领导决策提供财力保障

1. 确定高校本量利分析的基本数学模型

利润 = 收入总额 - 成本总额 = 收入总额 -（变动成本总额 + 固定成本总额）= 业务量 × 单价 - 业务量 × 单位变动成本 - 固定成本总额

2. 确定保本点

保本点是指业务量达到某一点时，其业务收入正好与业务成本相等，这时高校经营不盈不亏，若要获利，必须超过保本点，扩大业务量。在此，主要利用边际贡献法和保本图法确定办学业务的保本点。

本量利分析的规律是：在业务收入不变的条件下，保本点的高低受总成本的影响。即保本点的高低取决于固定成本和单位变动成本的高低。固定成本越高或单位变动成本越高，保本点也越高，实现的盈余越少；固定成本越低或变动成本越低，保本点越低，实现的盈余越多。通过保本点和目标利润的确定，得出量、本、利之间的内在联系，即高校若要增加业务收支结余，提高经济效益，应把工作重点放在如何提高工作效率、增加业务工作量、增加业务收入和降低成本方面。

（三）本量利分析的意义

1. 高校要增强竞争实力，为学生提供优质、高效、低耗的教学服务，提高业务水平，加大力度进行内涵建设。

2. 高校应严格控制办学固定费用，减少非教学性开支，充分考虑成本、业务量、利润三者之间的关系，只有当该项目投资能给高校带来的社会效益和经济效益大于预期成本消耗的投资，高校才可以采用和执行。

3. 要严格执行高校财务会计制度和国家规定的各项财务规章制度，实行“统一领导、集中管理”的财务管理体制，建立健全总会计师负责制。

总之，采用本量利方法核算办学成本对加强高等学校的财务管理、进行高等学校长期发展规划的制定、短期招生决策都具有非常现实的意义。

目前，虽然高校还没有建立起成熟的成本核算体系，但教育成本核算的课题研究已在进行中，形成一套完整的成本核算体系已为时不远。高校要准确测量培养一名学生的费用，就要分析教育成本的构成内容及进行成本核算时需要注意的问题，寻求降低教育成本的最佳途径，提高教育投资的效益。

实践表明，随着经济的发展，学费占据高校教育经费的份额会越来越大，且随着生均培养成本的提高而呈现增长趋势。如何借鉴国外高校教育成本补偿机制的经验，得出我国教育成本补偿的启示，使成本补偿形式多样化，以适应不同学生群体的需要，确保学校的经费来源，是广大教育工作者和相关部门必须思考的一个现实问题。

参考文献：

1. 邓娅、阎维方："地区经济发展差异与高校教育成本补偿属地化"，《高校教育研究》，2001 年第 6 期。

2. 王淑洁："建立高校成本管理机制，提高办学效益"，《辽宁师范大学学报》，2000 年第 11 期。

3. 宋琦、张慧鑫："论管理会计在高校财务管理中的应用"，《会计之友》，2007 年第 31 期。

4. 熊飞："本量利分析方法在高校成本核算中的应用"，《会计之友》，2009 年第 10 期。

5. 施小琴："我国高等教育成本分担与补偿问题的思考"，《会计之友》，2009 年第 10 期。

第二部分
高等教育成本核算

高校成本结构的信息归集与优化[①]

许江波[②]

【摘　要】理论和实践已证明，成本结构是影响高等学校教育事业发展和质量的重要因素，而高校成本结构的信息归集与优化必须建立在成本中心合理划分的基础之上。本文将在合理划分高校成本中心的基础上对高校成本结构的信息归集和优化进行探讨，从方法和机制设计等方面对高校成本结构的优化提出建议。

【关键词】高校成本中心　高校成本结构　成本结构优化

Information imputation and optimization of higher education cost structure

Xu Jiangbo

【Abstract】Theory and practice has proved that cost structure has an important

① 基金项目：北京市教委人文社科项目《北京市高校预算管理及其绩效评价问题研究》（SM200810038008）；北京市教委人才强教深化管理创新团队项目《我国高等教育生均成本核算及补偿机制研究》。

② 作者简介：许江波，男，首都经济贸易大学会计学院副教授，管理学博士。

infect on higher education. However, the information imputation and optimization of higher education cost structure need to base on a reasonable division of cost center. This paper will investigate the information imputation and optimization of higher education cost structure which bases on a reasonable division of cost center. Also, from the means and mechanisms design considerations, this paper will give some advices on how to optimize higher education cost structure.

【Key words】 Higher Education Cost Center Higher Education Cost Structure Optimization of Higher Education Cost Structure

引 言

理论和实践已证明，资源的配置效率和使用结构是影响高等学校教育事业发展和质量的重要因素。在目前资金分配机制下，高等学校资源的配置效率主要由以下两个阶段的效率所决定：一是资源在高等学校间所进行的分配是否公正、透明和有效；二是学校内部独立进行的资源配置结构是否合理和管控是否有效。上述两个阶段既相互分离，又相互影响，其联系的有效程度会对高等学校资源配置的阶段效率和整体效率产生重大的影响。在有效联系上述两个阶段的过程中，成本结构是一个关键的联系结点，起着承上启下的作用：一方面，高等学校的成本结构反映了学校的内部资源分配和使用状况，通过成本结构的优化，可以有效改进高校内部资源的配置，进而提高高校内部资源的使用效率，并为后续的高校绩效评价提供成本信息；另一方面，高等教育主管部门在高校间进行资金分配时，可以利用高校的成本结构信息来分析高校的成本行为规律，在此基础上进一步完善学科生均综合定额，在拨款公式中纳入更多的因素，进一步促进高校间资源分配的公正、透明和有效。

成本结构是依据一定的目的，采用一定的划分标准对成本归集对象的成本构成要素及其形成的比例关系进行划分。从理论上来看，成本结构的识别和信息归集主要有两种方式：一种是按支出对象，即按照预算支出会计科目进行；一种是按支出功能，即按照高校教育教学活动各部分的职能进行。过去，高校主要从预算收支会计科目的角度进行成本信息的反映和成本结构的分析，这种方式虽然在一定程度上可以反映高校资源的利用效率，但是由于预算收支会计科目信息偏重于反映整体，按照科目进行的方式不能充分反映学校各职能在实现其办学目标过程中的成本发生信息，也不能充分反映高校成本行为规律和成本效益。因此，从优化高校资源配置和提高高校办学效率的目的来看，从支出功能角度来进行高校成本结构的识别和信息归集会更加有意义。另外，根据成本归集对象的层次和范围的不同，成本结构可以根据管理的需要进行合理分类。通常，成本结构可以分为学校成本结构和学科（院系或专业）成本结构两个层次。

从支出功能角度进行的高校成本结构识别与信息归集必须建立在成本中心的合理划分基础之上，而成本结构的优化也必须建立在高校按照成本发生规律对成本中心进行有效管控的基础之上。鉴于此，本文将从高校成本中心的合理划分入手，对高校成本结构的信息归集和优化进行探讨。

一、高校成本中心划分的基本原则

高校成本中心主要是费用中心，是指根据其管理权限对费用的支出或消耗的合规性和效益性承担一定的经济责任，并能反映其经济责任履行情况的高校内部单位。为了能够有效归集和优化高校的成本结构，高校的成本或费用中心的划分应遵循以下基本原则：

1. 成本中心的划分以高校的各项活动或功能为依据。围绕高校的培养学生、科学研究和提供社会服务等三项主要职能，高校的相关活动按照功能的不同可以分为：教学、科研、行政管理、业务辅助、后勤保障和学生事务等类型。高校的成本中心应在该功能活动分类框架下进行划分。

2. 成本中心要有明确的费用管理责任，责任部门及责任人应为一个。

3. 成本中心的划分可以在保证同质性的前提下适当简化。高校成本中心的划分必须既足够充分，又足够简单。考虑到高校的成本行为如果划分过于复杂，就缺少可操作性，没有实用价值。因此，高校成本中心的划分可以根据实际情况适当简化，但应保证同一个成本中所包含的作业对资源的消耗原因和方式相近，保证相互之间紧密关联，如教学业务费用和教学实验室费用应该分设成本中心等。

4. 利于学科（或院系）成本结构的成本归集和分配。成本中心划分的一个主要目的就是通过成本归集和分配来取得学科（或院系）的成本结构，为完善学科生均综合定额和计算生均培养成本提供充分的成本信息。因此，在成本中心划分时，应注意：(1) 区分与学科相关的成本和与学科无关的成本；(2) 区分直接成本和间接成本；(3) 对于间接成本，应考虑在分摊成本时分摊标准选择的一致性。

5. 在核算能力和管理能力许可的情况下，成本中心可进一步细分，直至成为最小成本责任中心。有条件的高校可以实行三级成本核算和管理，即一级成本中心是学校，二级成本中心是处室或院系，三级成本中心是单元（如教学组、后勤各中心等）。

二、高校成本中心的划分

由于各高校的学校类型、学科构成和管理模式存在差异，所以无法对高校成本中心进行一个标准、统一的划分。但是考虑到高校成本支出的同质性，可以按照上述基本原则确定一个成本中心的划分框架，以便能够有效的统计和优化学校的成本结构。成本中心划分的基本框架如下：

（一）与学科相关的成本

与学科相关的成本是指与学校各学科的人才培养、科学研究和为社会提供服务等活动的开展相关的支出。按照主要成本动因和成本归集方式的不同，与学科相关的成本又可以划分为两类：一类是直接费用，即可直接按照学科进行核算和归集的支出；另一类是间接费用，即无法按照学科进行直接归集，需要通过成本动因分配标准进行分配归集的支出。

在与学科相关的成本中，直接费用主要包括以下部分：(1) 学生费用。具体包括学生物价补贴、学生奖助学金及其他补助、学生实习实验及学生活动、军训费用等成本中心。(2) 教师工资及福利、保障费用。具体包括教师基本工资及福利保障、教师绩效工资等成本中心。(3) 教学费用。具体包括教学业务费、教学差旅费等成本中心。(4) 一般性科研费用等。

间接费用主要包括以下部分：(1) 教学辅助费用。具体包括教学辅助单位人员工资及福利保障、教学辅助单位业务费、图书资料购置、体育维持费（含体育场馆维持费)、信息化平台维护费等成本中心。(2) 学校行政管理费用。具体包括管理人员工资及福利保障、管理部门业务费等成本中心。(3) 学校公共保障和后勤费用。具体包括水电费、物业管理和取暖费、教学和办公建筑维修费、教学和办公设备购置与维修费、后勤净支出、学生宿舍费用等成本中心。

（二）与学科非相关的成本

与学科非相关的成本是指与学校各学科的人才培养、科学研究和为社会提供服务等活动的开展无关，但按照相关政策必须发生的支出，从决策的角度，它可归属于学校的沉没成本。该部分的成本主要包括对离休人员个人及家庭的补助支出、对退休人员个人及家庭的补助支出、职工宿舍取暖费等。

三、高校成本结构的信息归集

在科学划分成本中心的基础上，就可以归集形成学校和学科的成本结构。按照支出的功能分类，将功能相近成本中心的成本信息进行归集合并，便可以形成成本结构。

（一）高校成本结构的项目构成

根据前述成本中心的具体划分，高校的成本结构项目主要包括：

1. 教学费用：涉及到的成本中心主要包括教师基本工资及福利保障、教师绩效工资、教学业务费、教学差旅费、学生实习、实验及学生活动和军训费用等。

2. 学生资助：涉及到的成本中心主要包括学生物价补贴、学生奖、助学金及其他补助等。

3. 科研：涉及到的成本中心主要包括一般科研费，不包括拨入科研专款和横向课题。

4. 教学辅助费用：涉及到的成本中心主要包括教学辅助单位人员工资及福利保障、教学辅助单位业务费、图书资料、体育维持费（含体育场馆维持费）和信息化平台维护费等。

5. 学校行政管理费用：涉及到的成本中心主要包括管理人员工资及福利保障、管理部门业务费等。

6. 学校公共保障和后勤费用：涉及到的成本中心主要包括水电费、物业管理费和取暖费、教学与办公建筑维修费、教学与办公设备购置与维修费、后勤净支出和学生宿舍费用等。

7. 其他费用：涉及到的成本中心主要包括离休费和退休费、职工宿舍取暖费、物业管理费及维修费等。

（二）高校成本结构的信息归集

如前所述，高校的成本结构可以分为两个层次：一是学校成本结构；二是学科成本结构。前者是学校整体的，反映的是学校整体的内部资源配置情况，后者是针对学科的，反映高校在学科间进行资源分配和学科内部资源配置的效率。

学校成本结构比较容易统计，将各责任成本中心的成本支出按照相应的成本结构项目进行归集即可。比较困难的是，学科成本结构的统计的困难主要集中在两个方面：一是高校一般不按学科来组织教学和科研，因此，在进行学科成本结构信息归集时的一些基础数据，如教师人数、使用面积等，很难按照学科取得；二是对于间接费用的分配如何做到科学和准确。针对上述两个问题，提出如下建议：

1. 以院（系）代替学科进行成本结构的信息归集。高校的学科与院系有非常强的关联性，高校的院（系）一般是按照学科类型来设置的。有学者通过对各高校设置的院（系）的分析发现，在一级学科上，一般情况下一个院（系）只有一个学科，那些具有两个及两个以上学科的院（系），学科之间的性质差异不大，支出也比较相近。因此，在学科成本结构信息归集时，可以用院（系）来代替学科。

2. 通过相关性分析，合理确定分配基础并据以进行学科间的成本归集。对于与学科相关的直接费用，可以通过会计核算系统直接归集到学科或院（系）。对于间接费用，则需要在学科或院（系）间进行分配，科学分配的关键是确定间接费用支出的主要影响因素（即主要的成本动因），并依据所确定的主要成本动因与学科或院系之间的关系确定分配基础。分配基础的确定原则如下：如果间接成本费用支出的主要影响因素与学科或院系的相关程度较大，也就是说，学科或院系也是按照此成本动因消耗此类费用支出的，即把所确定的成本动因作为向学科或院系分配的基础；如果间接成本费用支出的主要影响因素与学科或院系的相关程度较小，则视同此类间接费用对每个学生来说获得的机会均等，直接将学生人数作为向学科或院系分配的基础。

根据上述思路，通过对某高校间接费用的成本动因进行的初步分析，对高校间接费用的主要影响因素或成本动因以及向学科或院系的分配基础提出如下建议（见表12）：

表 12　间接费用成本中心的主要成本动因及分配基础

序号	成本中心名称	主要成本动因	分配基础
1	教学辅助费用：		
(1)	教学辅助单位人员工资及福利保障	教学辅助单位人数;职称比	学生数
(2)	教学辅助单位业务费	教学辅助单位人数	学生数
(3)	图书资料	学生数	学生数
(4)	体育维持费（含体育场馆维持费）	学生数、体育设施及场馆面积	学生数
(5)	信息化平台维护费	网络流量	学生数
2	学校行政管理费用：		
(6)	管理人员工资及福利保障	管理部门人员数，职务、职称比	学生数
(7)	管理部门业务费	管理部门人员数	学生数
3	学校公共保障和后勤费用：		
(8)	水电费	水电用量	水电用量或按总课时数
(9)	物业管理和取暖费	校舍面积	所占校舍面积或按总课时数
(10)	教学、办公建筑维修费	建筑面积、校园面积	所占校舍面积或按总课时数
(11)	教学、办公设备购置与维修费	设备数量、设备种类	所使用的设备数量
(12)	后勤净支出	后勤人员数	学生数
(13)	学生宿舍费用	学生宿舍面积	学生数

四、高校成本结构的优化

为了提高高校的办学效率和效益，在保证高等教育经费投入的同时，高校还要注意改进高校资源的分配和使用，进一步优化高校的成本结构。高校成本结构的优化需要解决两个基本问题：一是优化方向，即围绕高校成本结构管理的目标，分析现有成本结构中存在的问题，确定需要增加或压缩成本结构中的组成部分，以及各类成本在总成本和其具体项目之间的合理比例；二是优化机制，即如何设计相关制度来引导高校对成本结构进行优化，并为高校成本结构优化的顺利实施提供制度保障，以保证成本结构优化目标的实现。

（一）高校成本结构优化方向的确定

目前相关研究文献和高校成本管理实践表明，确定成本结构优化方向主要有三种方法，分别是：标杆分析法、功效分析法和影响因子分析法。

标杆分析法是一种常用的分析方法，其基本原理是选取类型、规模相近且办学效益比较突出的高校作为标杆，通过将自身内部资源的配置和使用状况与标杆高校进行持续的对比，不断找出差距并采取措施进行缩短，最终达到持续改进自身业绩的目标。李勇、闵维方（2007）以哈佛大学、斯坦福大学、加州伯克利大学和耶鲁大学为例，重点分析了美国世界一流大学的成本结构，并以此作为标杆，将我国部分重点高校的成本结构现状与之进行对比分析，提出以下成本结构改进建议：逐步增加对人员的投入、适度增加资本性投入、确保对教学方面的投入以及加强对科学研究的投入等。上述通过标杆分析所得出的研究结论及建议具有一定的普适性，我国高校在根据自身情况确定成本结构优化方向时可作为重要参考。在实际运用过程中，对于我国一般性高校，选择办学效益突出的同类型且规模相近的国内高校作为标杆，其对比分析结果对成本结构方向的确定将具有更大的实际参考价值。

功效分析法是根据多目标规划原理，对每一项评价指标确定一个满意值和不允许值，以满意值为上限，以不允许值为下限，计算各指标实现满意值的程度，并以此确定各指标的分数，再经过加权几何平均进行综合，从而评价被研究对象的综合状况。在运用功效分析法确定成本结构优化方向时，需要合理设置各种成本结构评价指标，以同类型高校的最优值或标准值为满意值，以同类型高校的最差值或自身历史最差水平为不允许值，运用功效函数计算各项成本结构指标的得分，并在此基础上经过加权确定高校成本结构的整体水平。与标杆分析法相比，功效分析法的优势在于：可以从整个行业（横向）或历史（纵向）的角度来观察和评价目前的成本结构，既能从成本结构的不同侧面进行评价，也可以对其整体进行评价。当然，功效分析法的劣势也是很明显的，主要表现在由于缺乏具体的对比分析对象，成本结构分析的深入性和针对性较差。

影响因子分析法是借助于相关性分析、因子分析、主成分分析等分析工具，构建分析模型，收集剖面数据或历史数据，分析确定影响高校产出效率或效益的主要影响因素或高校管理中的薄弱环节。李勇、闵维方（2008）通过定量分析法对高校的成本结构与科研产出总量和科研产出效率之间的关系进行了相关性分析，研究显示，在生均事业费支出和教学产出总量一定的情况下，科研支出比例的提高会带来科研产出总量以及教师人均科研产出效率的提高，进而能够提高高校内部资源配置的总体效率和效益。

除了上述三种分析方法外，数据包络分析方法（DEA）也越来越受到重视。该方法可以通过差额变量分析获得最佳的投入产出值，揭示出无效率单位的成本结构改进方向和相关信息，以求转为有效率的单位。我们相信，这种方法在高校成本结构优化过程中会有良好的运用前景。

在实践过程中，高校要从自身战略管理的高度出发，结合具体实际情况，综合运用各种方法，定量分析与定性分析相结合，确定适合自身情况的成本结构改进方向。

（二）高校成本结构优化机制的设计

高校成本结构的优化是一个系统的工程，它需要高教主管部门、高校及其下属的成本中心共同努力、相互配合才能顺利达成。在此过程中，关键问题是针对各层面的职能定位进行高校成本结构优化机制的设计，通过制度体系建设来引导和保障高校成本结构优化的顺利实施。具体设计思想如下：

在高教主管部门层面，要通过改进高校拨款模式建立成本结构优化的保障机制，在扩大高校财政自主权的同时，建立和完善绩效评价和问责制度以健全成本结构优化的激励约束机制。目前，我国高教主管部门在核定高校拨款额度时，区分基本支出和项目支出，其中，对于基本支出主要采用的是学科生均综合定额拨款模式，以各学科学生人数为主要拨款因子，在考虑历史支出水平的基础上合理测定定额标准，并根据定额增长因素的变化进行定期调整；对于项目支出，则主要采取零基预算，根据高校发展资金需求，在财政支持能力允许的范围内，参照上一年度的拨款额加以确定。该模式与基于学校类型的传统生均综合定额拨款模式相比，在公平性和效率性上都有了较大程度的提高，也比较符合高等教育改革与发展的趋势，但是，作为阶段性的拨款模式，从成本结构优化的角度来看，还存在以下待改进的方面：（1）未充分考虑高校各职能活动在成本发生规律和主要影响因素方面的不同，而只是简单的归为学科学生人数这一单一因子，致使该拨款模式在经费保障和引导成本结构改进方面的作用弱化甚至会发生扭曲；（2）综合定额标准主要基于高校的历史数据加以测定，掩盖了历史支出中存在的问题，不利于高校成本结构和成本效益的持续改进；（3）基本经费和项目经费结构不合理，近几年出现了项目经费增速高于基本经费增速的倒挂现象，给各高校根据自身情况进行成本结构的优化带来一定的制约。鉴于此，为了促进高校成本结构的优化，高教主管部门应在充分研究和分析高校成本行为规律的基础上，通过学科成本结构的分析，充分考虑高等学校的基本职能划分及相应的支出需求，将学科生均定额法和成本结构法相结合，实行多因素拨款模式，进一步完善高校拨款模式，使其充分发挥高校成本结构优化的导向和保障作用。此外，高教主管部门在进一步扩大高校财政自主权的同时，应健全和完善对高校资金使用合规性和效益性的绩效考核体系，并充分运用绩效考评信息及结果，与预算拨款相结合，并加强高校绩效信息的透明度，进而通过绩效问责来促使高校进行成本结构优化，不断提高高校资金使用的效率和效益。

在高校层面，要通过转变观念、改进预算资金分配方式、加强成本中心管理等手段来建立成本结构优化的实施机制，同时增强高校自身自筹经费的能力，建立成本结构优化的自主发展机制。首先，高校要树立成本效益观念和成本结构优化意识，改变“年初报预算，年终报决算，支出靠拨款，不足伸手要，教育成本不计算，经济效益无人管”的工作惯性；其次，高校应依据前述成本中心划分的原则，对现有成本中心的划分重新梳理，尽量使成本中心的划分满足管理和成本信息提供的需要。在合理划分成本中心的基础上，高校应深化责任分解，贯彻现代成本管理的科学理念，完善与落实高校各成本中心的经济责任制，通过健全高校定额成本管理体系和进行成本功效分析，建立成本中心绩效评价制度，不断加强成本中心的管理；第三，高校在进行预算资金校内分配时，应立足于自身的发展战略，围绕成本结构优化方向，实行预算资金切块分配机制，并建立和完善基于绩效评价的责任预算管理体系，对各成本中心实行目标责任管理，根据目标的达成程度进行奖惩，而各成本中心则应充分认识成本结构优化工作的重要意义，转变工作作风，充分发挥主观能动性，在授权经济责任范围内，按照学校的管理要求不断提高自身的成本效益。在加强内部管理的同时，高校还应从发展的角度来进行成本结构优化。在现有财政承受能力和拨款机制下，财政拨款主要用于保障学校的基本运转，从中进行成本结构调整的空间不大。因此，学校应增强自筹经费的能力，不断增加自筹经费在总收入中的比重，依靠自身的发展来优化学校的成本结构。

最后需要说明的是，高校成本结构的优化还需要一系列配套制度加以配合。该配套制度主要包括会计核算制度、资产管理制度和内部控制制度等。其中，高校现有的以收付实现制为主要核算基础的会计核算制度需要逐步过渡为权责发生制会计，固定资产折旧、应计和递延费用应纳入高校会计核算内容。同时，在按照收支经济分类改革的要求规范会计科目的同时，允许高校增设相应的成本核算科目，并加强项目核算管理，以满足成本结构信息归集和优化的信息需求。目前，财政部正在着手修订高校会计制度，加强成本核算是修订的主要内容之一，相信新的高校会计制度的实施会为高校成本结构的信息归集和优化提供坚实的制度和信息基础。

参考文献：

1. 李勇、闵维方："若干世界一流大学成本结构的比较研究"，《全球教育展望》，2007 年第 4 期。

2. 陶春梅、孙志军："高等教育基本支出拨款方式的改革与创新"，《财贸经济》，2007 年第 10 期。

3. 李勇、闵维方：《全球教育展望》，2007 年第 4 期。

高等学校教育成本核算问题研究

杨世忠[①]

【摘　要】本文从成本概念演绎出高等学校教育成本概念，并从成本主体、成本对象、成本期间、成本分类、成本范围、成本原则、成本方法七个方面对高等学校教育成本的核算问题进行了探讨。

【关键词】高等学校　教育成本　成本核算

Research on the calculation of high education cost

Yang Shizhong

【Abstract】This paper from cost concept deduce to the education cost of university. from 7 respects, respectively the cost subject, cost target, cost period, cost sort, cost scope, cost principle and cost method, this paper researches the calculation quootion of University' s education cost.

【Key words】University　Education Cost　Cost Calculation

① 作者简介：杨世忠，男，管理学博士，首都经济贸易大学副校长，教授。

引　言

中国是世界上人口最多的国家，如何使中国从人口资源大国发展成为人力资源强国，大力发展教育事业是必然的选择。中国的教育事业分成高等教育、中等教育和初等教育三级，基本上是由各级政府出资兴办的。随着国家经济实力的增长，目前已在全国范围内实现了从小学到初中的九年制义务教育①。对于高等教育，在 2002 年以前，尚属于精英教育；之后，开始步入大众化教育的发展阶段②。随着全民教育和终身教育理念的逐渐普及，各办学主体在教育产业化方面进行了许多尝试，在教育投资主体多样化，社会民主与法制化建设进程加快以及社会对教育事业的高度关注等背景下，教育成本尤其是高等教育成本的核算与补偿问题也逐渐凸显出来。本文对高等教育成本的核算问题展开分析与研究，旨在探索中国高等教育成本核算的方法与途径。

一、高等教育成本概念

（一）成本概念

人类什么时候开始计算成本，什么时候就有成本概念。据专家分析③，在新石器时代，原始部落便开始有了剩余的生活与生产资料。位于不同自然环境和生产条件下的原始部落，因其剩余的劳动产品不同，相互之间便开始进行以物易物的交易。这便是商品经济的萌芽。此部落为得到彼部落的产品，就要付出本部落的产品。为了得到的付出，就是最早的成本。成本是伴随着资源利用和商品交易而来的范畴。

哪里有商品，哪里就有成本。在处处都充斥着商品的现代社会，成本无处不在。根据马克思对商品价值构成的分析，商品的价值由 C + V + M 构成。其中，C 是商品生产

① 根据 1986 年颁布的《中华人民共和国义务教育法》，我国逐渐推行九年制义务教育，终于在 2008 年秋季实现了全国范围内的九年制义务教育。

② 1978 年，我国高等教育的毛入学率为 1.4%；1999 年，高校开始扩招，当年毛入学率达到 10.5%；2002 年，毛入学率达到 15%，这是国际公认的大众化教育起点（15% ~50%）；2007 年的毛入学率达到 23%。数据来源：教育部网站。

③ 查尔斯·辛格主编：《技术史》（第 1 卷），上海科技教育出版社 2004 年版。

过程中所耗费的生产资料的价值，V是维持生产商品的劳动者生存的生活资料价值或必要劳动创造的价值，M是商品价值扣除C+V以后的剩余价值或剩余劳动创造的价值。基于此，马克思从资本家的角度将C+V定义为商品的成本价格[①]。马克思的分析不仅揭示了成本的本质，而且说明了成本概念必须具备四个特征，即综合性、对象性、补偿性、主体性。

第一，综合性特征。在分工高度发达的现代社会，商品生产所消耗的具体资源形态是复杂多样的，任何商品生产所消耗的资源都不可能是单一的，那种从资源自然属性角度来计量和衡量商品成本的做法，由于其共识程度和通用程度低，在现实中很难行得通。因此，只有从资源的社会属性角度，使用得到人们认可的一般等价物——货币计价的方式来衡量商品生产所消耗资源的价值，才能够为人们所接受。

第二，对象性特征。C+V为何而发生，为生产商品而发生。商品不仅成为C+V发生的原因，而且是C+V发生以后的结果。没有一定的承载对象，就没有成本。

第三，补偿性特征。成本区别于消费的根本特征就是补偿性。马克思指出，如果生产商品的成本不能够从出售商品的收入中得到补偿，即不能够完成“惊险的跳跃”，被摔坏的不是商品而是商品生产者[②]。成本得不到补偿，商品生产便难以为继。

第四，主体性特征。马克思将C+V划入成本范畴，揭示出资本主义商品生产的本质是追求剩余价值。在这里，成本主体就是对形成C+V来源的资源具有使用权的商品生产者。

马克思的分析揭示的是资本主义生产方式下商品成本的本质，以上四个特征足以说明问题。但是现实中，人们对成本概念的把握还有一个重要的特征，即选择性特征。选择性特征表明成本主体对于资源用途的选择是要计算代价的。这里派生出机会成本的概念。机会成本是对资源用途选择的代价，它并非资源的耗费。会计界为了将机会成本的含义也纳入成本概念，对成本作了如下定义：成本是为了达到一定的目的而付出的用货币计量的价值牺牲[③]。成本的用途，无外乎“比较”二字：一是比较不同的资源消耗用途以进行经营决策；二是比较不同时期或不同生产者之间的资源耗费水平以进行经营控制；三是比较相关收入以确认经营成效。成本比较的背后，就是成本主体对产出价值大于投入价值的诉求。

（二）教育成本概念

正如教育经济学是从经济学中派生而来的那样，教育成本概念也是从成本概念中衍

① 马克思：《资本论》第三卷，人民出版社1975年版，第30页。
② 马克思：《资本论》第一卷，人民出版社1975年版，第124页。
③ 冯淑萍主编：《简明会计辞典》，中国财政经济出版社2002年版，第420页。

生而来的。从严格的逻辑关系讲，各国的教育都是事业而非产业。维持和发展教育事业所消耗的资源不能视作成本。正因为如此，几乎所有的教育投资主体和办学主体都没有进行类似于企业的成本核算，所核算的只是各种费用的开支。但是，随着社会分工的不断精细化与复杂化，随着商品经济及市场经济全球性地深入发展，人们对资源配置和资源利用效率的要求已经从产业扩大到事业，从追求盈利的企业扩大到非营利的事业单位。如何保证教育事业的可持续发展，如何由享受教育服务和教育资源的各方合理分担相关的教育费用，如何保证教育资源合理有效地使用，是教育事业投资者和办学者不得不考虑的现实问题。也因为如此，几乎所有希望提高教育资源配置效率和寻求教育经费公平负担的学者和管理者，都会提到教育成本的概念。教育成本，不仅成为教育经济学的学术概念，而且成为教育管理实践中的普遍概念。

英国学者维泽（J. F. Vaizey）在 1958 年出版的《教育成本》（*The Cost of Education*）一书中，首次提到教育成本，但是在书中他分析的却是 20 世纪上半叶的英国教育经费的变化情况，显然他是把教育经费与教育成本混为一谈了。美国著名经济学家舒尔茨在 1963 年出版的《教育的经济价值》一书中提出了“教育的全要素成本”（total factor costs of education）概念，他认为，教育的全要素成本包括两部分：一是提供教育服务的成本，二是学生上学的机会成本。舒尔茨明确指出，教育成本与教育经费不是同一个概念。提供教育服务的成本只是与教育活动直接相关的成本，包括教师、图书馆人员和学校管理人员的服务成本，维持学校运行耗费的要素成本，房屋、土地等的折旧、报废及利息成本，不包括与教育服务无关的学生生活开支，如学生就餐、住宿、运动队活动的开支，也不包括奖学金、助学金、各种补助等转移性支出。学生上学的机会成本可用学生因上学而放弃的收入来衡量。

我国学者对教育成本概念有代表性的表述是①：“用于培养学生所耗费的教育资源的价值，或者说是以货币形态表现的、培养学生由社会和受教育者个人或家庭直接或间接支付的全部费用。”这一概念不仅将教育成本与教育经费加以区分，而且指出了教育成本的主体应该是社会和受教育者，教育成本的构成包括直接费用与间接费用。

综上，笔者认为，要明确认识教育成本概念，除了认识其本质是“培养学生所耗费的教育资源的价值”以外，还有三个要点必须把握：第一，教育成本与教育经费不同，经费是教育事业的耗费，成本则是经费的对象化，它是有承载的主体和客体的；第二，教育成本不仅包括对教育资源的耗费，而且包括对教育资源用途选择的代价——机会成本；第三，教育成本的内容与范围由成本主体及其决策目标决定。譬如，学生的食宿及其他生活开支，对于学生而言，其相关部分②就是教育成本；但是对于学校或政府

① 王善迈：《教育投入与产出研究》，河北教育出版社 1996 年版，第 168 页。

② 相关部分特指学生或其家庭因选择接受教育而额外发生的费用，不含其正常的生活费用。

而言，只有超出学生负担，需要由学校或政府加以补贴的部分才构成教育成本。

（三）高等教育成本概念

高等教育成本概念是教育成本的子概念，一般地讲，它是培养大学本科、专科、研究生层次的学生所耗费的教育资源的价值及其选择代价；具体来讲，它具有特定的成本主体、成本对象、成本期间、成本分类、成本范围、成本原则和成本方法。

二、高等学校教育成本核算问题

（一）成本主体

高等教育成本主体与高等学校教育成本主体不是一回事。两者之间是包含与被包含的关系。一般地，高等教育成本有三个主体：政府、学校和个人。如果要进一步细分，政府主体层面，可分为国家、地区、投资团体等；学校主体层面，可分为学校、学院（系）、校区等；个人层面，可分为个人、家庭。限于篇幅，本文仅研究其中的高等学校主体。

（二）成本对象

高等学校培养对象的多样化决定了高等学校教育成本核算对象的多元化。会计核算的特点是可分可合，明细与汇总并存，用于教育成本核算，具体成本对象根据管理要求而定：既可以只有一个成本对象——经过折算后的在校约当学生人数，也可以具有多层次、多种类、多角度的成本对象。

按照学生就读方式和入学条件划分，可分为全日制学生和非全日制学生；按照学历层次划分，可分为本科生、专科生、硕士研究生、博士研究生；按照学科专业划分，可分为经济学、管理学、法学、医学、工学、理学、农学、哲学、历史学、文学、教育学等多级学科和更多的二级学科；按照年级划分，可分成一年级、二年级、三年级、四年级等。

每一种分类的结果，均可成为成本对象。

（三）成本期间

根据现行《高等学校会计制度》的规定，高等学校的会计核算期间为公历日期，按照公元纪年，分为年度、季度和月度。其原因是，高等教育主要由政府投资兴办，政府开支要纳入预算。我国的预算年度是按照公元纪年划分的，高等教育事业经费的预算与决算期间要与其保持一致。而且，不仅我国，世界各国也是如此。以至于最早研究教育成本的英国学者维泽（J. F. Vaizey），也不得不利用英国政府统计的50年教育经费作为教育成本的替代物进行研究。基于这样的历史和现实，高等学校成本核算期间可以按公历日期确定，但是在进行费用跨期分摊的时候，需遵循权责发生制原则和受益原则。

从理论上来说，成本期间应与学生培养周期和学校的工作周期相一致，即按照学年学期来确定成本期间。在学生培养周期内，学生人数相对稳定，学校向学生的收费按照学年进行，无论是按照受益原则抑或收入与支出的配比原则，学生培养成本的计算都应当与培养期间保持一致。

笔者认为，在现行制度没有改变之前，成本核算期间的确认可以采用企业进行成本核算的办法。一方面，按公历日期计算产品成本以满足定期编制会计报表的要求；另一方面，根据产品生产周期进行成本核算，以满足产品定价及其他相关经营决策与控制的需要。对于高等学校而言，一方面可以根据公历日期计算高等学校的教育成本；另一方面，也可以根据学生培养（训）期间计算高等学校的教育成本。

（四）成本分类

不同的成本主体，必定有不同的成本分类。同样是教育机会成本，对于个人而言，可能是因为上学而放弃的工作收益，对于学校而言，则可能是因为发展此专业方向而放弃彼专业方向的收益。此处的成本主体特指高等学校。

高等学校教育成本分类主要有以下六类：

1. 基于现行制度规定的支出分类，可分为教育事业支出、科研事业支出、上缴上级支出、对附属单位补助、结转自筹基建、经营支出、拨出经费。各种支出里面分别包含基本工资、补助工资、其他工资、职工福利费、社会保障费、助学金、公务费、设备购置费、修缮费、业务费、其他费用，等等。从预算的角度，可分为事业经费支出与基建支出，事业经费支出包含基本支出与项目支出。

2. 基于成本补偿主体的分类，可分为学生及家庭补偿成本、财政预算补偿成本、学校自筹经费补偿成本三类。学生及家庭补偿成本包括学杂费、因大学生活而增加的相关支出，如文具、书籍、专用学习或生活用品支出；财政预算补偿成本包括人员经费和公用经费；学校自筹经费补偿成本包括对学生的补助、对教职员工的绩效或福利开支以及其他专项开支。

3. 基于成本支出的受益或分摊期限，可分为资本性支出和经常性支出，或称长期支出和短期支出。资本性支出是指用于购置固定资产和需要分期分摊的大额资产或费用的支出，如建筑物、仪器和设备等。经常性支出是指用于维持学校运作的日常开支，如员工薪酬开支、图书购置、水电气暖购置和日常办公开支等。

4. 基于成本用途，可分为财务成本和管理成本。高等学校财务成本是指实际所耗费资源并且需要向教育投资主体报告的高等学校教育成本。对其进一步划分，可分为教学成本、科研成本、教辅成本、行政成本、学生成本和后勤成本等。高等学校管理成本是指为学校管理当局进行决策与控制服务的教育成本，其成本内容包括相关的资源耗费和资源用途机会成本。对其进一步划分，可分为固定成本与变动成本、付现成本与沉没成本、差量成本与边际成本、作业成本与责任成本，等等。

5. 根据计入成本对象的方式，可分为直接成本和间接成本。

6. 根据成本支出的范围，可分为学校总成本和生均成本。学校总成本是指在特定时间和空间范围内所使用的资源成本总额。生均成本是指在一定时期内用学校经过统一折算的学生人数去除学校总成本而得到的平均每一位学生所消耗的资源。

（五）成本范围

高等学校的全部开支并非都属于成本，按照支出的经济用途进行分类，首先就要把高等学校发生的支出分成应计入教育成本的支出和不应计入教育成本的支出两大类。不应计入教育成本的支出有校办产业支出、收入再分配支出、对外捐赠，等等。而凡是与学校培养学生相关的费用均应计入教育成本的支出。

（六）成本原则

1. 相关原则

高等学校的职能是培养人才，人才不仅仅指学生而且还包括教职员工，根据此项原则，凡是与培养人才相关的支出都应该计入高等学校教育成本。

2. 权责发生制原则

我国高校现行的会计核算基础是收付实现制，即以实际发生的收支为记账依据。显然，以此来确认成本是不合理的。譬如，学校购买一台设备，如果根据收付实现制原则记账，则购买该设备的款项都要计入当期的教学成本，而实际上，该设备不仅仅当期使用，在后续若干年内仍要使用。根据权责发生制原则，就可以根据设备使用期的长短，将设备购置款分期摊销。权责发生制原则，是指企业一旦获得了收入的权利或承担了支付的义务，就要将其计入当期的收入或支出。

3. 受益原则

此原则是指将共同性费用在不同的成本对象之间进行分配时所要遵循的原则，即“谁受益，谁负担；何时受益，何时负担；负担程度与受益程度成正比”。

4. 重要性原则

此原则是指在进行成本核算时，根据费用发生数额的多少或重要程度，对其进行细分或合并处理时的依据。即重要程度高的费用单独核算并缩短记账间隔，重要程度低的费用合并核算或延长记账间隔。

（七）成本方法

根据核算对象与方法特征的不同，高等学校教育成本核算方法可以分成简捷法、类别法、专业法和作业成本法四种。

简捷法是根据现行高等学校会计制度对费用支出的计算结果，利用相关原则、权责发生制原则、受益原则和重要性原则，对各项支出进行重新归类和分配，从而计算出高等学校生均教育成本的一种方法。

类别法是以学生类别为成本对象的一种成本计算方法。类别法的成本对象通常是专科生、本科生、硕士研究生、博士研究生四大类。其特点是根据学生类别开设成本计算单，并按照学生类别归集各项支出。

专业法是在学生分类的基础上，以学生专业为成本核算对象的一种成本计算方法。这种方法是用来核算不同种类、不同专业学生从入学开始到毕业为止整个教育过程中的总教育成本和单位教育成本。其特点是按照学生类别和专业开设成本计算单，并按照学生类别的专业归集各项支出。

作业成本法是根据作业消耗资源、产品消耗作业的原理，先将资源消耗归集到依据各项作业建立的成本库里，再依据各成本对象消耗作业的数量来分配费用的一种寓计算与控制为一体的成本计算方法。作业成本法是20世纪90年代初期为适应产品制造成本中制造费用比重上升的趋势而产生的一种先进的成本计算与控制方法，其特点是费用分配标准多样化、成本计算精确化，特别适用于间接费用比重大、成本动因多元化的环境。它是高等学校开展教育成本核算的一种比较好的备选方法。

参考文献：

1. 马克思：《资本论》，人民出版社1975年版。
2. 刘泽云：《教育经济学》，华东师范大学出版社2008年版。
3. 财政部：《高等学校会计制度》（1998年1月1日开始实施）。
4. 林钢、武雷：《高等教育成本研究》，中国人民大学出版社2008年版。
5. 李勇：《高等学校成本结构的国际比较》，北京师范大学出版集团2009年版。
6. 刘宝超：《教育经济学》，广东高等教育出版社2007年版。

高等学校成本核算的简捷法应用研究

盛　蕾[①]　杨世忠

【摘　要】本文以首都某高校2004～2006年三年的教育成本数据为例，通过对高等学校支出项目的分析，归纳出高等学校教育成本项目，并在此基础上提出了较为简便可行的测算办法，希望能对高校教育成本核算有所裨益。

【关键词】教育成本　生均成本　成本特性　成本核算

The Research of Educational Cost Calculation of Universities in Beijing

Sheng Lei　Yang Shizhong

【Abstract】From the perspective of the Beijing Municipal Government，this

① 作者简介：盛蕾，女，北京金泰集团有限公司，研究方向：财务管理。

paper is conducted to have a study of system of calculation of high educational cost and calculate the standard cost of high educational cost. Taking the definition of educational cost of China and foreign countries scholars as a start, using the mutually nethods of qualitative analysis and quantitative analysis, take the data of educational cost of 2004 – 2006 of one university of BeiJing as a example, to make up a theory system of cost computation, by analysis of items of expense of education cost.

【Key words】 Educational Cost Educational Cost per Student Characteristic of Cost Computation of Cost

准确的高等教育成本信息可以为高等学校和政府主管部门提供不同时期、不同专业的生均成本信息；为建立可持续发展的高校生均成本分担和补偿机制奠定基础；为高等学校优化资源配置、提高教育投资效益提供决策与考评的依据。本文应用高等学校成本核算的简捷法来对某高校的教育成本进行核算。

一、高等教育成本核算简捷法的基本思路

根据北京高等学校自身的特点，研究在基本办学条件下，建立北京高等教育生均培养成本各影响因子的测算模型，并通过明细成本费用影响因子的标准和定额的测定，来确定北京高校的标准教育成本和生均教育成本测算公式。

具体计算步骤如下：

第一步，剔除与学生无关的支出项目，保留与学生培养有关的支出项目。

第二步，确定上述项目的具体计入比例。

根据教育部有关规定，我们确定上述支出范围中各项目的具体计入量：教学支出、业务辅助支出、行政管理支出、学生事务支出全额计入教育成本；科研支出中用于人员经费和日常公用支出部分，按30%计入教育成本；后勤支出方面，由于高校后勤经过几年的探索，从2005年起已正式启动社会化改革，在其他经营支出方面基本实现了独立核算和自负盈亏，因此，在计算其教育成本时，仅将后勤在编正式职工的工资纳入计算范围之内；关于固定资产折旧年限，规定房屋和建筑物为40年，专用设备为8年，一般及其他设备为10年，图书资料为15年。

第三步，计算高等教育总成本。

计算高等学校教育总成本的公式如下：

$$
\begin{aligned}
TC &= TC_1 + TC_2 + TC_3 \\
&= \sum_{i=1}^{4} X_i + TC_2 + \sum_{i=1}^{4} Y_i
\end{aligned}
$$

TC：高等学校教育总成本；

TC_1：全额计入教育成本的支出；

TC_2：按比例计入教育成本的支出（科研支出和后勤支出）；

TC_3：通过计算计入教育成本的支出（固定资产折旧费）。

X_i（i=1，2，3，4）：分别为教学支出、业务辅助支出、行政管理支出、学生事务支出，其中每一项仅包括人员支出、公用支出、对个人和家庭的补助支出，不包括固定

资产折旧费。

Y_i（i=1，2，3，4）：分别为房屋和建筑物、专用设备、一般及其他设备、图书的折旧额中以计入学生培养成本的数额，该数额可以用教学支出、业务辅助支出、行政管理支出、学生事务支出占该高校总支出的比例（计入系数）乘以固定资产折旧总额来确定。

第四步，计算高校当量学生数。

按照教育部有关规定，高等学校折合在校生人数（当量学生数）

=普通本、专科（高职）生人数+硕士研究生人数×1.5+博士研究生人数×2+留学生人数×3+预科生数+进修生数+成人脱产班学生数+夜大（业余）学生数×0.3+函授生数×0.1

第五步，计算生均教育成本。

计算生均教育成本的公式为：

$$AC = TC \div S$$

$$S = S_1 + S_2 + S_3 \cdots$$

$$= S_1 + 1.5S_1 + 2S_1 + 3S_1 + \cdots\cdots$$

其中，AC：生均教育成本；

TC：教育总成本；

S：约当学生数；

S_i（i=1，2，3…）：分别表示本（专）科学生、硕士研究生、博士研究生、留学生以及其他学生人数。

二、高校生均教育成本分析及改进建议

（一）该校2004年、2005年、2006年三年生均成本比较分析

根据上述数据整理的该校2004年、2005年、2006年三年生均成本比较分析表（见表13）。

表13　　2004～2006年生均成本比较分析表　　单位：元

	2004年	2005年	2006年
TC_1	268 564 342.60	359 893 376.30	359 893 376.27
TC_2	3 543 684.73	5 712 532.02	5 712 532.03
TC_3	2 217.23	1 227.74	1 366.20

续表

	2004 年	2005 年	2006 年
总成本 TC	272 110 244.60	365 607 136.10	365 607 274.50
约当学生数	13 467.00	14 364.60	16 171.60
生均成本	20 205.71	25 451.95	22 607.98

该校 2004 年、2005 年、2006 年三年生均成本比较分析图如图 5 所示。

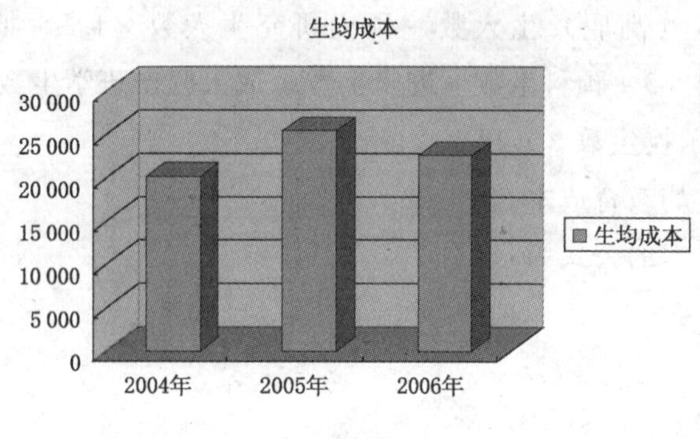

图 5

从图 5 来看，2004 年生均成本较低，2005 年生均成本上升程度较大，2006 年又有所回落。根据因子分析法和成本动因原理，下面我们从影响生均成本的各个因子依次分析原因。

首先，分析总成本和约当学生数。该校 2004 年、2005 年、2006 年三年总成本比较分析图如图 6 所示。

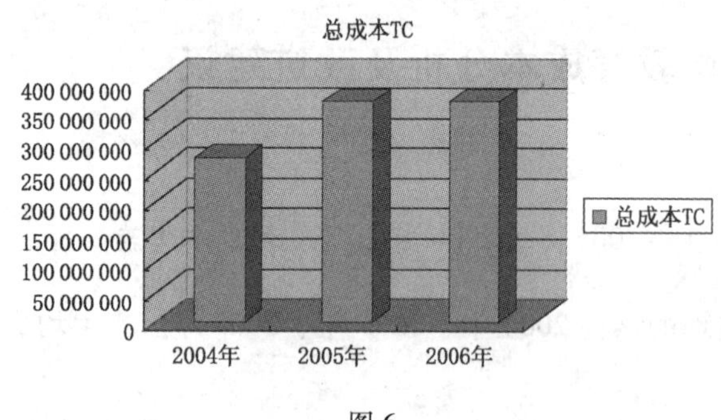

图 6

从总成本来看，2004 年总成本较低，2005 年和 2006 年总成本基本持平，均比 2004 年有较大程度增长。

该校 2004 年、2005 年、2006 年三年约当学生数比较分析图如图 7 所示。

2004 年约当学生数较少，2005 年有所增长，2006 年以更大的幅度增长。

综合总成本和约当学生数两项因素来看，2005 年约当学生数没有较大增长，总成

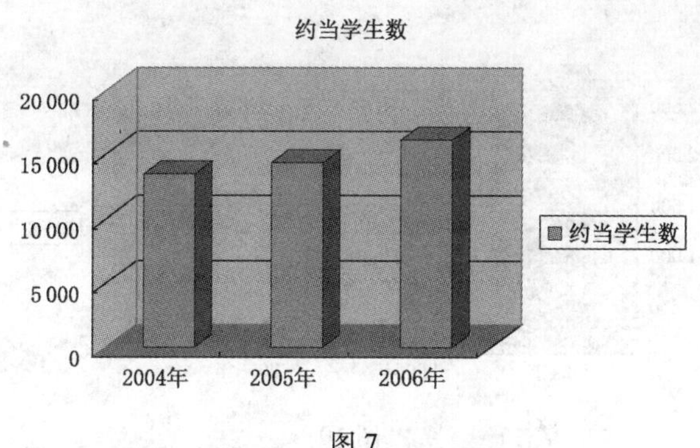

图 7

本却有较大幅度增长，导致生均成本有了较大增长；2006 年约当学生数有较大增长，总成本却没有较大幅度增长，使得生均成本有所回落。即 2005 年成本控制工作水平低于 2006 年甚至 2004 年。下面我们继续使用因子分析法和成本动因分析法，查找原因。

影响总成本的因素有 TC_1、TC_2 和 TC_3，下面我们依次分析：

该校 2004 年、2005 年、2006 年三年 TC_1、TC_2 和 TC_3 比较分析图，如图 8、图 9、图 10 所示。

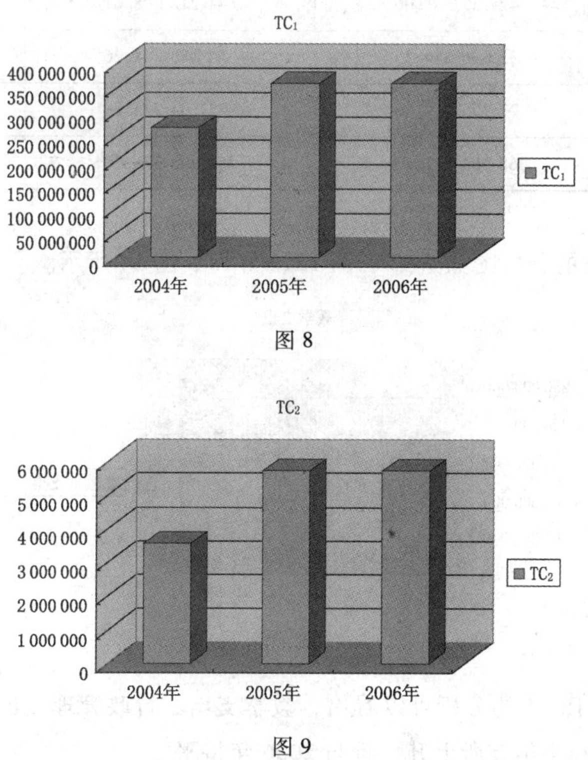

图 8

图 9

通过对图 8 ~ 图 10 的分析可看出，2005 年的 TC_1、TC_2 与 2006 年的基本持平，而 TC_3 虽与 2006 年持平，但远低于 2004 年，所以，TC_3 是一个非正常因子，应剔除。所

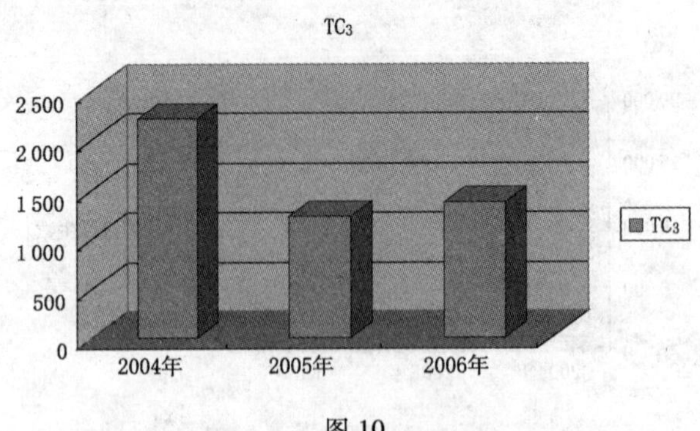

图 10

以，我们重点分析 TC_1 和 TC_2。

首先，我们来分析 TC_1。通过分析得出 2004 ~2006 年的 TC_1 数据（见表 14）。

表 14 单位：元

	2004 年	2005 年	2006 年
教学支出	163 584 795. 30	232 776 547. 60	232 776 547. 60
业务辅助支出	42 137 561. 06	41 212 098. 61	41 212 098. 61
行政管理支出	35 646 646. 35	54 199 784. 26	54 199 784. 26
学生事务支出	27 195 339. 86	31 704 945. 79	31 704 945. 79
总　计	268 564 342. 60	359 893 376. 30	359 893 376. 30

根据表 14 所作的分析图如图 11、图 12、图 13、图 14 所示。

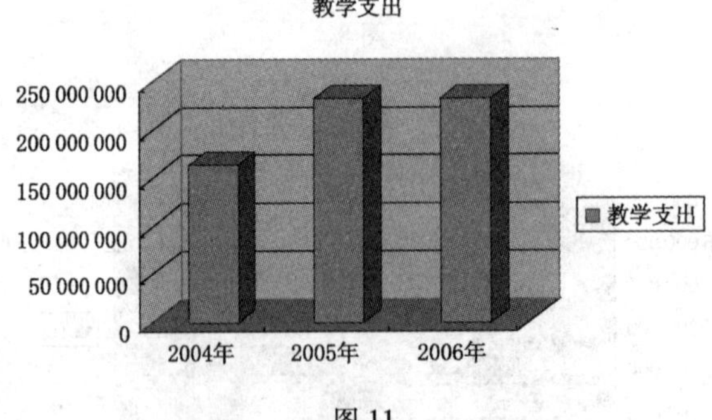

图 11

通过对图 11 ~ 图 14 的分析可以看出，教学支出、行政管理支出、学生事务支出三项中 2005 年均比 2004 年有所上升，且与 2006 年持平。

有关 2004 年、2005 年、2006 年人员支出、公用支出、对个人和家庭的补助支出的明细表如表 15 所示。

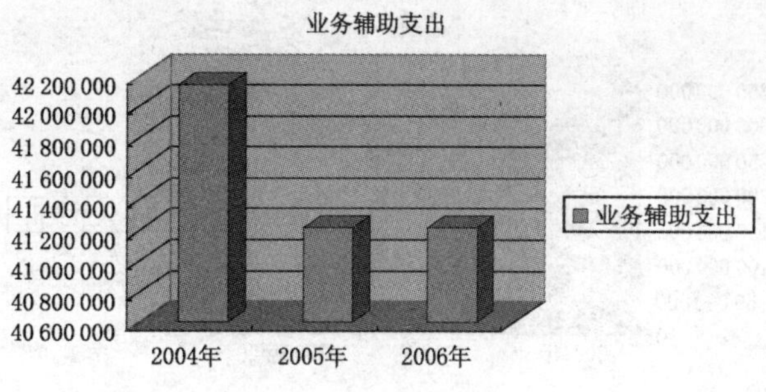

图 12

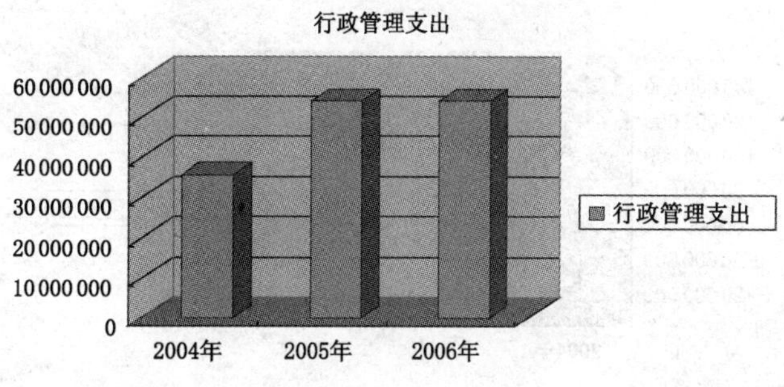

图 13

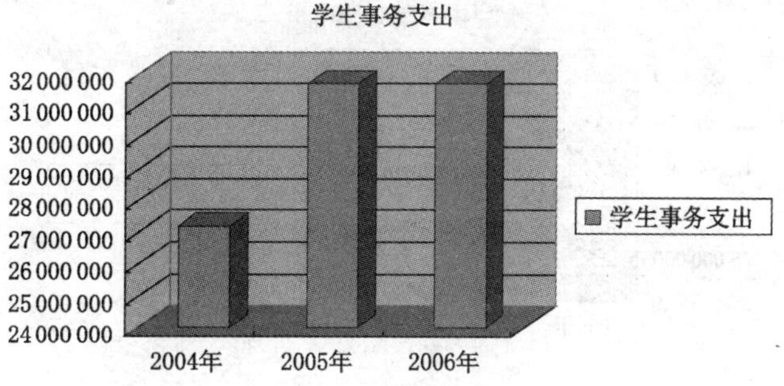

图 14

表 15

单位：元

	2004 年	2005 年	2006 年
人员支出	237 319 275. 30	240 489 913. 70	328 290 880. 60
公用支出	92 386 976. 39	118 197 186. 90	127 053 619. 60
对个人和家庭的补助支出	16 959 850. 84	19 677 659. 95	23 856 029. 03
合计	346 666 102. 60	378 364 761. 00	479 200 529. 00

根据表 15 所作的分析图，如图 15、图 16、图 17 所示。

从图 15 ~ 图 17 来看，2004 年、2005 年、2006 年人员支出 2005 年与 2004 年基本

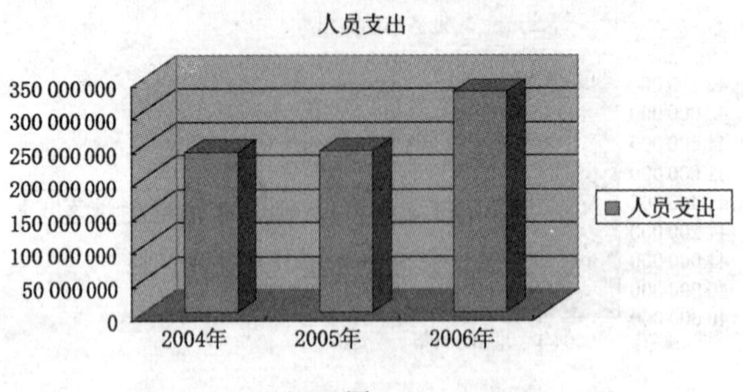

图 15

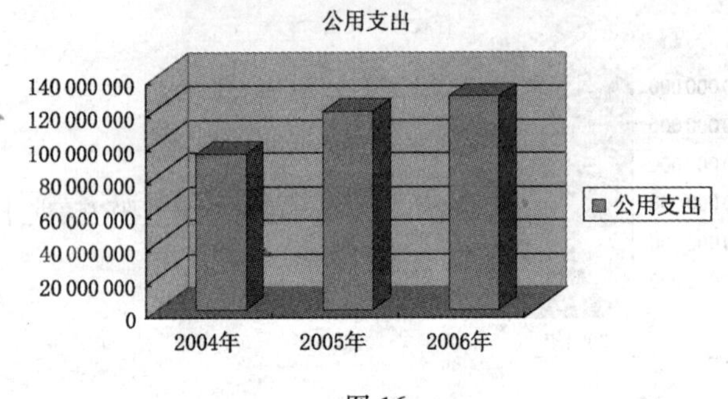

图 16

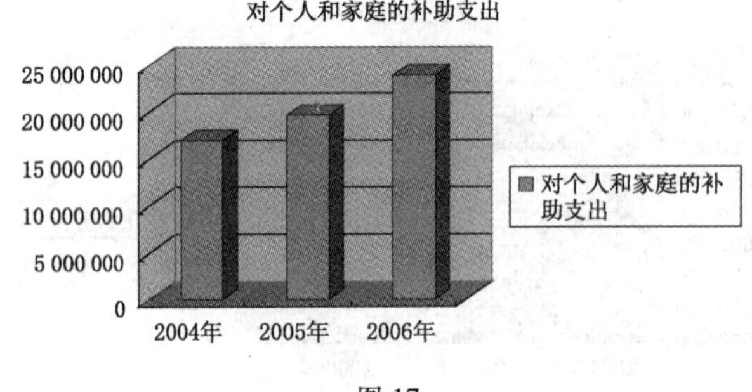

图 17

持平，2006 年有所增长；公用支出 2005 年比 2004 年增长幅度较大，2006 年在 2005 年基础上又有所增长；对个人和家庭的补助支出三年来呈依次递增状态。

我们再来看 TC_2：

$TC_2$2004 年至 2006 年的分析表如表 16 所示。

表 16 单位：元

	2004 年	2005 年	2006 年
TC_2	3 543 684. 73	5 712 532. 02	5 712 532. 03

根据表 16 所作的分析图，如图 18 所示。

从图 18 可以看出，2005 年与 2006 年 TC_2 基本持平，均高出 2004 年。

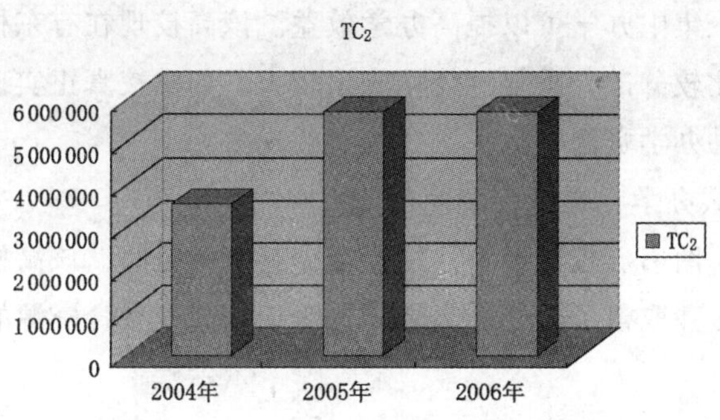

图 18

从上面的分析中，我们可以看出，2005 年生均成本偏高有两个原因：一是 2005 年公用支出与对个人和家庭的补助支出偏高，相对于较小的约当学生数来说，数额偏大；二是 2005 年约当学生数偏小，导致生均成本偏高。

（二）该校生均成本与全国及北京市标准成本比较分析

将该校 2004 年、2005 年、2006 年生均成本与全国及北京市生均成本比较，比较结果如表 17 所示。

表 17　　单位：元

	该校生均成本	全国生均成本	该校与全国差异	北京市生均成本	该校与北京市差异
2004 年	20 205.71	7 850.91	12 354.80	26 026.84	-5 821.13
2005 年	25 451.95	7 613.51	17 838.44	27 724.67	-2 272.72
2006 年	22 607.98	8 381.86	14 226.12	29 617.63	-7 009.65

从表 17 来看，一方面，该校生均教育成本与全国相比，远高于全国平均水平，这是由于地域、经济发展水平、商品平均物价等客观原因引起的。另一方面，该校生均教育成本与北京市相比，略低于北京市平均水平，可以看出，该高校教育成本与北京市平均水平相比，资源利用较为合理，成本控制较好。

从该高校三年自身生均成本的比较和与全国以及北京市的比较可以看出，该高校教育资源总体来说利用较为合理，成本控制较好。但是，本着精益求精的原则和作风，我们通过分析可以得出，该高校的成本可以从降低公用支出和对个人和家庭补助支出、走规模化办学效益两个方面，进一步优化资源配置，达到教育资源最优化配置的理想效果。下面就这两个方面，结合该校的实际，提出几条建议。

（三）结合该校实际情况，提出改进建议

1. 合理资源配置，实现资源共享

调整办学地点，集中办学可以提高办学效益。该高校现在有东校区、西校区等4个办学点，办学地点比较分散，重复性公用支出较大。如学校真正实现集中办学可以做到资源共享，整合各种办学资源，减少资源浪费的现象。

2. 采取多种形式办学，提高资源使用效率

充分利用校舍、图书、仪器设备，尽量减少其空闲时间。该高校东校区已经采取了多样化办学的实践，并取得了较好的效果，这对于该高校教育资源的优化配置起到了很大的作用。

3. 确定适度规模，形成规模经济

从该高校2005年的数据来看，由于约当学生数太少，导致生均成本升高。因此，应大力发展规模效应，降低教育成本的同时，提高办学效益。

三、研究不足与展望

本文在一定程度上分析了北京市高校教育成本核算问题，并从北京市政府的角度，提出了高校加强高等教育成本核算体系建设和提高办学效益的多种改进建议。

由于如何评价高校教育成本的高低，理论界和实证界均缺乏权威的指标，笔者选取教育部和北京市教委发布的全国和北京市的生均教育成本数据作为标准数据来分析生均教育成本的高低及教育投资效益的高低可能存在一定的局限性。希望在今后的研究中能够加以克服，进一步完善和改进。

参考文献：

1. Winston. G. C.. 2000, A Guide to Measuring College Costs, in Analyzing Costs in Higher Education: What Institutional Researchers Need to Know (Edited by Michael, M.), Jossey – Bass Pubishers.

2. Daneshavary. N. & Clauretie. T. M, 2001, Efficiency and costs in education: year – round versus traditional schedules, Economics of Education Review, Vol. 20. NO. 3.

3. Landon. S., 1999, Education costs and institutional structure, Economics of Education Review, Vol. 18. NO. 4.

4. Levin. H. M. & McEwan. P. J., 2001, Cost – effectiveness analysis: Methods and applications. Sage Publications, Inc.

5. NACUBO. 2002, Explaining College Cost: NACUBO's Methodology for Identifying of Costs of Delivering Undergraduate Education.

6. Schultz. T. W., 1963, The Economic value of Education, Columbia University Press.

7. Tsang. M. C., 1988, Cost Analysis for Educational Policymaking: A Review of Cost Studies in Education in Developing Countries, Review of Educational Research, Vol. 58. NO. 2.

8. 荆新:《非营利组织会计准则理论框架》, 清华大学出版社 2003 年版。

9. 袁连生:《教育成本计量探讨》, 北京师范大学出版社 2000 年版。

10. 杨丽丽:"论高校教育成本的特殊性",《教育研究》, 2004 年第 8 期。

11. 吴明芳:"高等教育成本核算体系探析",《会计之友》, 2008 年第 5 期。

12. 张凌洋:"高等学校教育成本影响因素探析",《辽宁行政学院学报》, 2008 年第 3 期。

13. 李强:"美国高等学校教育成本核算及其借鉴",《中国乡镇企业会计》, 2008 年第 5 期。

14. 张聪:"高等教育成本专业法核算方法的探讨",《金融经济》, 2008 年第 6 期。

15. 张建初:"试论高校教育成本核算与控制",《苏州大学学报》, 2009 年第 1 期。

16. 杨海平:"作业成本法在高校教育成本中的应用",《学术论坛》, 2007 年第 6 期。

以作业成本法为基础的高校教育成本核算研究

彭　乐[①]

【摘　要】随着我国教育体制改革的不断深入和发展，教育成本核算已成为高校和社会所关注的重大问题之一。高等学校如何准确核算其教育成本，为政府、高校和家庭等进行相关决策提供重要的依据，是高校进行财务管理的重要内容。本文从作业成本法的理论出发，分析了作业成本法在高校教育成本核算中应用的可行性及作业成本法的核算程序。

【关键词】作业成本法　教育成本

Higher education cost calculation based on Activity Based Costing Method

Peng Le

【Abstract】With the constant development of China's educational reform,

① 作者简介：彭乐，女，管理学硕士，研究方向：会计学，北京商贸学校金融财会系教师。

Cost calculation has become one of major issues of society and colleges. How to calculate higher education cost is an important content of college management, also, this can provide an important basis when government, universities and the related families make some decisions. This paper analyzes the feasibility of applying Activity Based Costing method in higher education cost calculation and the calculation procedures.

【Key words】 Activity Based Costing Method Education Cost

高校教育成本问题现在已经成为学校管理者、政府部门、投资者、学生家庭以及研究人员等有关各方普遍关注的焦点问题。随着高校体制改革的不断深入，高校在办学体制、经费来源、招生分配、科技成果转让等领域逐步与市场接轨，已从单一的事业型单位逐步转变为面向社会自主办学的独立法人实体。在这种新形势下，高校如何做到既重视教学和科研活动规律，又重视经济活动规律，既重视办学的社会效益，又重视办学的经济效益，就应该把企业经济活动的最基本方法——成本核算引入高校。因此，对高等学校教育成本核算问题的研究已迫在眉睫，迫切需要构建一套与现行预算会计制度相衔接、规范统一、可操作性强的高校教育成本核算体系。但是，我国现行高校会计制度对教育成本核算未作出明确规范，如何核算高校教育成本，成为一个亟待解决的问题。

一、高校教育成本的内涵

高校教育成本是高等教育成本的下位概念，属于会计学的概念范畴，是指高等学校这个主体在教育活动中为培养高等教育产品直接或间接耗费的教育资源的价值，它包括广义教育成本和狭义教育成本两种含义。广义的高校教育成本是指培养一个高校学生，国家、家庭和社会所耗费的全部资源的价值。既包括学校所耗费的教学成本又包括国家和社会资源用于教育投资而丧失的机会成本。狭义的高校教育成本是指高校用于培养学生所耗费的，可以用货币计量的教育资源的价值，属于财务范畴的以货币实际支付的成本，而不包括社会和个人投资于高等教育丧失的机会成本。本文所讨论的高校教育成本，即指狭义的高校教育成本。

二、作业成本法运用于高等学校教育成本核算的可行性

（一）高校教育成本的核算特点

高等学校教育成本与企业产品成本相比，具有以下几个特点：

1. 高校教育成本具有非直接补偿性。物质生产部门可以通过出售产品取得销售收入直接得到补偿，而高校教育只是一种潜在的生产力因素，它的“产品”主要是掌握一定技能的合格学生，不能直接用市场价格来计量，作为高校教育产品——学生，在校期间通过缴纳一定的学费直接补偿了部分教育成本，毕业后投入到用人单位，通过服务

用人单位，使本身具有的能力通过劳动进行转化，可为用人单位和国家创造出大大超过其教育成本的价值，增加国家财政收入，然后再通过财政拨款使高等学校的投入得到补偿，从这个意义上讲，国家财政拨款是对高等学校教育成本的间接补偿。

2. 高校教育成本组成中直接费用少，间接费用多。在企业产品的生产中，直接费用较多，例如原材料费用和直接人工费用，特别是在产品种类少的情况下，所有费用均可作为直接费用处理，不需要采用分摊计算的方法。而高校教育成本的构成中，教育活动协作性很强，教育资源共享度高，高等学校培养学生的各项投入大都是综合性投入，共同耗用的间接费用多，要准确地计算教育成本，必须按照一定的标准，将间接费用分配到各成本计算对象，计入有关成本项目中。同时，因为不同性质的间接费用不能采用同一种分配标准，使得间接费用的摊销更加复杂。因此，在分配间接费用时，要有科学的分配标准，使成本计算合理、准确。

3. 高校教育成本具有递增性。在物质生产领域，随着科学技术的进步和管理的加强，新技术、新设备和新材料的使用，劳动生产率不断提高，单位产品的生产成本是递减的。但是在教育领域，随着时间的推移，教育成本却是在不断上升的，高校教育成本呈现不断递增的特性。引进人才和政策性调资使人员经费迅速增加，加大了办学成本。为适应办学规模扩大的需要，高校基础设施投入了大量资金。高校为满足国家和社会对教学质量越来越高的要求，就要不断增加教学投入，这样就会使高校教育成本呈现出递增趋势。

4. 高校教育成本核算对象多元化。确定成本对象，是合理设置各种账户，正确归集和分配教育费用的前提，也是确定成本计算期，选择适当方法的依据。消费者购买产品时，成本承担的主体得到一定的转移。而高等教育具有层次多、专业多、周期长的特点，不同学制、不同类型，不同学校和不同专业所需教育经费各不相同，因此，高校在进行教育成本核算时，应正确确定成本计算对象，合理地归集和分配费用，准确地计算不同专业的博士生、硕士生、本科生、专科生的教育成本。

5. 高校教育“产品”的特殊性决定了教育成本在某些方面具有不确定性。高等学校学生层次多、专业类别多等特点以及高等学校支出内容复杂等原因，造成了高等学校教育成本核算难度大。在一般情况下，难以确定教育成本的构成项目或内容，即哪些费用支出应作为成本项目计入教育成本核算；难以确定应计入教育成本的费用支出的具体数额。

（二）作业成本法的适用范围

作业成本法以作业为中心，通过对作业成本的确认和计量，对所有作业活动实施动态追踪反映，为尽可能消除“不增值作业”、改进“增值作业”提供及时、有用的信息，促使损失、浪费减少到最低限度，提高决策、计划和控制的科学性和有效性。根据前人对作业成本法的研究成果，以及会计自身的特点，具有下列特征的企业、机构比较适合采用作业成本法：

1. 企业自动化程度大，间接制造费用比重相当大；
2. 企业规模大，产品种类繁多；
3. 各个产品需要技术服务的程度不同，即技术层次不同；
4. 现有成本管理模式不适应企业管理要求，现行成本信息的准确性受到怀疑；
5. 企业的成本分析出现盲点，需要利用作业成本法来确立正确的成本；
6. 竞争激烈、需要有正确价格策略的产业；
7. 有先进的计算机技术；
8. 作业类型相对稳定。

（三）高校成本核算的特点与作业成本法会计的特点相吻合

教育成本是指学校在特定时期内开展教育活动所耗费的人、财、物的总和。在20世纪50年代末60年代初教育经济学产生时出现的，教育成本是完全成本的概念，核算范围包括教学、科研和其他服务。高校作为人才培养、科学研究和社会服务的机构，尽管与企业比较具有其自身的特殊性，但在很多方面却具有类似企业的性质，这些性质使高校基本上具备了运用作业成本法核算教育成本的条件。首先，教育活动协作性强，教育资源共享程度高，各项投入具有综合性，因此，高校教育成本中直接费用少、间接费用多而复杂。其次，我国高等学校的教育活动有明显的重复性和周期性，每届学生的毕业都是从招生开始，以毕业派遣结束，同一层次、专业和类别的学生的培训过程具有相似性，不同层次、专业和类别的学生的培养过程也具有相似的规律性。也就是说，高等学校具有职能明显的多个作业，而且作业具有一定的稳定性。高校培养的对象多元化，不同的成本对象需要的技术水平也不同。目前，大部分综合性学校已经具有一定的计算机硬件基础，财务电算化也有一定的普及，这样高校能够将作业成本法的思想与工程设计联系起来，设计出一套适用于高校成本核算与管理的体系，促成作业成本法在高校成本核算中应用的推广。再次，高校现行的估算教育成本的方法已不能满足国家制定收费标准、学校进行管理、消费者进行教育投资的需求，需要一种新的集成本核算与成本管理合一的有效方法来代替现有的估算方法。从以上论述中，我们已经能够发现高等学校成本核算的特点基本上与作业成本法会计的应用特点相吻合，因而，我们能够初步断定高等学校是能够运用作业成本法来核算教育成本的。

三、作业成本法核算教育成本的程序

作业成本法下的教育成本核算程序为：

第一步：确定高校主要作业；

第二步：确定和计量高校各类资源消耗，将资源耗费价值归集到各资源库；

第三步：分析资源动因，确认作业，将特定范围内各资源库汇集价值分解分配到各作业成本库；

第四步：分析作业动因，确定动因分配率；

第五步：将作业成本库价值分配计入最终教育对象成本计算单，得到教育对象的教育成本；

第六步：编制成本报告和进行成本分析。计算出所有院系的总成本和内部构成情况后，可以从收入与支出角度分析各单位的经济效益，也可以从各部门资源耗费的比重考察运行效率。

四、结束语

本文通过比较高校教育成本的特点和作业成本法的内涵，提出了构建基于作业成本法的高校教育成本核算模式，希望能完善高校教育成本核算制度，为政府对高校的宏观管理以及促进教育改革和高校自身的建设发展提供参考依据。但由于作业成本法作为一种全新的成本核算方法，需要对大量的作业进行分析、确认、记录和计量，增加了成本动因和作业动因的确定、作业成本库的选择和作业成本的分配等额外工作，而且在实践中要与计算机系统结合也可能出现意想不到的结果，因此，不能盲目地推行作业成本法，高校可以在其内部，有针对性地选择某一部门或某一层次局部率先推行，然后再进行逐步推广。

参考文献：

1. W. 舒尔茨：《教育的经济价值》，吉林人民出版社 1982 年版。

2. 王耕："高等全日制学校教育成本计算问题的探讨"，《会计研究》，1998 年第 6 期。

3. 盖浙生：《教育经济学》，台北三民书局 1982 年版。

4. 阎达五、王耕：《教育成本研究：高等教育的管理改革与效益》，北京出版社1989年版。

5. 王善迈：《教育投入与产出研究》，河北教育出版社1999年版。

6. 袁连生：《教育成本计算探讨》，北京师范大学出版社2000年版。

7. 王善迈、袁连生：《教育成本计量探讨》，北京师范大学出版社2001年版。

8. 靳希斌：《教育经济学》，人民教育出版社2005年版。

9. 财政部、教育部：《高等学校会计制度》，中国财政经济出版社1988年版。

10. 财政部：《事业单位会计准则（试行）》，中国财政经济出版社1997年版。

11. 袁连生：《教育成本计算探讨》，北京师范大学出版社2000年版。

12. 胡玉萍："作业成本法在高校教育成本核算中的应用研究"，《武汉理工大学硕士学位论文》，2005年。

13. 厉以宁："关于教育产品的性质和对教育的经营"，《教育发展研究》，1999年第10期。

14. 《高等学校财务制度讲座》编写组：《高等学校财务制度讲座》，中国人民大学出版社1997年版。

15. 王庆成："高等学校经济效益的核算"，《全国林业高等教育办学经济效益研讨班讲座汇编》，1991年。

第三部分

高等教育成本效益分析

台湾地区公私立大学产出效率之比较研究

欧进士[①] 洪嘉声[②] 张力允[③]

【摘　要】 本研究旨在探讨台湾地区公、私立大学校院间是否存有产出效率之差异。从相关文献可知，公立学校在政府公务预算体系下，收入及支出皆缺乏追求绩效之诱因，相对于私立学校自负盈亏及经费来源受限之压力，公立学校在产出效率上比较可能出现较无效率之情况。本文采用资料包络分析法估计大学校院之产出效率值，再进一步评估公、私立大学校院产出效率之异同。

由实证结果可知，虽然公、私立学校在平均总技术效率、平均纯粹技术效率及平均规模效率上并没有显著的差异，但整体而言，公立学校之平均纯粹技术效率低于私立学校，私立学校平均总技术效率相对劣于公立学校，主要原因是在于规模之无效率。就各年度而言，由于公立学校平均纯粹技术效率有上升趋势，显示教育主管部门对公立大专院校所实行之种种松绑措施颇有成效。

【关键词】 大学教育　高等教育　产出效率　资料包络法

① 作者简介：欧进士，中正大学会计暨资讯科技学系教授，联络地址：621 嘉义县民雄乡大学路 168 号，Email：actcso@ ccu. edu. tw。

② 作者简介：洪嘉声，南华大学会计资讯系。

③ 作者简介：张力允，中正大学会计与资讯科技学系。

A Comparative Study of Output Efficiency in Public and Private Universities in Taiwan

Ou Jinshi　Hong Jiasheng　Zhang Liyun

【Abstract】 This paper aims to discuss whether there are output efficiency differences between Taiwan's public and private universities. From related literatures, we can see that public universities, under government official budget system, have an incentive to pursue input and output efficiency. Thus, public universities are more likely to be output inefficiency. The article uses Data Envelopment Analysis Method to estimate output efficiency differences between Taiwan's public and private universities.

【Key words】 University Education　Higher Education　Output Efficiency　Data Envelopment Analysis Method

大学教育的目标，系以学术研究、培养人才、服务社会、促进国家发展为宗旨。大学也是知识创新与技术发展的最基本场所，高等教育的素质可以作为衡量国家竞争力的指标之一。近一二十年来，随着经济发展、教育制度之变革，海峡两岸高等教育之学校数与学生数均呈现快速成长的现象。高等教育之规模迅速扩张，但高等教育资源却未出现相对比例成长。在此情况下，陈维昭（2000）认为可能会导致高等教育品质低落，对国家竞争力戕害极大。陈胜权（2009）也指出，大陆地区其教育经费虽然跟着国民所得逐年增加，但增加的幅度却低于同期国民所得的增长幅度，且有略微下降的趋势，且教育经费之运用多在基础建设上，人员经费比例过小，并有资金利用效益不高的现象。此外，刘维琪（2001）亦指出，台湾地区高等教育资源的分配，除有逐年减少的问题外，公私立学校间资源的配置亦应受到重视。由此可知，如何有效分配教育资源，提升资金运用效率，已是海峡两岸高等教育所需面临的问题。

台湾地区高等教育包括专科学校、独立学院、大学及研究所。专科学校之教育以教授应用科学、培养技术人才为目的；独立学院、大学及研究所则从事以高深学术研究、养成专门人才为目的。从台湾地区高等教育的发展来看，早期将其视为精英教育，重视选才功能，并考虑就业市场人力供需的平衡。在此定位中，教育资源的提供，政府负担最主要的责任。但近年来受到财政经费紧缩的影响，台湾省政府在教育方面的经费支出已渐形拮据，尤其为提升国民教育的品质，教育主管部门调整“中央”与“地方”教育经费的结构，大幅提升对地方教育的补助，因此高等教育的资源大幅缩减。台湾省政府在调整教育资源配置的同时，开始要求大学必须对其经营的效率及效果负起责任，并倾向由各校的办学成果决定资源配置的比例（刘维琪，2001）。

台湾地区公、私立大学间教育资源配置的差距，一直是社会各界关注的焦点。一般认为公立大学在教学品质上优于私立大学，而私立大学则在教育资源的运用上充分发挥效率。若教育当局依据各校办学成果决定资源配置比例，则如何全面且客观评估大学之产出效率，便成为值得探究的问题。有关公、私立大学校院间教育资源配置不均之评论与报道已有相当数量，但有关公、私立大学产出效率之差异却未有较深入之论述。本研究首度以投入产出之观点，针对台湾地区公、私立大学校院间之产出效率，以实证方式加以分析比较。除本节说明研究动机与贡献外，第二节介绍公、私立大学校院之绩效比较及大学绩效评估方式之探讨，进而归纳相关文献以建立本研究之实证假设。第三节，介绍本研究所采用之资料包络分析法及其模式，并说明所选取之样本、变数及资料来源。第四节介绍样本之叙述统计资料，并就各项效率值估计结果加以分析，及针对产出专案作敏感性分析。最后，说明本研究之结论、限制及后续研究方向。

一、文献探讨

台湾地区公、私立大学间教育资源配置一直存在显著的差距（刘维琪，2001），相对于私立学校，公立大学可分配到充裕的资源。而私立大学可拿到的资源有限，财务也普遍较为困窘，为了达到办学的目的，就必须在教育资源的运用上充分发挥效率。因此，如何全面且客观评估大学之产出效率以作为资源配置的依据，便成为值得探究的问题。学校是组织的一种，因此，学校效率也像其他组织效率一样，受到教育学者及行政决策人员的重视。若从经济观点研究的角度学校效率，即在分析学校资源投入与教育产出间之关系。黄镇台（1996）指出，教育成本的高低，会直接反映在教学品质上，期望高等教育达到怎样的水准，相对的必须有多少教育资源的投入，这些资源包括政府预算的投入、社会资源的投入及受教者本身的负担。盖浙生（1987）则强调，私立大学在教育品质上一直无法与公立大学站在平等的地位上竞争，最主要的原因就在于私立大学的经费不足。

杨浚中、王国明（1996）认为，教育主管部门除了对私立学校的补助有限，还限制学杂费之收取标准，使得私立学校有限的经费大都用于人事及其他经常费用，至于充实图书仪器设备、扩充校舍或延聘优秀师资及进行学术研究等的提升上，则显得力有未逮。相对于公立大学，私立学校在提升学生素质上也遭受到相当大的困难。在此种公、私立大学运作及发展下的结果，不论是社会地位、学术评价、教育素质、学校环境，还是招生制度等，普遍产生公立优于私立，公立引导私立，先公而后私的观念。

教育体系之效率评估，即在比较资源投入量与教育产出成果两者的相对关系。杨浚中与王国明（1996）指出，以投入产出面观察，即使公立大学在投入之经费及学生素质方面数倍于私立院校，但私立大学毕业生在社会上的成就及贡献并不亚于公立大学毕业生，因此可得到私立院校经营绩效较优的结论。王宝玺（1995）也认为，台湾省内部分私立学校能在有限的资源下，把素质不很佳的学生培育成像样的人才，以平均学生成本而言，台湾省内私立大学院校的办学绩效远高于公立大学院校。

黄镇台（1996）指出，就教育资源的使用效益进行分析，现阶段公立学校经费虽然较私立学校充裕，但资源使用的效益却明显不及私立学校，主要的原因是公私立学校财务制度设计上的不同。刘三锜（1996）认为，影响台湾地区教育财务制度最主要的因素，在于教育机构的设置主体。教育机构究为公立、抑为私立，所采用的财务制度类型及运作方式，即有完全不同之设计。公立教育机构均不具法人资格，亦非独立财务会计个体，财务收支为隶属台湾省政府财政体系之一部分。公立教育机构的所有收入，须悉数缴交政府公库；所有支出，则由政府依照规定程式编列预算，再由公库拨付支应。

公立教育机构定期产生之财务或会计报表，无法表达该机构之财务全貌。经核定的各项支出预算，公立教育机构必须依照原定计划用途支用，变更用途之程序相当繁复，限制条件亦多；支出如有节余或预算余额未经保留者，须一律缴还公库；如有不足须追加时，则甚为困难。公立教育机构无须负责财务调度，未经权责机关核准，不得与外界发生借贷或资金融通关系，因此公立学校之财务运作显得相当缺乏效率。林瑞青（1996）亦指出公立大学校院之组织业务及财务特性与一般行政机关存在着根本之差异，将公立大学校院财务运作比照行政机关，实行“国库”统收统支之公务预算制度，窒碍之处则在所难免。兹将公立大学校院实行公务预算，衍生了许多问题。例如管理者缺乏整体经营的观念，也欠缺充分利用资源的认知。在公务预算制度下，公立大学校院并非独立的财务个体，只是政府预算体系中一小部分预算的执行者，所有收入均要缴交“国库”，支出则几乎全数仰赖政府，争取更多的预算成为公立学校财务运作的重点，也造成各校普遍缺乏开源节流的现象。

依照公务预算制度规定，各机关（学校）所需经费，概由政府编列预算拨给，并依原定用途支用，各机关不得径行收支相抵，亦不得挪移垫用，而且年度预算剩余须缴还公库，支用未达一定比例的，则须接受议处。就学校立场而言，为避免好不容易争取来的预算缴回“国库”，进而影响下年度预算分配的数额，加上未达预算执行比例的处分压力，支用经费时，支出效益已考虑重点，消化预算则属常态，其财务效率之低落，可想而知。此种现象亦出现在大陆地区的高校体系中，如陈胜权（2009）指出，大陆地区高校在预算管理中普遍采用零基预算，在资金的运用过程中只重视成本费用支出，却不重视成本费用支出的使用效益。因此主张以绩效为核心的绩效预算管理模式以提高资金使用效率。

对于私立大学而言，个别私立教育机构均具法人资格，为独立财务会计个体，依法为权利义务主体，可自行独立收支、运作、调度，甚至借贷。目前，私立大专院校年度财务报表一律须经会计师查核签证。个别私立教育机构定期编制财务报表，如经合格会计师查核签证通过，应可充分表达该机构一定期间之收支情况，及一定时点之财务状况。私立教育机构之财务，由该机构董事会及行政主管负主要责任，政府主管机关仅负监督之责。私立教育机构亦须编列预算，唯该项预算由董事会审核通过后，仅报主管教育行政机关备查，在执行上有较大的弹性。私立教育机构财务运作及经费支用，除依循主管机关所定之原则性规定外，主要作业系由各机构自行制定内规办理。由此可知，私立校院经费支用作业程式系主要由各校自行制定内规办理；与公立大学相比，私立大学在经费支用上拥有较大的弹性。在财务来源受限又必须自负盈亏责任的压力下，私立校院对于各项资源的投入自然希望获得最大的效益。由此可知，相对于公立大学而言，私立大学校院较有动机及压力提升资源运用之效率。

自 1978 年资料包络分析法（Data Envelopment Analysis；DEA）模式首次被提出后，

广泛的应用在多项投入、产出之效率评估上，尤其是在非营利组织方面，DEA 更是广泛用以衡量组织之效率。顾志远（1987）应用 DEA 评估非营利机关之效率。他以 1986 年清华大学理、工、原子学院 14 个系所为样本，选取人事费、经常性支出、资本性支出为投入变数，系所年度共开学分数、发表在 SCI 所列期刊上的论文总数及系所当年承接计划之金额总数为产出变数，衡量三个学院系所间的相对效率。

郑淑芳（1998）利用资料包络分析法评估公立大学校院间之相对效率。此项研究以 1997 年公立大学校院为研究物件，使用的投入专案有调整后人事费预算、除人事费外之经常支出预算及五年平均设备预算；产出项则包括大学部学生人数、研究所约当学生人数、发表于 SCI、SSCI 之论文篇数。孔维新与傅祖坛（2008）以台湾地区大学为物件，以学生为本位建构商管学院表现的评估模型，利用学生毕业的就业市场成就与多元能力培养程度作为绩效衡量指标。实证结果发现，平均而言，公立大学的绩效优于私立大学，但就个别学校而言，某些私立大学的绩效优于公立大学。

侯光明与晋琳琳（2005）以大陆地区的研究型大学为研究物件，选取“985 工程”重点建设的九所研究型大学，利用 DEA 评估大学绩效，所使用的投入专案有两院院士人数、长江学者人数、国家杰出青年基金获奖者人数、师生比等项；至于产出项目则有博士学位授予数、SCI 论文数、专利权授权数、国家试验室数等九项。从其实证结果可知，这九所研究型大学皆达最适化，证实研究型大学在基础建设上已取得建设成果。王秀丽与王利剑（2009）则以产学研合作创新效率为研究主题，利用 DEA 评估大陆 30 个省份高校的产学研合作创新效率，其结果指出，大多数省份没有充分利用创新投入，各地区的产学研合作效率并未达到经济发展水准一致。由此可知，大陆地区高校之在各构面上的效率仍有改善之空间。

至于国外之文献，Ray（1991）利用资料包络分析法与回归模型，估计康乃迪克州各公立高中的相对效率。Ray（1991）选取师生比、支持人员（如顾问、心理学者等）与学生之比例、行政人员与学生之比例为投入变数；产出变数则包括各地区学校学生参加全州测验的各项平均成绩，包含数学分数、语言分数、写作能力分数、阅读能力分数，由 DEA 模型计算出各地区学校之效率值。其研究结果显示，社会经济特征的确会影响学校产出之效率，亦即为了增加这些高中的产出效率，除了加强学校投入方面的管理外，社会经济特征变数的改善也十分重要。

Sinuany - Stern, Mehrez and Barboy（1994）以资料包络分析法作了多项延伸性分析，以一所大学的各科系数据进行效率之比较，选取营运费用及教师薪资为其主要投入变数；以补助金额、刊物发行数、毕业学生数及科系提供之学分数为产出变数。除了利用 DEA 模型探讨学校之绩效外，尚有许多文献以其他方法探讨此议题。如刘明盛（2006）以平衡计分卡之观点探讨台湾地区某技术学院进修部之绩效。杨菲帆与黄琼玉（2007）以特征价格模型探讨台湾地区私立大学教育品质与学费之关连。

此外，尚有许多文章探讨公私立学校的经营绩效差异，如 Jimenez, Lockheedand and Paqueo (1991), Bedi, Arjun and Garg (2000), Mancebon and Muniz (2008)。以学校之经营而言，影响公私立学校间绩效差异的主因之一，是公立学校与私立学校经费的来源不同。Kingdon (1996) 指出，由于私立学校必须直接对支付学费的家长负责，因此更会致力于给学生提供最好的教育品质。Jimenez (1995) 归纳出数项私立学校与公立学校特性上之差异，包括私立学校在营运与资金运用上有较大的弹性，直接对其服务物件（学生、家长）负责等，而这些特性被认为是私立学校在经营绩效上优于公立学校的原因。

台湾地区公立大学校院在公务预算体系下，各项收入均须全数缴交“国库”，而各项支出则由政府统筹编列预算。公立学校管理者既无须承受筹措经费之压力，因此，一般普遍认为公立学校在财务运作上缺乏开源节流的观念及动机。刘三锜（1996）指出，私立大学校院经费来源远较公立大学校院拮据，因此，私立学校较有动机及压力在财务运作及资源使用效率上提升效率。

Jones and Thompson (1986) 指出，预算相关文献支援公务人员会因为使拨款数与支出数相符而受到奖励。因此，预算平衡便成为公共部门管理者的主要目标。Hayes and Millar (1990) 也认为，公共部门管理者倾向于以只追求零预算差异为目标（即支出数与拨款数相等）。

目前台湾省政府所采用的控制支出方法，主要是把每一科目依政事别和机关别来比较决算数与预算数，超额收入与节余的支出皆必须缴回“国库”，不能留存至下年度继续使用，同时预算执行未达一定比例者，行政主管要有充分理由解释，否则主管要受处分（王怡心，1995）。在此规定下，有些部门主管会尽量消化年度预算，以免当年度预算未使用完，造成下年度预算被删减。因此，政府主管努力的重点仅在于使支出决算数完全与预算数相等，较少会去想其他替代方案以节省成本或提高效率。私立学校必须自负收支盈亏责任，每年收支节余均留转下年度继续支用，在经费使用上较会力求撙节，减少浪费，因此本人预期私立大学校院之产出效率优于公立大学校院。

综上所述，就公、私立学校面临财务筹措之压力及财务运用管理之诱因的不同，本研究的主要目的在于检验下列虚无假说：公立大学校院之产出效率与私立大学校院之产出效率无显著不同。

二、研究方法

本研究参考 Abbott and Doucouliagos (2003), Ferrari and Laureti (2005), Mancebon and Muniz (2008) 以资料包络分析法（DEA）估计学校效率值。资料包络法为衡量多

项投入多项产出之决策单位（decision making unit，DMU）相对效率的一种方法，系由 Charnes, Cooper and Rhodes 于 1978 年提出，其观念则可溯及 Farrell（1957）所提出的生产效率之衡量。包络线（envelopment）是资料包络分析法之理论基础。由于本研究的物件为台湾省内公、私立大学校院，其投入与产出专案缺乏价格变数之资料，因此，本文采用 Charnes et al.（1978）发展之 CCR 模式及 Banker, Charnes and Cooper（1984）提出的 BCC 模式，评估国内大学校院总技术效率、纯粹技术效率及规模效率。CCR 模式是假设规模报酬固定，其主要特征是将多产出、多投入的情形转化为单一的产出及投入。将技术效率分解为纯粹技术效率及规模效率。

本文以台湾地区公、私立大学及独立学院为实证研究之物件，但不包含专科学校及新设学校在内①。由于台湾地区之大学教育政策在 1996 年有了急遽的变动，除鼓励专科学校升格为大学外，亦大幅开放大学之设立，使大学数量大幅增加。再加上废除大学联考、实施九年一贯等着重义务教育之发展政策，排挤高等教育之补助，使得平均每一大学可获得的教育补助款大幅减少。再加上台湾地区出生率低落，人口老龄化，适合就读大学的人口急遽下滑，对公、私立大学的经营均产生了极大的冲击。已有许多学者探讨这些政策改变对高等教育体系的冲击，如陈德华（2007）等。由于本文以比较公、私立大学的产出效率为主，而非探讨政策变动对学校产出效率之影响，为了避免这些政策改变影响本研究之实证结果，故本文以政策变动前之 1993 至 1997 年为研究期间，以比较这段期间内公、私立大学的产出效率。其样本共有 18 所私立大学校院②。

本研究分别依教学及研究两个构面，选取大学校院产出效率之投入及产出项目。在教学方面中的产出项目而言，学生是学校最主要的产品，学生的数量及品质可表现学校在教学方面的成效。本文参照 Sinuany - Stern et al.（1994）与盖浙生（1985）教育产出量的估算，以毕业生人数作为学校在教学方面的产出专案。就其在研究方面的产出项目而言，Ahn and Seiford（1990）认为，研究的产出应包括新知识（new knowledge）的创造或是对现有知识的确认及修正。但一个直接且完整的衡量知识增加的指标是几乎不可能取得的，因此，一般衡量研究产出的代理变数包含各项可量化的研究产出，如出版品、学术论文、专利、政府补助及委托研究合约等。王保进（1995）与师大教育研究中心（1998）归纳了有关学术研究之指标，包括教师参与各项研究计划数、获得补助之研究经费数、学术论文数、出席研讨会数等专案。

---

① 空中大学、师范学校（含师范大学及师范学院）、艺术学院、体育学院及护理学院等，自样本删除。本研究亦排除医学院，因为医学院的性质较为特殊。

② 本研究之样本学校包括台湾大学、政治大学、“清华大学”、中兴大学、成功大学、交通大学、“中央大学”、中山大学、台湾海洋大学、中正大学、台湾科技大学、云林科技大学及屏东科技大学共 13 所公立大学校院，及东海大学、辅仁大学、东吴大学、中原大学、淡江大学、逢甲大学、中国文化大学、静宜大学、元智大学、中华大学、大叶大学、华梵大学、义守大学、实践大学、世新大学、铭传大学、大同工学院、长荣管理学院等。

由于学术论文可分许多等级（如 SSCI、SCI、EI 等），且每篇论文之影响指数（impact factor）尽不相同，再加上在研究期间内相关资料无法搜集完整，故本文采用各校建教合作收入金额作为研究方面之产出。建教合作收入可代表学校来自政府、民间及其他学术机构等之研究计划合约经费，它的高低不仅代表一个学校的研究能力，亦包含校外机构对此学校之肯定。此外，“行政院国家科学委员会”（以下简称“国科会”）为鼓励各大专院校及学术机构从事研究工作，对于包括自然科学、工程科学、生命科学、人文与社会科学各领域之专题研究计划、研究成果等，经审查通过者，予以经费补助或奖励，审查过程较具一致性与客观性，亦为一良好的研究产出指标。因此，本文亦以“国科会”一般研究奖励费获奖人数作为各校研究方面之另一产出项目。

杨景尧（1983）指出，经费是整个教育事业的原动力，若无经费，教育事业便无力推动，教育活动也无法执行。一般而言，学校之经费分为两大部分：一为经常支出，一为资本支出。经常支出为学校经营所需之费用，依用途大致可分为人事费、业务费、维护费等，其中以人事费所占比例最高。教职员之学历、位阶、经验及年资等皆表现于薪资中，而人事费以外之经常支出则可代表学校为提供教学服务所投入之各项经常性费用。由于私立大学校院支出明细科目无法取得，因此，本文以经常支出总额作为投入项目之一。

资本支出属于学校之基础建设经费，大致上包括土地、房屋建筑、机械设备、交通设备及其他设备。由于私立学校各年度之资本支出资料无法取得，而资产总额可代表学校实际使用之硬体资源，因此，本文用各项资产总额代替资本支出。另外，土地、房屋建筑等耐用年限较长，对于不同时期成立或不同时期购入土地、建筑物之学校，其成本差异相当大，因此，本文采用机械设备、交通及运输设备及其他设备资产等专案，并合并为设备资产作为投入之另一项目。

表 18 汇总列示各项投入及产出变数，产出项包括毕业生人数、建教合作收入及“国科会”一般研究奖励费获奖人数三项，投入项则包括经常支出总额及设备资产总额两项。

表 18　　投入及产出项目汇总表

产出项目	投入项目
毕业生人数	经常支出总额
建教合作收入	设备资产总额
“国科会”一般研究奖励费获奖人数	

三、实证结果

由于DEA模型所得之效率值为一相对性指标，若将每年度所有学校分别进行DEA分析，会导致各年度比较基础之不同，使各年度样本学校间之估计效率值无法进行比较，因此，本文将各学校各年度之资料视为独立之决策单位，以综合性资料（panel data）方式进行分析。

各项投入产出专案之叙述性统计资料详见表19、表20。由表19可知，在投入项方面，公立学校之经常支出总额平均约两倍于私立学校，平均设备资产总额则大约是私立学校的五倍；产出项方面，私立学校仅平均毕业生人数略高于公立学校，“国科会”一般研究奖励费获奖人数及建教合作收入则分别为公立学校之16%及19%。

表19　　投入专案叙述性统计资料　　单位：美元

		投入	
		经常支出	资产总额
平均值	公立	1 795 243 629	3 222 607 828
	私立	828 266 496	655 955 391
标准差	公立	1 575 110 949	2 280 288 808
	私立	562 365 777	328 337 344
最大值	公立	7 871 042 227	10 811 509 035
	私立	2 143 082 223	1 261 102 045
最小值	公立	317 180 572	632 481 637
	私立	145 812 686	114 039 132

表20　　产出专案叙述性统计资料　　单位：美元

		产出		
		毕业生人数	“国科会”一般研究奖励费获奖人数	建教合作收入（美元）
平均值	公立	2 279	163	372 651 798
	私立	2 324	26	72 196 783
标准差	公立	1 440	151	411 245 042
	私立	1 756	20	69 806 229
最大值	公立	5 911	697	2 125 088 603
	私立	6 022	90	260 835 520
最小值	公立	192	7	18 510 393
	私立	161	1	2 041 500

表21、表22及表23所列分别为各期间公、私立学校之平均总技术效率、平均纯粹技术效率及平均规模效率之估计值及差异检定结果。总技术效率为CCR模式所估计之效率值，表示样本学校运用投入资源转换为产出成果之效率，依据Banker，Charnes and Cooper（1984）总技术效率可分解为纯粹技术效率与规模效率；其中纯粹技术效率由BCC模型推导得知，代表由管理者经营决策良窳所决定之资源使用效率，低纯粹技术效率代表总技术效率之不佳系导因于管理者经营决策不良；规模效率则在评量学校经营规模对资源使用效率之影响，低规模效率表示由于学校未达最适经营规模造成总技术之无效率。差异检定部分系采用等级和检定（Wilcoxon rank sum test），观察公、私立学校之各项平均效率值是否有显著之差异。

表21　　公、私立校院总技术效率估计值与检定表

年度	学校类别	样本数	平均值	标准差	差异检定	
					Z	Prob > ∣Z∣
全部年度	公立	65	0.826	0.156	0.068	0.945
	私立	86	0.813	0.176		
1993	公立	13	0.694	0.192	-1.252	0.210
	私立	16	0.796	0.202		
1994	公立	13	0.840	0.149	-0.511	0.608
	私立	17	0.867	0.157		
1995	公立	13	0.858	0.136	0	1
	私立	17	0.849	0.139		
1996	公立	13	0.850	0.115	1.147	0.251
	私立	18	0.794	0.171		
1997	公立	13	0.889	0.120	1.530	0.126
	私立	18	0.765	0.204		

表22　　公、私立校院纯粹技术效率估计值与检定表

年度	学校类别	样本数	平均值	标准差	差异检定	
					Z	Prob > ∣Z∣
全部年度	公立	65	0.882	0.120	-1.044	0.297
	私立	86	0.903	0.106		
1993	公立	13	0.804	0.123	-2.880	0.0040***
	私立	16	0.939	0.091		
1994	公立	13	0.909	0.133	-0.533	0.594
	私立	17	0.952	0.086		

续表

年度	学校类别	样本数	平均值	标准差	差异检定	
					Z	Prob > ｜Z｜
1995	公立	13	0.910	0.116	0.021	0.983
	私立	17	0.931	0.064		
1996	公立	13	0.874	0.095	0.181	0.856
	私立	18	0.866	0.111		
1997	公立	13	0.910	0.111	1.425	0.154
	私立	18	0.835	0.122		

说明：*** 表示显著水准达1%。

表23　　公、私立校院规模效率估计值与检定表

年度	学校类别	样本数	平均值	标准差	差异检定	
					Z	Prob > ｜Z｜
全部年度	公立	65	0.933	0.099	0.615	0.538
	私立	86	0.898	0.150		
1993	公立	13	0.855	0.157	-0.417	0.676
	私立	16	0.846	0.191		
1994	公立	13	0.924	0.094	0.170	0.864
	私立	17	0.906	0.113		
1995	公立	13	0.941	0.075	0.379	0.704
	私立	17	0.910	0.125		
1996	公立	13	0.970	0.043	0.666	0.505
	私立	18	0.914	0.145		
1997	公立	13	0.975	0.032	1.029	0.303
	私立	18	0.907	0.171		

以全部年度所有学校之各项平均效率值观察，公立学校平均总技术效率为0.826，较私立学校之0.813为佳。但若将总技术效率分解为纯粹技术效率与规模效率分别观察，私立学校纯粹技术效率为0.903，优于公立学校之0.882；规模效率则是公立学校之0.933，优于私立学校之0.898。由此可知，私立学校总技术无效率起因于规模之无效率，而非纯粹技术无效率，可能的主要原因在于私立学校之平均规模相对较小，尚未达到营运之最适规模。相较之下，公立学校总技术之无效率则主要来自于纯粹技术之无效率，亦即由于管理者决策不当、经营管理不佳所造成的投入资源浪费，此结果与本研究认为，公立学校因缺乏财务筹措压力及预算执行绩效观念，导致产出效率不及私立学校之立论基础一致。进一步观察差异检定结果发现，

公、私立学校在各项平均效率值间之差异并不显著，亦即无法推翻公、私立学校效率值相等之虚无假设。

若以各年度分别观察公私立学校间之各项平均效率值可知，在平均总技术效率方面，私立学校在1993年及1994年皆优于公立学校，1995年至1996年则是公立学校相对较佳。公立学校之平均纯粹技术效率自1996年相对优于私立学校，而规模效率在五个学年度中则一直都是公立学校优于私立学校。效率值差异结果显示，仅有1993年私立学校之平均纯粹技术效率显著优于公立学校，其他各年度公、私立学校之差异均不显著。由图19、图20及图21分析可知，公立学校之平均总技术效率自1993年即呈现上扬趋势，至1995年首度优于私立学校；平均纯粹技术效率则在1996年优于私立学校。造成此种趋势的原因，可能由于教育主管部门自1995年开始针对5所公立大学校院试办公立大学校务基金制度，在自筹经费比例20%的压力下，公立学校必须开始加强资源使用之效率，减少浪费并试图开拓经费来源。由于1995年试办校务基金之学校仅有5所，因此，在平均纯粹技术效率上相对仍低于私立学校，但自差异检定结果可知，公、私立学校在1995年平均总技术效率及纯粹技术效率间已几乎没有差异。及至1996年，实施校务基金制度之公立学校增为13所，对照公立学校之平均纯粹技术效率在1996年首次优于私立学校，显示公立学校在预算制度革新的成果的确符合教育主管部门实施公立大学校务基金之本意，促使公立大学产出效率之提升。而较1995年略为下降之部分，有可能是因为大部分学校初次试办，行政人员尚未熟悉作业情况，造成纯粹技术效率短暂下降，1997年即有回升之迹象。

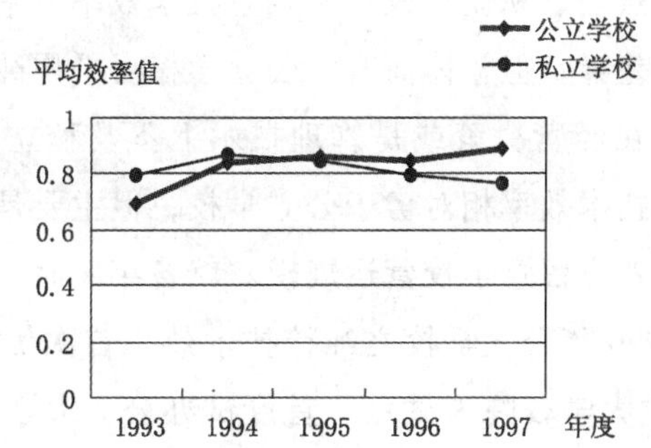

图19　公、私立校院平均总技术效率估计值趋势图

四、研究结论与建议

本研究旨在探讨公、私立大学校院间是否存有产出效率之差异。从相关文献可知，公立学校在政府公务预算体系下，收入及支出皆缺乏追求绩效之诱因，相对于私立学校

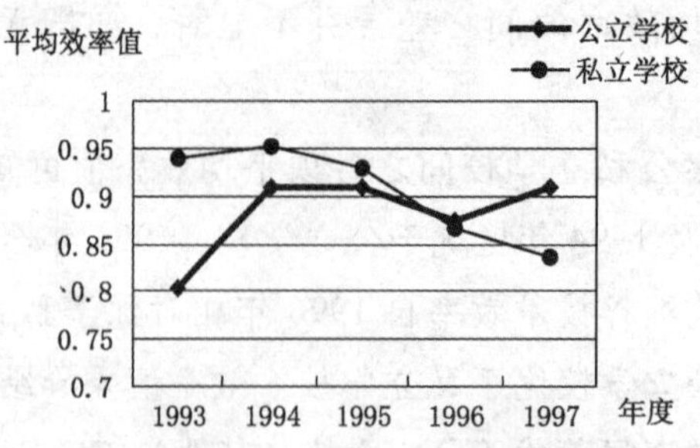

图 20 公、私立校院平均纯粹技术效率估计值趋势图

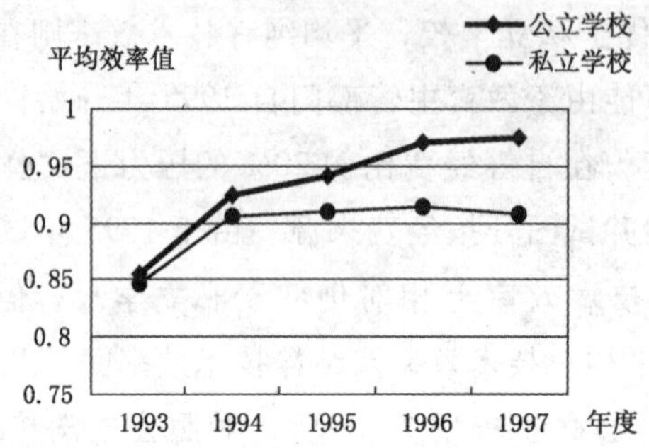

图 21 公、私立校院平均规模效率估计值趋势图

自负盈亏及经费来源受限之压力而言，公立学校在产出效率上比较可能出现无效率之情况。

由实证结果可知，虽然公、私立学校在平均总技术效率、平均纯粹技术效率及平均规模效率上并没有显著的差异，但整体而言，公立学校之平均纯粹技术效率低于私立学校，显示公立学校管理者在经营决策或是管理技术上不及私立学校，符合本研究之推论。虽然私立学校平均总技术效率相对劣于公立学校，但主要是由于规模之无效率所造成的，表示私立学校管理者应留意学校营运规模。就各年度而言，公立学校平均纯粹技术效率有上升趋势，且 1996 年公立学校之纯粹技术效率首次优于私立学校。教育主管部门于 1995 年以 5 所公立大学校院为试点，首度试办公立大学校务基金制度，其主要目的即在增加公立学校经费使用弹性，加强学校管理者的成本效益观念，进而提升产出效率。由于试办成果良好，1996 年加入 8 所公立大学，至 1997 年则有 24 所公立大学校院实施校务基金制度。以实证结果看来，教育主管部门此项预算及财务运作制度改进方案颇有成效。

综合本研究之实证结果可知，台湾地区公立大学校院产出效率不佳，主要是由于管理决策失当或经营技术不良所导致，而营运未达最适规模则是私立大学校院产出效率不佳的主因之一。在教育资源日益紧缩之际，教育主管机关在履行监督责任与考虑教育资源配置时，可针对各校经营技术或经营规模上的缺失予以重点辅导。

由于资料取得之限制且公、私立学校需要有一致之比较基础，本研究仅就可取得且公、私立学校可一致比较之资料进行投入产出专案之选取，其他影响学校产出效率之变数则因数据无法取得或公、私立学校资料不一而未考虑，可能影响效率值之估计结果，建议后续之相关研究宜纳入各学校所发表论文之质、量指标以作为产出变数。本研究偏重财务绩效之探讨，其他方面如教学品质则未加以深究，未来研究可将教学品质纳入产出构面进一步分析。

公立大学校务基金制度之实施对公立大学校院之产出效率可能有所帮助，但由于大部分学校实施校务基金至今仅两年时间，实际成效还有待观察，后续研究可针对公立大学校院实施校务基金前后之产出效率加以研究分析，以了解校务基金对学校财务绩效之影响。

参考文献：

1. Abbott, M, C. Doucouliagos. The efficiency of Australian universities：a data envelopment analysis. *Economics of Education Review*, 22, 89 –97, 2003.

2. Ahn, T, L. M. Seiford. Sensitivity of DEA to Models and Variable Sets in a Hypothesis Test Setting：The Efficiency of University Operations" . In *Creative and Innovative Approaches to the Science of Management*, edited by Y. Ijiri, 1990.

3. Bedi, Arjun; Garg. The effectiveness of private versus public schools：the case of Indonesia. *Ashish Journal of Development Economics* 61 （2）：463 –494, 2000.

4. Färe, R. , S. Grosskoph, W. L. Weber. Mesuring School District Performance. *Public Finance Quarterly* 17（October）：409 –428, 1989.

5. Färe, R. , S Grosskopf, F R Forsund, K Hayes, A Heshmati. Measurement of productivity and quality in non – marketable services：With application to schools. *Quality Assurance in Education.* 14 （1）：21 –36, 2006.

6. Ferrari, G. , Tiziana Laureti. Evaluating technical efficiency of human capital formation in the Italian university：Evidence from Florence. *Statistical Methods & Applications* 14（2）：243 –270, 2005.

7. Hayes, R. D. , J. A. Millar. Measuring Production Efficiency in a Non – For – Profit Setting. *The Accounting Review* 65（July）：505 –519, 1990.

8. Jimenez, E. , M. E. Lockheed. *Public and Private Secondary Education in Developing Countries：A Comparative Study. World Bank Discussion Papers* No. 309. World Bank, Washington, DC, 1995.

9. Jimenez, Emmanuel; Marlaine E. Lockheed; Vicente Paqueo. The Relative Efficien-

cy of Private and Public Schools in Developing Countries. *The World Bank Research Observer* 6 (2): 205 – 218, 1991.

10. Mancebon, M. J., M. A. Muniz. Private versus public high schools in Spain: disentangling managerial and programme efficiencies. *The Journal of the Operational Research* 59 (7): 892 – 901, 2008.

11. Ray, S. C. Resource – Use Efficiency in Public Schools a Study of Connecticut Data. *Management Science* 37 (December): 1620 – 1628, 1991.

12. Sinuany – Stern, Z., A. Mehrez and A. Barboy. Academic Departments Efficiency via DEA. *Computers Operations Researches* 21: 543 – 556, 1994.

13. 王怡心："政府部门预算与绩效相关性之实证研究：以台北市政府警察局为例"，《主计月报》，1995 年第 80 卷第 3 期。

14. 王秀丽、王利剑："产学研合作创新效率的 DEA 评价"，《统计与决策》，2009 年第 279 期。

15. 王宝玺："私立大学校院之运作与发展研究报告摘要评论"，《教改通讯》，1995 年第 15 期。

16. 孔维新、傅祖坛："以学生为本位之大学商管学院之表现评估——保证区域资料包络分析法之应用"，《经济论文丛刊》，2008 年第 36 期。

17. 林瑞青："大学院校预算制度变革与组织行为之研究"，台湾大学会计研究所硕士论文，1996 年。

18. 侯光明、晋琳琳："DEA 方法在研究型大学建设绩效评价中的应用"，《高教发展与评估》，2005 年第 21 期。

19. 陈维昭："当前我国大学教育的困境及其因应"，《通识教育季刊》，2000 年第 7 卷（第 2、第 3 期）。

20. 陈德华："台湾高等教育过去 20 年数量的扩充与结构的转变"，《高等教育》，2007 年第 2 期。

21. 陈胜权："高等学校绩效预算管理模式的评价"，《财务与金融》，2009 年第 117 期。

22. 杨景尧：《高等教育专题研究》，复文书局 1983 年版。

23. 杨菲帆、黄琼玉："台湾私立大学教育品质与学费之关系——特征价格模型之应用"，《政策研究学报》，2007 年第 7 期。

24. 盖浙生：《教育经济学》，三民书局 1985 年版。

25. 盖浙生："如何办好私立大学——专题座谈"，《中国论坛》，1987 年第 25 卷第 9 期。

26. 刘三锜："教育财务制度之检讨与调整"，《教育资料与研究》，1996 年第 9 期。

27. 刘明盛："应用平衡计分卡之观点探讨学校绩效衡量评估指标——以台湾南部某技术学院进修部为例"，《品质月刊》，2006 年第 6 期。

28. 刘维琪："我国大学教育资源的筹措与分配"，《通识教育季刊》，2001 年第 8 卷第 1 期。

北京市高校人力资源成本效益实证分析

刘仲文[①] 许江波[②] 黄松涛[③] 范咪雅[④]

【摘　要】本文基于人事制度改革的大背景，着重对高校人力资源成本、人事制度改革成本进行研究，主要从人力资源会计的角度分析高校人力资源的投入效率及人事制度改革的成本与绩效，并采用实证分析的方法进行调查研究，以期推进人力资源会计的实际应用和发展，并试图为高校今后进行人事制度改革提供合理的建议。

【关键词】高校人事制度改革　高校人力资源成本　高校绩效指标

① 作者简介：刘仲文，女，首都经济贸易大学会计学院教授，硕士生导师，首都经济贸易大学教学督导。

② 作者简介：许江波，男，首都经济贸易大学会计学院副教授，管理学博士。

③ 作者简介：黄松涛，男，管理学硕士，现在农业银行总行结算与现金管理部制度管理处从事政策研究工作。

④ 作者简介：范咪雅，女，管理学硕士研究生，研究方向为会计学。

Empirical Analysis of Beijing University Human Resources Cost – effectiveness

Liu Zhongwen　Xu Jiangbo　Huang Songtao　Fan Miya

【**Abstract**】This paper mainly analyzes the efficiency of human resources of colleges and universities. Also, the author has done many investigations and studies with empirical analysis method to promote the development of human resource accounting.

【**Key words**】College Personnel System Reform　Human Resource Accounting　College Performance Indicators

本文是在刘仲文教授承担的北京市哲学社会科学“十一五”规划项目：“北京市事业单位人事制度改革成本效益实证分析”① 的子课题“北京市高校人事制度改革成本效益实证分析”的研究基础之上撰写的。本文研究的主要目的是，试图提出适用于北京市高校人力资源成本效益分析的框架，以及提出北京市高校人事制度改革的人力资本投入质量和产出价值的成本效益模型，希望能够在北京市高校推行人力资源成本会计理论体系的应用。

一、项目研究背景和研究意义

（一）研究背景

2000年中央办公厅下发《深化干部人事制度改革纲要》（中办发［2000］15号），针对事业单位用人机制不灵活、效率不高、存在实际上的干部身份终身制等弊端，明确以推行聘用制度和岗位管理为重点，深化事业单位人事制度改革方向和总体要求。中组部、人事部下发《关于加快推进事业单位人事制度改革意见》（人发［2000］78号）等文件，对事业单位人事制度改革提出具体的要求和部署。随后，国务院下发了一系列事业单位人事制度改革文件，其中，中组部、人事部、教育部于2000年6月2日下发《关于深化高等学校事业单位人事制度改革的实施意见》（人发［2000］59号），对我国高校人事制度改革提出具体的要求，对改革进行了具体部署。人事制度改革方案的内容涵盖事业单位岗位设置、人员聘用、合同管理、竞争上岗、公开招聘、工资分配、考核奖惩、辞职辞退、养老保险等方面，使事业单位人员管理的各个主要环节都有章可循。

北京市委组织部、人事局等政府部门也颁发了与事业单位人事制度改革配套的文件，其中包括北京市高等院校的人事制度改革方案。高校人事制度改革在教学、科研以及促进学校事业发展方面发挥了积极的作用。但是改革的成本与效果的评价是高校管理部门的新课题。因此，研究如何科学评价高校人事制度改革的成本效益，对实现人事制度改革目标、实施科教兴国战略和提高办学效益具有深远意义。

---

① 北京市哲学社会科学“十一五”规划项目：“北京市事业单位人事制度改革成本效益实证分析”，项目负责人：刘仲文，项目编号：06BaJG101。

（二）研究意义

本项目研究的理论和实践意义如下：

第一，推进人力资源会计理论研究和实际应用。本文结合现行高校会计制度设计人力资源会计科目，采用人力资源会计理论对北京市市属高校教师的人力资源投入和产出进行分析，进而分析人事制度改革对高校绩效的影响，推进人力资源会计理论发展及其应用。

第二，建立适用于北京市的高校绩效评价指标体系。在对前人的研究进行综述、分析的基础上，设计适用于北京市市属高校的财务绩效评价指标体系，采用因子分析法验证绩效评价指标体系的合理性。

第三，采用样本调研分析。采用案例分析的方式，对北京市市属 24 所高校 2004 年至 2007 年的财务数据以及人事相关数据进行调查、汇总、分析，分析这些高校近年来人力资源投入及人力资源结构的变动。

第四，采用实证分析方法。通过对近 5 年北京市市属主要高校的人力资源投入产出效率和人事制度改革成本效益进行分析，旨在为进一步推进高校人事制度改革，制定合理有效的考评指标和制度提供参考依据。本文研究的“高校人力资源成本”仅包括高校教师成本。

（三）理论基础

本项目旨在研究人力资源投入效率和人事制度改革成本效益，所以主要的理论基础是人力资源会计理论以及一些相关的文献。

1. 人力资源会计成本理论

20 世纪 70 年代美国会计学会成立人力资源会计委员会，深入研究人力资源会计理论，并将人力资源会计定义为：“人力资源会计是鉴别和计量人力资源数据的一种会计程序和方法，其目标是将组织人力资源变化的信息，提供给组织和外界有关人士使用。”

美国会计学教授——埃里克·G. 弗兰姆霍尔茨[①]将人力资源成本会计定义为：“为取得、开发和重置作为组织的资源的人所引起的成本的计量和报告。”人力资源成本分为人力资产直接成本和人力资产间接成本。人力资产直接成本是指为取得、开发、保全不同等级人员的使用价值而发生的直接费用。这种对作为人力资产的人进行开发、维持、保障、辞退等活动所发生的费用进行核算的成本会计，可称为“人力资产成本会计”。人力资产间接成本是与取得和开发人力资产使用价值有关的人事管理活动的职能

① Eric G. Flamholtz, Human Resource Accounting, Kluwer Academic Publishers, 1999 (third edition).

成本，这种对人事管理活动费用的会计核算，可称为“人事管理成本会计”。单独归集与核算“人事管理成本”可以考核人力资源管理部门的业绩。人力资产间接成本，最终应该通过间接费用的分配，由人力资产总成本负担。因此，人力资产直接成本，加上进行人事管理职能活动而发生的行政管理费用的间接成本，构成人力资产总成本。人力资源成本会计就是核算人力资产总成本的会计。

根据弗兰姆霍尔茨在其《人力资源管理会计》中对人力资源成本会计的定义，人力资源成本分为取得成本、开发成本、重置成本。刘仲文在其《人力资源会计》① 中，将人力资源成本会计分为取得成本、开发成本、使用成本、保障成本、离职成本。本文采用刘仲文对人力资源成本的分类作为理论基础。

2. 人力资源投入效率研究

高等教育投入中人力资源的投入效益非常明显。在李汝②建立的高等教育投入产出模型中，其产出的主导因素是由所投入的人力资源所决定的（人力资源的弹性系数 $\alpha>1$），说明教育作为一种特殊的产业形式，其人力资源主体由于特殊的地位和性质，对教育产出的影响力超过其他行业。

虽然高校属于非营利组织，与一般企业具有不同的运营目标，但是人力资源在不同类型的组织中发挥着类似的作用，前人对于人力资源在企业中作用的研究也可以借鉴。Knight③ 的研究表明，在对企业绩效评价的平衡记分卡系统中，当该系统的四项要素良好结合时，会巨大的提升企业的市场价值。四个要素分别为：人力资本、结构资本、外在资本以及财务绩效。他指出，投资人力资源可使更多有能力的员工发展更好的结构资本，因此会导致更有生产力的外在资本，结果将获得更佳的财务绩效。

张文贤④接受宝钢股份公司的委托，对宝钢股份公司的培训进行了投入产出的评估。他认为，企业新增的价值由物质资本和人力资本共同创造。增加值中既包括了物质资本的投资回报，也包括了人力资本的投资回报。培训是企业人力资本投资的主要方式之一。如果要计算培训带来的价值，应首先计算人力资本的增加值，将非培训因素带来的人力资本增加值剔除之后即可以计算培训的收益。

以上研究说明，人力资源在高校这种人才资源密集的组织形式中具有重要的作用，人力资源投入是改进组织管理、提升组织绩效的关键因素。人力资源会计理论是高校人力资源投入（成本）与高校绩效分析的基础理论。

---

① 刘仲文：《人力资源会计》，首都经济贸易大学出版社 2006 年版。

② 李汝：“对我国高等教育投入产出效益的实证分析”，《辽宁教育研究》，2006 年第 1 期。

③ Knight, D. J. 1999. Performance measures for increasing intellectual capital. Strategy & Leadership 27 (12): 22 – 27.

④ 张文贤：“人力资本定价的研究前沿——企业培训投入产出计量模型”，《科技导报》，2004 年第 4 期。

二、高校业绩评价指标的设计

（一）高校绩效评价指标体系设计原则

高等学校作为社会中的一种非营利组织，其绩效评价方式与一般企业不同。企业绩效评价最重要的指标是其经济效益，而高校自身的特点决定了其产出不能仅由某一个指标来衡量。所以，对高校的评价通常是多方面、多维度的综合评价过程。高等学校评价俗称大学评价，是根据一定的目的和标准对大学整体或个别机构进行客观的科学判定的过程。常见的评价方式是评价机构依据一定的理论，人为选出多项或单项绩效指标，经过权重处理后，对大学的办学实力和发展水平进行综合或单项评价，并按积分高低次序进行排序。

评价指标是评价对象某一特征的概念及其数量表现，它既明确了评价对象某一特征的概念，又反映了评价对象的数量，具有定性认识和定量认识的双重作用。根据评价任务和目标的需要，能够全面、系统地反映某一特定评价对象的一系列较为完整的、相互之间存在着有机联系的指标就是综合评价指标体系①。

大学综合评价指标体系的设置，应该是基于大学理念与目标，恰当的处理大学的教学与科研、规模与效益、数量与质量、投入与产出等几个方面的关系，从而建立起科学、合理、客观、公正的评价指标体系。我们认为，高校绩效评价体系的设计原则应包括科学性原则、整体性原则、可比性原则和可行性原则。

（二）高校职能

根据上述对高校绩效评价指标体系设计原则的讨论可以看出，对高校职能理解的正确与否直接影响指标体系的质量。

高校的职能经历了一个从单一传授知识到教学科研并举后又增加为社会服务职能的演变过程②。一般认为大学的三项职能是培养人才、发展科技、服务社会。对应高校的三大职能，高校的产出可以划分为人才培养产出、科学研究产出和社会服务产出。高校的三大职能相互联系、相互依托，有机地结合在一起。

1. 人才培养产出

高校人才培养的直接产出是学生在接受教育的过程中获得或养成的知识、技能、

---

① 娄策群：《社会科学评价的文献计量理论方法》，华中师范大学出版社 1999 年版。

② 顾建民：“大学职能的分析及其结构意义”，《全球教育展望》，2001 年第 8 期。

态度、品行等，是通过教育过程附加给学生的教育增值，并在学生的行为中体现出来。由于这些要素都是涉及人的全面整体特征的向量，所以很难通过一个或几个指标有效表达。由于这些要素与学校培养学生的数量和质量紧密相连，所以，目前的通行做法是用学生（在校生）的数量和质量来表示高校的人才培养产出。这种处理方法有利于学校生均成本研究。

2. 科学研究产出

高等学校是创新的源头，高校教师作为知识创新的主力军、技术创新的生力军，是科技创新的重要力量和区域创新的骨干，承担起了自主创新的特殊使命。科研成果和科研经费是描述高校科研情况的两项主要指标。论文、专著、专利授权、成果鉴定、技术转让、人才培养等是科技绩效产出的基本形式。

其中，发表论文是科研绩效最重要的表现形式。由于各期刊的权威性差别非常大，因此各期刊的审稿标准也不同。所以，对高校绩效进行评价时要在强调论文数量的同时，还要考虑论文的质量。一般情况下论文交流刊载的级别越高，撰写论文需要付出的劳动量就越大。根据对论文载体的分类，可将论文划分为五类①：

第一类，其载体主要是 SCI、EI 的期刊源和引用源期刊。

第二类，其载体主要是中文核心期刊、中央级大报理论版、外文期刊和国际学术会议正式出版的论文集。

第三类，其载体主要是全国性学术期刊、全国性学术会议正式出版的论文集。

第四类，其载体主要是省级学术期刊。

第五类，其载体主要是有正式刊号的一般学术期刊。

美国科学信息研究所出版的《期刊引证报告》（JCR）和中国科学引文数据库出版的《中国科技期刊引证报告》对不同层次的论文赋予了不同权重。据此可以对论文产出进行定量计算。此外，还有 R&D 成果应用和科技服务以及其他科研成果等。

3. 社会服务产出

培养人才、发展科技，其实都是为社会服务，只不过它们的服务方式相对间接。大学利用人才、设备信息等资源，直接为经济、政治、科技、文化等发展服务，是大学人尽其才、物尽其用、融入社会的进一步体现。不过与前两项产出相比，高校社会服务产出的准确界定比较困难。原因在于该项职能建立在人才培养和科学研究两项基本职能的基础之上，更多地表现为对学校办学方向的一种规定和引导，这使得该项职能往往很难与前两项职能截然分开。

（三）指标体系设计及指标体系检验

高校绩效指标体系是一个多目标的系统，要求能正确反映高校在运行过程中的管

---

① 刘仁义、陈士俊："高校教师科技绩效评价中指标与权重的设定"，《科研管理》，2007 年第 3 期。

理要求。本项目以高校绩效指标体系设计原则为基础，结合对高校职能的分析，参考前人设计的高校绩效指标体系，侧重于本项目研究的目的："高校人力资源投入产出效率"和"高校人事制度改革成本效益"，首先设计二级绩效指标体系，然后采用调查问卷的方法对指标进行实证检验，实证检验包括指标的重要性和分类的科学性两部分。

1. 研究的设计与方法

（1）研究的基本模型框架。本部分采用问卷调查法，并选用 SPSS 统计软件，对调查数据进行描述分析、因子分析、相关性分析与回归分析。根据前文研究设计调查问卷，并向北京市市属 24 所高校发放，然后依据调查数据来分析评价指标设计和分类的合理性。

（2）调查问卷的设计与发放。依据确定的研究变量及其内容，本问卷的设计分为问卷Ⅰ和问卷Ⅱ。问卷Ⅰ分为四部分，主要是了解各高校人事制度改革的基本情况，还包括一些基础财务、科研和人力资源成本方面的信息。问卷Ⅱ是针对各高校教师进行的调查，主要内容包括调研对象的个人信息、北京市高校人事制度的现状以及对高校绩效指标体系有效性的调查等。

本次调查，针对的是北京市市属 24 所高校的教师，共下发问卷 3 000 份，回收 1125 份，其中 185 份未填完整，有效问卷 940 份，有效回收率为 31.33%①。其中具有高级职务的教师占 35%，中级职务的教师占 29%，硕士以上学历的教师占 64%。

（3）指标体系分类的检验。本问卷在设计时使用了相对成熟的问卷作参考，但调查问卷的质量直接影响调查研究结论的可靠性和有效性。所以，有必要对调查问卷的质量进行检验。

依据调查获得的数据，对各变量中各项目进行相关分析，除组织承诺部分有个别项目的相关系数较低以外，各变量各项目之间的相关系数均在 0.7 以上，各变量各项目之间一致性较好。

用因子分析法测量构思效度。剔除低相关项目后，对各变量的诸项目进行合成，形成新的合成分数变量。然后，利用 SPSS 软件对 22 个新变量作 KMO 和 Bartlett 球体检验，其结果 KMO 为 0.83，Bartlett 球体检验为零假设，因此适合作因子分析。采用主成分分析法抽取因子并作方差最大化旋转得出的结果如表 24、表 25 所示：

---

① 此次调查问卷的有效回收率相对较低，主要原因是北京市市属各高校在我们调查期间正进行人事制度改革，工作开展起来难度较大，但各高校还是尽自己所能进行了比较积极的配合，我们也十分感谢他们！

表 24　　变量的因子分析

	F1	F2	F3	F4	F5	F6
B4. 1	0. 722					
B4. 2	0. 725					
B4. 3	0. 635					
B4. 4	0. 747					
B4. 5	0. 733					
B4. 6	0. 703					
B3. 1		0. 756				
B3. 2		0. 784				
B3. 3		0. 717				
B3. 4		0. 646				
B1. 1			0. 740			
B1. 2			0. 587			
B2. 2			0. 715			
B2. 3			0. 796			
B2. 4			0. 443			
B5. 1				0. 580		
B5. 2				0. 879		
B5. 3				0. 819		
B1. 3					0. 552	
B4. 7					0. 806	
B1. 4						0. 760
B2. 1						0. 718

表 25　　特征值和方差解释

Component	F1	F2	F3	F4	F5	F6
特征值	3. 697	3. 235	3. 020	2. 456	2. 012	1. 804
方差贡献率	16. 803	14. 703	13. 728	11. 163	9. 148	8. 201
方差累计贡献率	16. 803	31. 506	45. 234	56. 397	65. 544	73. 746

从表 24、表 25 可以看出，问卷中的变量全部分布在所属 6 个公共因子上，因素荷载均大于 0. 5。6 个公共因子的方差累计贡献率达到了 73. 746%，即 6 个维度的要素对

总体方差的解释度为73.7%，说明本问卷的构思效度检测较好，能比较真实地反映高校绩效情况。也说明这6个公共因子能比较全面地反映原22个变量的所有信息。并且根据分析结果对所设计的二级指标进行的分类与高校绩效指标评价体系中的分类基本一致，说明绩效指标体系设计基本合理。

（4）调查问卷的数据处理。依据前述的因子分析结果，本问卷的变量可以综合成6个公共因子，荷载矩阵如表26所示。

表26　　未旋转前的因子载荷

	F1	F2	F3	F4	F5	F6
B1.1	0.459	0.206	0.578	-0.019	0.119	-0.307
B1.2	0.506	0.558	0.093	-0.259	-0.015	0.045
B1.3	0.681	-0.153	0.129	0.267	0.122	0.253
B1.4	0.420	-0.153	0.023	0.636	-0.228	0.360
B2.1	0.460	0.212	0.179	0.382	-0.566	-0.160
B2.2	0.629	0.390	0.303	0.222	0.156	0.129
B2.3	0.632	0.489	0.290	0.139	0.152	-0.044
B2.4	0.621	0.142	0.065	0.282	0.216	0.092
B3.1	0.699	0.197	-0.300	-0.309	0.127	0.173
B3.2	0.612	0.139	-0.366	-0.180	0.080	0.353
B3.3	0.776	0.236	-0.300	-0.136	-0.072	0.117
B3.4	0.666	0.131	-0.368	0.047	-0.265	0.198
B4.1	0.663	-0.133	0.331	-0.230	-0.256	0.021
B4.2	0.691	-0.059	0.220	-0.453	-0.109	0.026
B4.3	0.745	-0.070	0.142	-0.240	-0.046	-0.219
B4.4	0.691	-0.416	0.040	-0.033	-0.392	-0.096
B4.5	0.713	-0.482	0.092	-0.183	0.037	-0.006
B4.6	0.603	-0.588	0.084	-0.195	0.073	0.154
B4.7	0.433	-0.486	0.209	0.282	0.461	0.067
B5.1	0.651	0.056	-0.231	0.034	0.358	-0.222
B5.2	0.679	-0.085	-0.372	0.133	0.033	-0.533
B5.3	0.629	-0.070	-0.481	0.307	0.027	-0.342

由表26可以得到因子分析模型，如：B1.1 = 0.459×F1 + 0.206×F2 + 0.578×

F3 - 0.019×F4 + 0.119×F5 - 0.307×F6。其他变量可依此类推，均可用相应的6个公共因子表示。为便于解释公共因子的含义，对表26进行方差极大法旋转，旋转后荷载向两端集中，旋转结果如表27所示。

表27　　旋转后荷载

	F1	F2	F3	F4	F5	F6
B1.1	0.327	-0.165	0.740	0.102	0.066	-0.024
B1.2	0.146	0.484	0.587	0.014	-0.212	-0.017
B1.3	0.286	0.275	0.269	0.114	0.552	0.324
B1.4	0.035	0.137	0.030	0.035	0.432	0.760
B2.1	0.209	-0.020	0.366	0.212	-0.207	0.718
B2.2	0.063	0.288	0.715	0.048	0.260	0.246
B2.3	0.070	0.263	0.796	0.150	0.115	0.156
B2.4	0.064	0.293	0.443	0.231	0.393	0.224
B3.1	0.273	0.756	0.217	0.230	0.075	-0.088
B3.2	0.169	0.784	0.073	0.131	0.156	0.046
B3.3	0.280	0.717	0.254	0.315	0.003	0.167
B3.4	0.218	0.646	0.059	0.277	-0.005	0.404
B4.1	0.722	0.170	0.311	0.001	0.049	0.193
B4.2	0.725	0.342	0.318	0.022	0.011	-0.049
B4.3	0.635	0.219	0.363	0.319	0.058	0.008
B4.4	0.747	0.120	-0.019	0.294	0.105	0.381
B4.5	0.733	0.192	0.046	0.234	0.391	0.024
B4.6	0.703	0.195	-0.093	0.090	0.484	-0.002
B4.7	0.248	-0.087	0.111	0.179	0.806	0.006
B5.1	0.136	0.352	0.297	0.580	0.281	-0.111
B5.2	0.267	0.186	0.131	0.879	0.066	0.101
B5.3	0.096	0.275	0.034	0.819	0.162	0.248

由表27的结果可见，根据分析结果对所设计的二级指标进行的分类与高校绩效指标评价体系中的分类基本一致，说明绩效指标体系设计基本合理。

公共因子F1～F6，可以通过回归算法计算因子得分矩阵求得（见表28）。

表 28　　公共因子得分矩阵

	F1	F2	F3	F4	F5	F6
B1. 1	0. 087	-0. 263	0. 359	0. 050	-0. 029	-0. 112
B1. 2	-0. 010	0. 161	0. 208	-0. 097	-0. 169	-0. 073
B1. 3	-0. 036	0. 050	0. 025	-0. 113	0. 283	0. 118
B1. 4	-0. 101	0. 038	-0. 090	-0. 143	0. 210	0. 486
B2. 1	0. 061	-0. 166	0. 090	0. 064	-0. 276	0. 467
B2. 2	-0. 127	0. 031	0. 276	-0. 110	0. 133	0. 061
B2. 3	-0. 111	-0. 016	0. 326	-0. 010	0. 029	-0. 008
B2. 4	-0. 142	0. 038	0. 137	0. 010	0. 208	0. 038
B3. 1	-0. 017	0. 313	-0. 029	-0. 033	-0. 005	-0. 153
B3. 2	-0. 064	0. 381	-0. 106	-0. 118	0. 067	-0. 038
B3. 3	-0. 016	0. 257	-0. 032	0. 011	-0. 091	0. 024
B3. 4	-0. 020	0. 253	-0. 134	-0. 014	-0. 104	0. 222
B4. 1	0. 278	-0. 047	0. 042	-0. 141	-0. 108	0. 075
B4. 2	0. 268	0. 052	0. 043	-0. 132	-0. 111	-0. 104
B4. 3	0. 198	-0. 078	0. 079	0. 095	-0. 105	-0. 098
B4. 4	0. 282	-0. 098	-0. 142	0. 051	-0. 123	0. 204
B4. 5	0. 229	-0. 036	-0. 085	0. 002	0. 117	-0. 082
B4. 6	0. 227	0. 023	-0. 147	-0. 100	0. 205	-0. 078
B4. 7	-0. 035	-0. 124	0. 031	0. 023	0. 485	-0. 111
B5. 1	-0. 107	0. 020	0. 075	0. 285	0. 115	-0. 219
B5. 2	-0. 008	-0. 139	-0. 021	0. 520	-0. 109	-0. 061
B5. 3	-0. 106	-0. 045	-0. 080	0. 451	-0. 020	0. 053

由表 28 可以得到公共因子与变量之间的函数关系，如：F_1 = （0. 087B1. 1） + （ -0. 01B1. 2） …… + （ -0. 106B5. 3）。

其他公共因子依次类推，其值可由上述函数关系计算得到，并成为新的变量。

2. 高校绩效评价指标体系

根据调查问卷数据的分析结果，对问卷中的指标体系进行调整，最终设计出侧重于评价人力资源产出效率的高校绩效评价指标体系（见表 29）。

表 29

高校绩效	1. 教学绩效（产出指标）	1.1　优势学科（博士点、硕士点、国家重点学科）
		1.2　生源水平（入学平均分）
		1.3　就业率
		1.4　各类获奖数（国际性、全国性竞赛、各级教学评估奖励）
	2. 科研绩效（产出指标）	2.1　课题数（国家级、省部级、其他级别）
		2.2　科研成果（论文、专著、其他科研成果等）
		2.3　在职教师人均科研活动经费
		2.4　科研活动收入年增长率
	3. 办学资源（投入指标）	3.1　教育经费
		3.2　教师队伍
		3.3　自筹资金能力
		3.4　生均事业费支出
		3.5　学生生均设备费
		3.6　在职教师人均获取经费额
		3.7　师生比
	4. 校办产业绩效	4.1　校办产业资本金利润率

三、高校人力资源投入及其效率评价

高校人力资源投入包括两部分：人力资源人员比例投入以及人力资源成本投入。本部分采用人力资源会计理论对高校人力资源成本投入进行分类，结合北京市各高校2004年至2007年人员支出变动，分析北京市高校近年来人力资源成本变动情况。在此基础上采用实证研究方法分析人力资源投入与高校绩效的关系。

（一）北京市各高校人员支出分析

本项目借鉴人力资源成本会计理论对北京市高校人员投入进行分类分析。人力资源成本项目按照人力资源进入到退出组织的整个过程进行分类，即按照人力资产投入、在组织工作及发展、最后退出组织的过程进行成本项目的分类。因此，人力资源成本项目包括：取得成本、开发成本、使用成本、保障成本和离职成本五大类①。

1. 人才资源取得成本

① 刘仲文：《人力资源会计》，首都经济贸易大学出版社2006年版。

人力资源取得成本是组织在招募和录取职工的过程中发生的成本，包括在招募和录取职工的过程中招募、选择、录用和安置所发生的费用。

高校招募成本、选择成本、部分安置成本一般在“人事处——业务经费”科目下核算；而录用成本以及安置成本（金额较大）如提供住房、安家费等，有的高校在“人事处——人才引进专项”科目下核算。校内住房、安家费、住房补贴、科研启动经费、专著出版费等直接费用可以从学校对应费用科目中得到体现。但各种间接费用，比如解决配偶、子女的进京户口及配偶工作、子女就学等方面比较难以采用货币计量。由于数据难以取得，所以本项目实证研究数据暂且忽略高校人力资源取得成本。

2. 人力资源开发成本

人力资源开发成本，是高校为提高教职工能力，增加高校人力资产的价值而发生的成本，包括上岗前教育成本、岗位培训成本、脱产培训成本等。

一般高校包括管理部门和院系人力资源开发成本两部分。管理部门人力资源开发成本通过人事处的费用项目核算，包括“人事处——校内专项——教师培训经费、人事处——校内专项——管理人员培训经费、人事处——教师培训经费以及人事处——人才强教”等科目核算；院系人力资源开发成本通过各院系费用项目核算，包括“校内专项、人才强教”等科目。高校人力资源开发成本涉及科目类型较多，无法获取高校每年发生的开发成本总额，本项目采用“高校会计报表——收入支出表——公用支出中的培训费”替代高校人力资源开发成本。

以某高校为例，2001 年至 2007 年培训费支出变动如图 22 所示。从图 22 可以看到，该校 2001 年、2002 年、2003 年三年的培训费水平变动不大，2004 年至 2007 年年平均培训费相比，前三年年平均培训费增长在 75% 上下浮动。

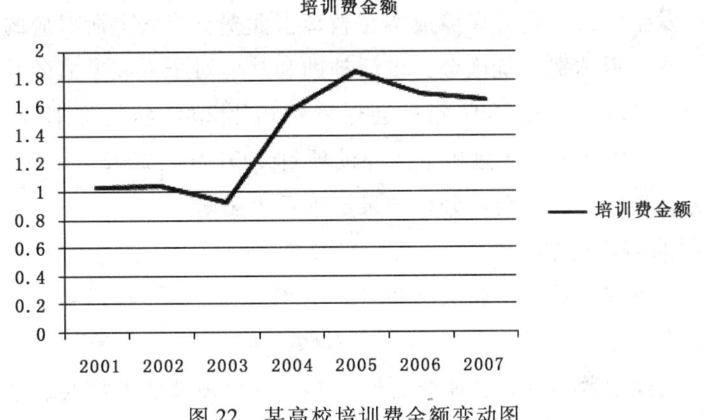

图 22　某高校培训费金额变动图

3. 人力资源的使用成本

人力资源使用成本是高校在使用职工的过程中发生的成本。人力资源使用成本包括维持成本、奖励成本、调剂成本等。

高校人力资源使用成本在事业费支出表中涉及以下几个科目：人员支出中的基本工资、津贴、奖金、绩效工资和其他工资福利支出。以某高校为例，2001 年至 2007 年人员支出中的基本工资和津贴两项支出变动如图 23 所示（假设 2001 年基本工资基数为 1 000万元，其他年度数据按比例计算得出）。从图 23 可知，该校人力资源维持成本逐年增长，2007 年比 2001 年增加 7 000 余万，增加将近 150%。

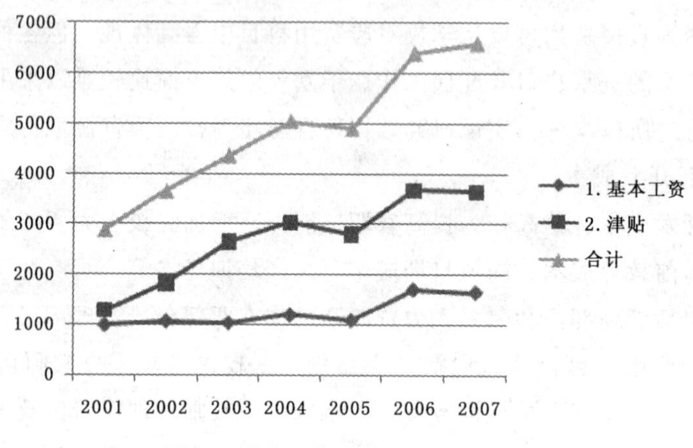

图 23 基本工资、津贴支出变动图

4. 人力资源保障成本

人力资源保障成本，是保障人力资源在暂时或长期丧失使用价值时的生存权而必须支付的费用，包括劳动事故保障、健康保障、退休养老保障、失业保障等费用。这些费用往往以基金、社会保险或集体保险的形式出现。这种成本既不能提高人力资源的价值又不能保持其价值，其作用只是保障人力资源丧失使用价值时的生存权。这种成本是在人力资源发挥其使用价值时，社会保障机构、组织对职工的一种人道主义的保护。

一般高校所发生的人力资源保障成本在教育事业费支出表上所对应的科目有：社会保障缴费、离休费、退休费、抚恤金、生活补助和其他对个人和家庭的补助支出等。以某高校为例（见图 24），该校 2007 年社会保障费相比 2002 年增加 12%，2007 年本校社会保障成本为 4 710 万元。抚恤和生活补助项目 2001 年、2002 年、2003 年未取得详细数据，但因为金额较少，不会对分析结果产生重大影响。

5. 人力资源的离职成本

人力资源的离职成本是由于职工离开组织而产生的成本，包括离职补偿成本、离职低效成本和空职成本等。

离职成本在高校中普遍存在，属于隐性成本，计算该项成本需要大量的估计，并且数据不容易获得，所以本项目数据分析暂不考虑该成本。

（二）高校人力资源投入效率实证研究

1. 投入与绩效指标的选择

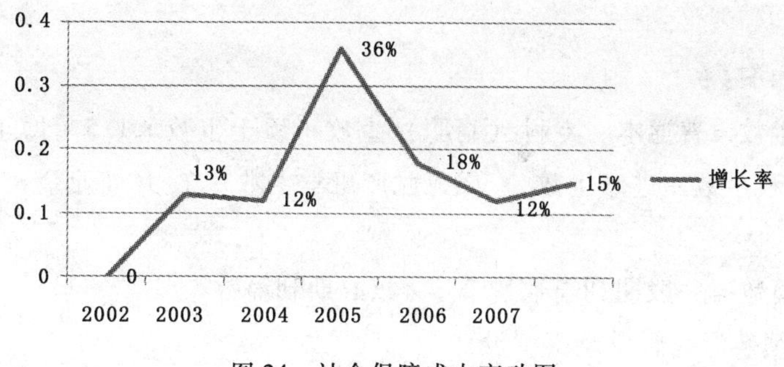

图 24 社会保障成本变动图

由于评价模型涉及到受评价高校的财务制度及相关规定的限制和约束，资料获取比较困难，参考相关文献并结合资料收集情况，本研究对前面所建立的高校绩效评价指标体系进行筛选，选取了资料较为全面和可靠的两项产出指标（折合在校人数、折合论文篇数）以及三项投入指标（人力资源开发成本、人力资源使用成本、人力资源保障成本），如图 25 所示：

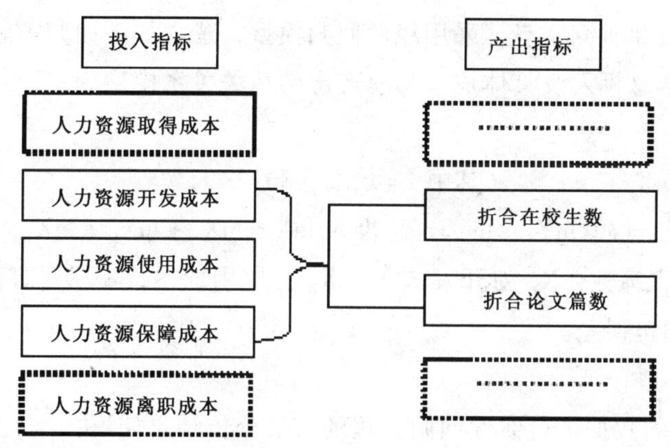

图 25 投入产出指标

人力资源成本项目按照人力资源进入到退出组织的整个过程进行分类，即按照人力资产投入、在组织工作及发展、最后退出组织的过程进行成本项目的分类。因此，人力资源成本项目包括：取得成本、开发成本、使用成本、保障成本和离职成本五大类。人力资源取得成本和离职成本属于高校的不可控成本，由于数据不易获取，不可控等因素而未被选择为投入指标（图 25 用虚线框表示）。

由于数据获取较为困难，所以本文结合高校职能的划分，从高校绩效指标中选取较有代表性的折合在校生人数（高校教学职能）、论文篇数（高校科研职能）作为产出指标。折合在校生人数的计算参考文件《普通高等学校本科教学工作水平评估方案（试行）》（教高［2004］21 号），折合论文篇数的折算参考《首都经济贸易大学科研岗位工作量折算表》①。

具体计算如下：

折合在校生数 = 普通本、专科（高职）生数 + 硕士生数 ×1.5 + 博士生数 ×2 + 留学生数 ×3 + 预科生数 + 进修生数 + 成人脱产班学生数 + 夜大（业余）学生数 ×0.3 + 函授生数 ×0.1

折合论文篇数 = 一般期刊篇数 + 2.3 × 核心期刊篇数

2. 投入与绩效研究假设及模型设计

根据本项目研究的问题，提出如下假设：

假设 1：高校人力资本总投入与总产出之间存在正相关关系。

假设 2：高校人力资源开发成本、使用成本和保障成本分别与高校人力资本总产出之间存在正相关关系。

其中，高校人力资本总投入包括开发成本、使用成本和保障成本；总产出包括折合在校生数和折合论文篇数。

根据研究假设和研究变量，采用线性回归模型，建立如下回归方程：

高校人力资本总投入及具体成本与总产出的相关关系模型为：

$$\ln Y = \beta_0 + \beta_1 \ln X + \varepsilon \qquad (1)$$

$$\ln Y = \beta_0 + \beta_1 \ln X_i + \varepsilon \quad （其中 i = 1，2，3） \qquad (2)$$

其中，总产出 $\ln Y = \ln Y_1 + \ln Y_2$，总投入 $\ln X = \ln X_1 + \ln X_2 + \ln X_3$，$Y_1$ 为折合在校生数，Y_2 为折合论文篇数，X_1 为开发成本，X_2 为使用成本，X_3 为保障成本，β_0、β_1 为模型参数，ε 为随机误差。

3. 实证结果分析

根据 2004 年的数据进行线性回归方程的实证分析结果如下：

第一步，对回归模型（1），即高校人力资本总投入与总产出之间关系的检验（见表 30）。

表 30 **Model Summary**

Model	R	R Square	Adjusted R Square	Std. Error of the Estimate
1	0.853（a）	0.727	0.713	0.21434

a Predictors：(Constant)，人力资本总投入

从表 30 即回归统计表中可以看出，决定系数 R^2 为 72.7%，表明因变量的变差中有 72.7% 可用解释变量来解释，剩下的影响因素可归结为随机误差项所包含的因素。因此模型（1）的预测能力比较好，误差较小，方差的拟合优度较高。

① 北京市市属各高校在折算科研工作量时没有统一的固定标准，为了使数据的口径一致，假定以此为标准。

从表 31 即回归系数分析表中可以看出，t 统计量的显著性概率 Sig. =0.000，明显小于显著性水平 0.05，表明相关系数显著不等于 0，说明人力资本总投入与总产出之间存在相关关系。另外，从表 31 可知，相关系数 $\beta_1 = 0.309$，$\beta_0 = 4.326$，于是，可以得到相关的回归方程为：$\ln Y = 4.326 + 0.309 \ln X + \varepsilon$。可见，人力资本总投入与总产出之间存在正相关关系，我们所提出的假设 1 通过了检验，假设 1 成立。

表 31　　Coefficients（a）

		Unstandardized Coefficients		Standardized Coefficients	t	Sig.
		B	Std. Error	Beta		
	(Constant)	4.326	0.373		11.608	0.000
	人力资本总投入	0.309	0.043	0.853	7.121	0.000

a　Dependent Variable：人力资本总产出

第二步，对回归模型（2），即高校人力资源具体成本与总产出之间关系的检验。

表 32 和表 33 检验的是高校人力资源开发成本与人力资本总产出之间的关系。由表 32 可知，决定系数 R^2 为 36.6%，解释比例较低，说明方程的拟合优度不够好；由表 33 可以看出，Sig. 值明显小于显著性水平 0.05，说明人力资源开发成本与人力资本总产出之间存在相关关系，相关的回归方程为 $\ln Y = 6.140 + 0.358 \ln X_1 + \varepsilon$。

表 32　　Model Summary

Model	R	R Square	Adjusted R Square	Std. Error of the Estimate
1	0.605（a）	0.366	0.333	0.32690

a　Predictors：(Constant)，人力资源开发成本

表 33　　Coefficients（a）

		Unstandardized Coefficients		Standardized Coefficients	t	Sig.
		B	Std. Error	Beta		
	(Constant)	6.140	0.257		23.865	0.000
	人力资源开发成本	0.358	0.108	0.605	3.312	0.004

a　Dependent Variable：人力资本总产出

表 34 和表 35 检验的是高校人力资源使用成本与人力资本总产出之间的关系。由表 34 可知，决定系数 R^2 为 78.6%，解释比例较高，说明方程的拟合优度较好；由表 35 可以看出，Sig. 值明显小于显著性水平 0.05，说明人力资源使用成本与人力资本总产出之间存在相关关系，相关的回归方程为 $\ln Y = 2.267 + 1.291 \ln X_2 + \varepsilon$。

表 34 **Model Summary**

Model	R	R Square	Adjusted R Square	Std. Error of the Estimate
1	0.887（a）	0.786	0.775	0.18995

a Predictors:（Constant），人力资源使用成本

表 35 **Coefficients（a）**

	Unstandardized Coefficients		Standardized Coefficients	t	Sig.
	B	Std. Error	Beta		
（Constant）	2.267	0.563		4.023	0.001
人力资源使用成本	1.291	0.155	0.887	8.352	0.000

a Dependent Variable：人力资本总产出

表 36 和表 37 检验的是高校人力资源保障成本与人力资本总产出之间的关系。由表 36 可知，决定系数 R^2 为 83.5%，解释比例较高，说明方程的拟合优度很好；由表 37 可以看出，Sig. 值明显小于显著性水平 0.05，说明人力资源保障成本与人力资本总产出之间存在相关关系，相关的回归方程为 $\ln Y = 3.963 + 1.148\ln X_3 + \varepsilon$。

表 36 **Model Summary**

Model	R	R Square	Adjusted R Square	Std. Error of the Estimate
1	0.914（a）	0.835	0.826	0.16701

a Predictors:（Constant），人力资源保障成本

表 37 **Coefficients（a）**

	Unstandardized Coefficients		Standardized Coefficients	t	Sig.
	B	Std. Error	Beta		
（Constant）	3.963	0.308		12.854	0.000
人力资源保障成本	1.148	0.117	0.914	9.788	0.000

a Dependent Variable：人力资本总产出

综合上述第二步的检验结果可见，高校人力资源开发成本、使用成本和保障成本均与人力资源总产出之间存在明显的正相关关系，我们提出的假设 2 通过了检验，假设 2 成立。另外，通过比较各具体成本与人力资源总产出的相关回归方程，我们还可以看出，人力资源使用成本与人力资源总产出的相关性最强，其次是保障成本，而开发成本与其关系相对较弱。由此，根据各投入成本与总产出之间的相关程度，我们也可以大致确定高校人力资本投入的结构，分清主次，权衡轻重，为今后进行人力资本投入提供相

对合理的参考依据。

此外，根据2005年和2006年的数据所作的线性回归方程的实证检验，其分析结果与2004年类似，说明以上假设都通过了检验，高校的人力资本总投入及具体成本与总产出之间存在显著的正相关关系，在此不再赘述。

通过以上实证分析结果可见，高校人力资本投入和产出之间存在正向相关关系，那么基于所建立的函数关系，可以在今后的研究和实践中进行预测，以权衡高校的人力资本投入与产出是否相当，并评价其效率，进而根据实际情况修改投资计划和方向，以期在人力资源方面达到投入最小、产出最大的目标，也为高校的人才培养和发展起到一定的推动作用。

四、高校人事制度改革成本的界定

人事制度改革是通过以合理配置教育人才资源、优化高等学校人员结构，为高等学校的改革与发展提供强有力的组织保证和人才支持，进而实现《关于深化高等学校人事制度改革的实施意见》中提出的“全面提高教育质量和办学效益”核心目标。

根据所查找的文献资料，至今还没有对人事制度改革成本进行确切的划分和界定，可能因为它涉及的因素比较多，而且大多数成本与其他支出混在一起，很难剥离和区分。鉴于此，本项目将定性分析和定量分析相结合，试图从主要的方面对人事制度改革成本大致界定为以下四类：

第一类是改革设计成本。这类成本主要是指高校为准备进行人事制度改革所发生的相关成本，比如人事制度改革立项成本、改革计划的制定成本等。从我们回收的调查问卷来看，北京市市属各高校基本上都没有这一部分成本，或者即便是有，也没有单独明确的记录，一般都与进行人事制度改革发生的其他支出混在一起，无法区别开来。鉴于此，本项目在研究时暂不考虑这类成本。

第二类是改革实施成本。这类成本主要是指高校在实施人事制度改革的过程中所发生的相关成本，比如岗位设置成本、聘用合同成本等。由于北京市市属各高校的人事制度改革进程参差不齐，就岗位设置而言，有的尚处于初级阶段，我们无法取得相互可比的数据，故这类成本也不作为本项目研究的侧重点。

第三类是工资增量成本。这类成本主要是指高校在实施人事制度改革后，通过工资套改或岗位聘用而发生的教师平均工资增量成本。当然，也可能由于竞聘上岗时“上的少，下的多”造成人事制度改革总体上教师的平均工资下降。但是，从目前我国高校所进行的各种人事制度改革来看，这种情况很少见。这一部分成本相对容易取得，所以将这类成本作为本项目研究的重点。

第四类是改革终结成本。这类成本主要是指高校在完成人事制度改革以后，对于有些离职或退休人员所发生的相关成本，比如离职成本、安置成本、诉讼成本等。这类成本在高校人事制度改革中是不可避免的，鉴于其重要性，本项目也对其进行了着重研究和分析。

通过以上分类，仅对高校人事制度改革中一些主要的成本进行了界定，以便为研究高校人事制度改革的成本与绩效之间的关系奠定基础。

五、高校人事制度改革的成本与绩效之间的关系

（一）高校人事制度改革成本与绩效指标的选择

根据前面对高校人力资源投入和产出的相关分析以及对高校人事制度改革成本的界定，结合相关文献和收集的数据信息，本项目选择了两项相关成本作为改革成本进行研究，即人力资源增量使用成本和人力资源增量保障成本。这两项成本是在人力资源的投入成本中，通过比较当期与上期所发生的对应成本而得到的，假定上述增量成本都是进行人事制度改革而发生的成本。

对于高校人事制度改革的绩效指标，本项目只选择了前述绩效指标中的变通指标即“增量折合论文篇数”。没选“折合在校生数”指标是因为受到客观教育政策的影响，北京市市属各高校招生人数总体上波动不大，已基本趋于稳定。鉴于该指标不适合作为增量绩效指标，同时也为了避免它作为负值时对整体绩效指标的弱化，所以不考虑采用此指标。

（二）高校人事制度改革成本与绩效研究假设及模型设计

根据本项目对该部分研究的主要问题，提出如下假设：

假设：高校人事制度改革成本与绩效之间存在正相关关系。

其中，改革成本包括人力资源增量使用成本和人力资源增量保障成本；改革绩效是指增量折合论文篇数。根据研究假设和研究变量，采用线性回归模型，建立回归方程。

高校人事制度改革成本与绩效的相关关系模型：$\ln Y = \beta_0 + \beta_1 \ln X + \varepsilon$。

其中，$\ln X = \ln X_1 + \ln X_2$，Y 为增量折合论文篇数，$X_1$ 为增量使用成本，X_2 为增量保障成本，β_0、β_1 为模型参数，ε 为随机误差。

（三）实证结果分析

首先比较 2005 年和 2004 年线性回归方程的数据，其实证分析结果如表 38 所示。

表 38 **Model Summary**

Model	R	R Square	Adjusted R Square	Std. Error of the Estimate
1	0.825 (a)	0.680	0.663	0.06268

a Predictors：(Constant)，改革成本

从表 38 即回归统计表中可见，决定系数 R^2 为 68%，表明因变量的变差中有 68% 可用解释变量来解释，剩下的影响因素可归结为随机误差项所包含的因素。因此，本模型的预测能力比较好，误差较小，方差的拟合优度较高。

从表 39 即回归系数分析表中可以看出，t 统计量的显著性概率 Sig. =0.000，明显小于既定的小概率 0.05，表明相关系数显著不等于 0，说明高校人事制度改革成本与绩效之间存在相关关系。另外，从表 39 可知，相关系数 $\beta_1 = 0.276$，$\beta_0 = 1.317$，可以得到相关的回归方程为：$\ln Y = 1.317 + 0.276 \ln X + \varepsilon$。可见，高校人事制度改革成本与绩效之间存在正相关关系，论文提出的假设通过了检验，假设成立。

表 39 **Coefficients (a)**

		Unstandardized Coefficients		Standardized Coefficients	t	Sig.
		B	Std. Error	Beta		
	(Constant)	1.317	0.150		8.780	0.000
	改革成本	0.276	0.045	0.825	6.190	0.000

a Dependent Variable：改革效益

此外，通过比较 2006 年和 2005 年的数据所做的线性回归方程的实证检验和分析，其结果与 2004 年类似，说明上述假设都通过了检验，高校的人事制度改革成本与绩效之间存在显著的正相关关系，在此不再赘述。

通过以上实证分析过程得到的结果，可以肯定高校人事制度改革成本与绩效之间存在正向相关关系，基于所建立的函数关系，建议各高校在今后进行人事制度改革时应充分考虑两者之间的关系，分析究竟花费多大的成本才能达到预期的改革效果。根据成本——效益原则，只有当改革效益大于改革成本时，改革才是有效的，改革双方即高校自身和教职员工才都能从中受益，通过这种外部正效应的扩散，高校所培养的人才也才会更多更好。

六、项目研究创新和局限

本项目对高校人力资源投入与产出和高校人事制度改革成本与绩效进行了研究和探

索，以期把人力资源会计的研究和发展推到一个新的高度。

（一）本项目研究的创新性和使用价值的主要体现

1. 建立高校人力资源投入效率绩效的二级指标体系

对国内外主流的高校绩效评价指标体系进行归纳、分析和对比，建立适用于研究人力资源投入效率的高校绩效评价二级指标体系，并采用因子分析法对二级指标的分析进行检验。

2. 将人力资源会计理论应用于高校会计实践

结合事业单位会计制度，采用人力资源成本会计理论对高校人力资源成本进行分析、归类，为各高校人力资源会计的教学提供了一个较为完整的教学案例。

3. 采用实证研究方法进行高校人力资源成本效益分析

采用实证研究方法对北京市市属24所高校的人力资源投入效率和人事制度改革成本效益进行了研究分析，并验证确认了人事制度改革成本的分类，还提出了相应的建议，为各高校今后进行人事制度改革提供可供参考的模版。

（二）本项目研究的局限和不足

1. 本项目实证分析采用的高校绩效评价指标比较简单

本项目对高校绩效评价指标体系的构建进行了研究，虽然采用调查问卷的方式对指标体系的构建进行了检验，也对指标体系的权重进行了分析，但研究不够深入，所赋权重也不够科学严谨。

2. 本项目研究缺乏人力资源成本和绩效数据

从高校现行会计制度到人力资源会计体系的转换，存在较大难度。现行会计科目设置不够详细，不能充分反映高校人力资源变动情况，也使得人力资源取得和离职时各项成本的详细数据无法取得。本项目进行实证研究时，只选用了两个具有一定代表性的产出指标，分析不够全面。

七、本项目总体研究发现和建议

（一）本项目研究发现

1. 本项目研究选题属于前沿性研究

本项目文献检索分析中没有发现与本项目研究总标题以及子课题标题相同的研究成果。说明本项目的选题，无论是本项目主标题，还是子项目的标题都是创新性研究，项目研究难度和数据获取的难度都很大。

2. 高校人力资源管理理念不强

本项目研究发现被调查北京市高校都是人事部门接待，没有发现人力资源管理部门。可见，北京市属事业单位对“人”的管理还停留在“人事管理”或档案管理层面，而不是将“人”作为事业发展的“资源”。高校“人事管理部门”主要工作仍然是以职工编制、职工档案、职工工资待遇、职工职称等“人事管理”为主，而不是以本单位人力资源合理使用、人力资源成本、人力资源价值和人力资源工作业绩为主的“人力资源管理”；各高校人力资源管理部门仍然称为“人事处”，没有发现哪个单位称为“人力资源管理处”；其下属单位当然也随之称为“人事科”，其工作核心是职工管理，而不是以“人力资源管理”为核心的资源管理。缺乏事业发展的根本是进行“人力资源管理”的理念。

3. 高校普遍没有对人力资源进行价值管理

本项目研究所调查的24家高校，普遍没有进行人力资源成本和价值管理，更谈不上系统的人力资源成本和价值管理所需要的数据资料。多数人事管理部门只具备以工资为核心的薪酬管理信息。

4. 高校普遍没有人力资源成本数据

通过本次课题研究，发现本项目研究所调查的24家高校，普遍没有人力资源取得成本、开发成本、使用成本、保障成本、离职成本的财务数据。多数高校人事部门的负责人看到本项目组的调查问卷都感到填报人力资源成本数据很困难，认为财务部门根本没有本单位人力资源成本的数据。可见，高校对其所聘任的职工缺乏人力资源成本管理理念，缺乏人力资源价值管理理念，人力资源成本数据很少。如果不知道花了多少钱聘任单位的职工，又怎么能知道该职工为单位创造的价值是否高于成本呢？

5. 高校普遍没有人事制度改革成本的系统数据

本项目通过对北京市属24家高校的调研，没有发现系统地、与人事制度改革成本有关的数据。从对各单位人事部门、财务部门的调查问卷中发现，普遍没有人事制度改革成本的财务数据。多数被调研的单位人事部门负责人认为，本项目组调查问卷所设计的高校人事制度改革成本财务部门不能填写。

6. 高校没有与人力资源管理有关的绩效评价指标体系

本项目通过对北京市属24家高校的调研，没有发现系统地、与人力资源管理有关的绩效评价指标体系。在调查中发现，各单位评价人力资源使用效果的绩效指标不明确，人事部门一般都没有绩效指标，问卷的很多绩效评价数据得不到。从对各单位职工的调查问卷发现，普遍对与人力资源管理有关的业绩评价指标不熟悉。甚至多数被调研的单位人事部门负责人担心，单位职工可能看不懂本项目组调查问卷所设计的高校绩效评价指标。

7. 高校对中央人事制度改革精神理解还不深入

项目组在2008年进行问卷调查时，所调查的北京市高校人事部门对人事制度改革的“岗位管理”还不清楚，调查访谈时普遍不清楚人事制度改革指的是什么，或者说本单位没有实行人事制度改革。调查时发现实行“岗位管理”的单位较少，多数单位人事部门没有脱离“身份管理”的理念，部分单位刚开始进行岗位测评。

（二）本项目研究建议

1. 应该提倡高校的人力资源管理理念

本项目组建议应该将高校“人事部门”改称为“人力资源管理部门”，以便改变高校目前人力资源管理理念薄弱的现状。这不只是名称的改变，而是高校对“人”的管理由简单的“人事管理”或“工资、档案”管理理念转变为对“人力资源”的管理，以提高高校“人”的潜力，不断提高本单位的人力资源素质，进行人力资源开发和职业生涯设计等人力资源管理。高校是以“人力资源”为主的单位，其聘任人力资源的质量，聘任后人力资源价值的发挥，聘任后人力资源潜质的进一步开发和提高，聘任后人力资源的保障，以及人力资源的辞退或离职管理等，都是高校兴旺发达的源泉。因此，贯彻中央“以人为本”的管理理念，应该从源头做起。

2. 建议北京市率先推行高校人力资源成本会计制度

本项目组为高校设计了人力资源成本会计制度，建议在北京市高校人事管理部门普及人力资源会计管理的相关知识及核算方法，以便得到高校人员的取得成本、培训成本、使用成本、保障成本、离职成本等资料，为核算出本单位人事制度改革的成本，明确本单位在人事制度改革上所花费的成本是否与效益成正相关提供数据。

为了加强高校对人力资源的管理，应该利用人力资源成本会计方法，按照部门或岗位收集人力资源取得成本、开发成本、使用成本、保障成本和离职成本的原始数据。通过人力资源成本数据可以了解高校对其人力资源“投入”的成本（即花了多少钱），以便对高校不同类型人力资源的“产出”（即“创造价值”）提出相应的要求。在高校推行人力资源成本会计制度，国家代表人民或社会对某高校“投入”与高校“产出”才有评价的基础，国家或社会赋予高校的“社会服务”质量才能得到保障。

3. 建议为高校建立与人力资源成本有关的绩效评价指标

本项目组调研了北京市属高校，已经为其设计了与人力资源有关的绩效评价指标体系，希望得到市政府的支持，能够在北京市率先推行，以便合理评价高校的人力资源使用效果。高校绩效评价指标体系包括高校的业务能力、经济绩效、资金使用绩效和发展潜力等方面的指标，尤其是建立与高校人力资源使用价值有关的绩效评价指标体系。

对由国家拨款建立的高校，应该建立明确的绩效评价指标，建立监控机制，以此来评价得到国家拨款的高校所提供的“公共服务”的质量。而不能只有财政投入没有绩效考核，没有对事业拨款使用效益的监控手段。

4. 建议使用作业成本法加强高校人力资源价值管理

本项目组已经设计了高校的作业成本会计制度，对加强北京市高校人力资源成本管理、岗位管理是一种可取的方法。高校具体的“产品”是高校培养的“学生”。高校中每种类型的“学生”都有专设部门培养，这些部门都有“花钱”或使用资金的“成本动因（cost driver）”，也就都可以将其看成是一个“成本库（cost pool）”。高校的某项活动可以看成是一项“作业（active）”，其全部开支都可以找到开支的“成本动因（cost driver）”，也可以相应找到归集这种“作业（active）”成本的“成本库（cost pool）”。在这些成本库中，可以按照“岗位”分别为各类人力资源设置明细账户，归集人力资源成本。然后按照绩效评价指标体系，分别计算评价每个“成本库”的绩效。

总之，本项目建议，加强人力资源会计方面的宣传力度，积极推广人力资源会计的教学和实践工作，同时也推动高校进行人力资源会计的信息披露，以增强人事管理的透明度，也为各高校吸引更多更好的人才，最终使高校能够充分利用人力资源，发挥各层次不同优秀人才的潜能，为高校的发展创造更多的效益，带来更大的发展。

参考文献：

1. Eric G. Flamholtz, *Human Resource Accounting*, Kluwer AcademicPublishers, 1999 (third edition).

2. Knight, D. J. 1999. *Performance measures for increasing intellectual capital. Strategy & Leadership* [J] 27 (12): 22 -27.

3. Hazelkorn, E. *Are league tables and rankings influencing higher education decision -making*? IAU Horizons [J], 2007 (4): 37 -41.

4. David Dill & Maarja Soo, *Academic quality, league tables, and public policy: A cross -national analysis of university ranking systems.* Higher Education, 2005, 49: 495 -533.

5. 中央办公厅：《深化干部人事制度改革纲要》（中办发［2000］15 号）。

6. 中组部、人事部：《关于加快推进事业单位人事制度改革意见》（人发［2000］78 号）。

7. 中组部、人事部、教育部：《关于深化高等学校事业单位人事制度改革的实施意见》（人发［2000］59 号）。

8. 李汝：“对我国高等教育投入产出效益的实证分析”，《辽宁教育研究》，2006 年第 1 期。

9. 张文贤：“人力资本定价的研究前沿——企业培训投入产出计量模型”，《科技导报》，2004 年第 4 期。

10. 李文兵："我国大学排名研究综述"，《高教发展与评估》，2007 年第 4 期。

11. 娄策群：《社会科学评价的文献计量理论方法》，华中师范大学出版社 1999 年版。

12. 顾建民："大学职能的分析及其结构意义"，《全球教育展望》，2001 年第 8 期。

13. 沈红：《美国研究型大学形成与发展》，华中理工大学出版社 1999 年版。

14. 刘仁义、陈士俊："高校教师科技绩效评价中指标与权重的设定"，《科研管理》，2007 年第 3 期。

15. 莫光政、李忠云："高等学校社会服务实证分析研究"，《中国农业教育》，2001 年第 4 期。

16. 刘仲文：《人力资源会计》，首都经济贸易大学出版社 2006 年版。

研究生教育成本及投资收益的实证研究

吴旭华[①] 李雪飞[②] 关晓妮[③]

【摘 要】本文以服务大四本科毕业生如何作出理性的择业决策为宗旨，以研究生的教育收益问题为主线，围绕三个问题展开研究，即攻读研究生的收益是否高于成本，什么时候这种收益才能弥补投入于前期教育的成本，研究生的投资收益率是多少。通过大量的数据和实证研究来证明研究生教育作为一种高级耐用的智力消费品投资，是能获得高回报率的一种人力资本投资。

【关键词】研究生教育 教育成本 投资收益率 回收期

① 作者简介：吴旭华，首都经济贸易大学会计学院研究生，研究方向：财务管理。
② 作者简介：李雪飞，首都经济贸易大学会计学院研究生，研究方向：财务管理。
③ 作者简介：关晓妮，首都经济贸易大学会计学院研究生，研究方向：财务管理。

The Positive Research for the Educational Cost and Yield of Graduate Student

Wu Xuhua　Li Xuefei　Guang Xiaoni

【Abstract】 It is the purpose of this paper for the senior undergraduates to make rational career decision – making and the main domination about post – graduate education yield. The cardinal line of research is around the three issues, whether is the benefit of post – graduate study higher than the cost, when will such receipts make up for the cost of investment in early education, what is the post – graduate investment yield. Through large amounts of data and empirical research, the research have proved that the post – graduate education, which is a high – level intelligence and durable consumer goods, is access to high rates of return as human capital investment.

【Key words】 Post – graduate Education　Educational Cost　Educational Cost yield　Payback Period

引 言

2008 年，由于世界金融危机的爆发，国家为缓解就业大学生压力而进一步扩大了2009 年度研究生的招生规模，这就使原已捉襟见肘的研究生教育资源更加紧张，人大、北大、北师大等高校已相继出台了“自费研究生”的收费方案，学费为每年 5 000 ~ 12 000元不等。那么，花几万元读研到底值不值？是选择读研还是就业？自费读研的成本和收益的实证研究意义越发明显。国内学者也对教育投资问题日益关注，而且已经有一些专门对研究生教育投资收益的研究。其中，孟东军、褚超孚估算出 2003 年本科生、硕士生、MBA、博士生教育的收益率分别为：73%、72%、109%、-5%。

本文从研究生个人的视角来审视当前中国研究生教育的成本与收益问题，帮助大四的毕业生们判断究竟是就业好，还是读研佳？

一、文献综述

（一）国外的相关研究

对于高等教育的投资收益率的研究，早在 20 世纪 60 年代，西方研究学者就已经开始对教育投资收益率进行估算。学者加里·贝克尔的研究结论是：美国高等教育投资的私人收益率一直比较高，数值范围在 10% ~15% 之间，高于同期物质资本投资的平均收益率。该研究还表明，一般情况下，随着一国教育水平的持续提高，投资收益率的走向遵循递减规律。诺贝尔经济学奖得主海克曼曾经对我国高等教育投资进行过仔细研究，研究结果表明，在中国，高等教育投资的经济回报率有可能达到 30% ~40%，远高于同期物质资本投资的平均收益率。

在投资收益的模型研究上，明瑟（Mincer）根据调查的实证数据画出了年龄收入趋势图，该趋势图的基本特征是：一个人的教育年限与其收入水平呈线性关系，如果一个人的教育年限越高，则其收入水平也越高。第二个特征是：年龄与收入呈二次性关系，两者变化的基本趋势是：收入随着年龄的增加会依次经历以递增的速率迅速增加，以递减的速率增加和最后减小三个阶段。明瑟研究后认为，一个人的工资收入与工作经验的相关度高于工资收入与年龄的相关度。明瑟通过进一步研究，推出了著名的半线性对数等式：

$$\ln E_s = \ln E_0 + bS + cX - dX^2 + u \tag{1}$$

式（1）中，E_s 代表教育年限为 S 的投资收益率，E_0 为不上学或完成义务教育的回报率。X 代表工作经验，b 代表每增加一年学龄所导致的对收入的影响，c 为工作经验的年回报率，u 为随机误差项，且满足回归方程的基本假设，如序列无关、方差齐性和与解释变量不相关等特性。该等式可以应用于标准的回归统计分析和某一特定时期的横截面数据。这就是著名的明瑟收入法。

但是，该模型的有效性一直是学者们争论的焦点问题。部分学者认为，根据模型得出的教育投资收益率容易出现高估或者低估的现象，因为微观经济研究方法计算出的教育投资回报率缺乏宏观经济环境的支撑，私人投资收益率容易被学者显著夸大，严重脱离实际。还有部分学者的观点是，由于存在量化的困难，在发展中国家无法获得充分全面的数据，比如除教育以外影响个人收入的其他因素等。因此，用传统模型测算出的私人投资收益率并不十分可靠。

（二）国内的相关研究

早在 20 世纪 80 年代，我国学者就已开始研究教育投资收益率。1992 年，学者朱国宏研究后认为，我国的初等教育、中等教育和高等教育的投资收益率分别为 15.11%、91.02% 和 61.71%。1998 年，陈晓宇、闵维方采用国家统计局城调队和北京大学高教所联合调查得到的结果进行估算后认为，我国各级教育的个人投资收益率如下：初中为 31.59%，高中为 41.19%，中专为 61.76%，大专为 41.67%，本科为 61.58%。

明瑟收入法也被中国的学者所采纳，学者李实和丁赛采用中国社科院经济研究所课题组提供的关于住户抽样调查所得的两组数据，发现简单明瑟收益率从 1990 年的 2.4% 上升至 1999 年的 8.1%。

从国内外的文献资料中，笔者发现，中国学者对教育收益率的研究还停留在对国外文献的简单模仿阶段，存在许多研究上的盲点。首先，研究方法陈旧，研究价值仅仅局限于教育收益率自身的纵向与横向比较，缺乏宏观经济环境的视野，缺乏对人力资本收益和物质资本投资的比较，很难对中国在社会转型阶段的投资方向形成科学的引导。其次，数据陈旧。中国的教育收益率随着社会的转型而呈现出显著的增长性，需要根据最新的数据对当前中国的教育收益率重新测算，这样才能紧跟时代步伐，指导实践工作。第三，没有将收益与成本结合起来分析教育投资问题。现在不断提升的教育成本和日益严峻的就业形式让人们质疑，大学教育是否是一项划算的人力投资，只有收益高于成本才能证明教育的价值，成本分析是教育收益率绕不开的问题。笔者将针对这三个研究的盲点来展开研究。

二、研究命题与研究方法

（一）研究命题

命题一：攻读研究生的收益是否高于成本，即读研值不值的问题。

2008 年，在由次贷引发的金融危机背景下，我国大学生就业形势越发困难，于是，有越来越多的本科毕业生加入到考研大军中来。目前，考研人数早已突破百万，同时，各大高校纷纷开展学费改革，采取减少公费生，扩大奖学金的方式，研究生在校的教育成本呈上升趋势。另一方面，研究生供给的增加也加剧了研究生就业的难度，工作难找已不单是本科生的问题，许多研究生都忙于考证来为将来的就业增加砝码。研究生学习究竟值不值已是大四毕业生们所面临的现实问题，投入大量的时间到考研的复习，同时还要承担屡考不中的考试风险和三年无工作收入的状态，这都是选择读研之路的投入成本。

命题二：如果研究生的收益高于成本，什么时候这种收益才能弥补学习的成本，即投资的回收期问题。

如果命题一得出的结论是读研有益，那么这种益处什么时候才能被感知，什么时候才能抵消投入的前期成本。如果读研收获的知识是厚积薄发型，即对毕业研究生工作若干年后的收入才有显著贡献，那么读研的投资回收期就可能会比较漫长。但并不是所有研究生家庭都是殷实富裕的，如果家庭经济情况不好，尽早收回投资的现金流无疑对这些弱势人群有极大的裨益。

命题三：研究生的投资收益率是多少，即人力资本投资收益率与资本市场投资收益率的比较。

北京大学中国经济研究中心宋国青教授认为，中国目前物质资本投资的平均回报率为 8% ~9%。如果研究生人力资本投入的收益还比不上物质资本投资的收益，那么我们为什么要将有限的资源投入到研究生教育中呢？所以，从合理配置社会资源的角度出发，也很有必要来测算一下研究生的投资收益率。

（二）研究方法

为证实上述三个命题，本文主要采用了以下四种研究方法：

1. 问卷调查及分析。为了研究首都经济贸易大学研究生的有形成本，笔者专门设计了“首经贸研究生教育费用调查表”，并在首都经济贸易大学的各个专业院系发放了近 150 份问卷，共回收 135 份，其中有效问卷 110 份，有效问卷回收率为 73%，调查时间为2009年10月底到11月初。本次调查覆盖了首都经济贸易大学所有专业的研究生，涉及本科毕业院校、专业，考研开支状况，读研期望等问题。通过问卷，获得了不同学科、不同地区、不同性别的研究生在直接读研成本上的一手数据。

2. 资料文献法。受研究条件的限制，难以通过问卷法来收集首都经济贸易大学各级毕业研究生的收入状况，所以笔者借用中华英才网的《薪酬调查报告》，获得了各个工作年龄层的收入数据。

3. 数据回归分析。笔者运用SPSS软件拟合收入数据对工作年龄的回归方程，来检验教育投资作为耐用消费品对收入的长期影响情况。

4. 投资决策分析。运用投资回收期、内含报酬率等财务学投资方法来分析研究生教育的收益问题，用科学的方法得到收益的量化数据。

基于此，我们希望得到：（1）用量化数据来证实研究生的收益高于成本；（2）研究生教育投资的回收期数值；（3）研究生的投资收益率数值，并且该值高于资本市场投资收益率。

三、研究生教育的成本收益分析

（一）成本分析

从经济学的角度来看，教育是一种生产活动，是需要考虑投入产出关系的投资行为。由于教育活动不是一般意义上的经济活动，所以，其成本有自身的特点。但本文仅计算出针对研究生个人的成本，不考虑社会成本。

接受研究生教育服务，必然要用一定的成本费用来换取这项服务的收益。本文将研究生个人教育成本划分为个人直接成本和个人间接成本。个人直接成本包括两部分：一是考研期间的费用，包括信息查询费、教材和辅导资料费、参加辅导班费、报名费等；二是读研期间的费用，包括学费、住宿费和书本费、生活费等。个人间接成本包括两部分：一是机会成本，即个人因接受硕士研究生教育而放弃的工作收入；二是因投资研究生教育而放弃的利息收入、工作经验和晋升机会的损失、风险成本、就业成本、时间成本和心理成本等。风险成本是指在就读研究生期间，由于市场变化和社会各领域对人才需求的不确定性而承担的风险，比如此次全球金融危机，对就业造成了很大的冲击。因为吃、穿、行是每个人都要面对的事情，所以，在进行成本分析时，生活费我们不予考虑，并忽略个人间接成本的影响。

假定当前一个本科生准备考研，硕士研究生学制为三年，那么个人投资于研究生教育的成本由考研期间的费用和读研期间的费用组成，成本的净现值用公式表示为：

$$C = C_1 + \sum_{k=0}^{n-1} \frac{T_n}{(1+i)^k} \tag{2}$$

C：个人投资于研究生教育的成本的净现值

C_1：考研期间的费用

T_n：硕士研究生第 n 年的费用（假定每年期初支付费用）

i：贴现率

1. 考研期间的费用（C_1）

研究生考试是一个高门槛的考试，每一个考研的人为了能在考研大军中获胜，不但投入了大量的时间和精力，还会发生一定的支出，从查找报名信息、购买教材和辅导资料、参加辅导班到支付报名费都是考研过程中的花销。笔者通过对调查问卷进行分析，在剔除极大值、极小值的影响后，发现考生的平均考研花费为 1 200 元，取 C_1 = 1 200元。

2. 硕士研究生每年的费用（T_n）

首都经贸硕士研究生的学费是 5 000 元，其中公费研究生的学费全部由学校承担，自费研究生的学费全部由研究生个人承担。无论由谁承担，学费都是一种成本。在目前学校研究生收费改革的形势下，研究生收费是必然的趋势。本文在这里忽略公费、自费的影响，假定所有的研究生每年都要支付 5 000 元的学费。

根据调查问卷的结果，每位研究生每年住宿费为 750 元、1 200 元、1 500 元不等，我们在这里取均值 1 150 元，平均每位研究生每年的书本费为 320 元。

读研期间的费用，由学费、住宿费和书本费组成，因此我们取 T = 6 470 元。综上所述，可得到投入成本表，如表 40 所示。

表 40　　　　投入成本表

教育年限（年）	0	1	2	3
投入成本（元）	1 200	6 470	6 470	6 470

3. 贴现率（i）

我们以银行现行的贷款利率为准。因为大部分研究生没有收入来源，无论是考研期间的费用，还是读研期间的费用，我们都假定他们选择以银行贷款的方式来支付费用。现行银行本币贷款六个月以内利率为 4.86%，六个月至一年贷款利率为 5.32%，一年至三年为 5.4%，三年至五年为 5.76%，五年以上为 5.94%。因为研究生教育投资期限长，一般为 3 年，在教育期内投入的资金无法转移，均为沉没成本，所以本文选择三年至五年期利率为贴现率，即 i = 5.76%。

通过公式（2）的计算，我们得出 C = 19 572 元。

（二）收益分析

研究生的教育收益可分为预期未来增值收入、学术能力提升、奖学金收益、社会认同感等。其中，社会认同感指的是由于中国社会对高学历的价值认同而产生的潜在收益，例如，更多的升迁机会、更高的尊重。一方面，考虑到工作经验和晋升、学术能力提升、社会认同感这些成本和收益等方面难以用货币计量，另一方面，它们与未来的收入都有很高的正相关性。所以，本文假定这些非货币类成本和收益都能在研究生教育的机会成本和预期未来增值收入中得以体现。

对于读研的收益分析，本文主要是通过本科生毕业后的年薪与研究生毕业后的年薪之间的差异来分析的，采用的数据是中华英才网第九期薪酬调查报告的数据再经北京统计局的北京市人均工资增长率调整后的薪酬数据。原始数据如表42、表43所示。

由于表42的数据是2004年的收入数据，需要根据表43调整为2008年的收入数据，即表44的数据，这样才能使收益数据与成本分析部分的问卷数据保持一致。根据调整后2008年的终生预期收入数据，本研究得到了研究生同本科生年薪比的趋势图（见图26）。

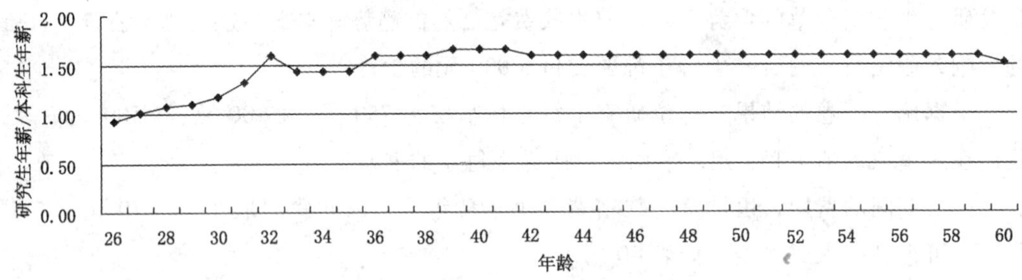

图26 研究生同本科生的年薪比趋势图

如图26所示，随着横轴年龄的增加，研究生的年薪增长速度在工作后的前六年中，对工资增长的贡献是显著的，也就是说，研究生的高学历和高技能可以在工作的初始阶段带来一个强劲的上升动力，笔者把这一工作时期称为上升期。但是，这种学历驱动到了33岁以后就骤然停止，研究生和本科生的收入比值稳定在1.6∶1的水平上，笔者把这一工作时期称为定型期。这种变化可以用经济学中的信息不对称理论来解释，由于组织对新入职员工的性格、品行、能力都不了解，就只能依靠他的学历来判断这个人的能力高低，于是高学历的人就容易得到表现和晋升的机会。上升期的高速加薪趋势是一个职场新人的工作能力逐步展示和逐步被组织认同的过程。当工作六年后，一个人的性格、品行、能力就都能被组织充分认识了，这时期学历的价值信号作用失效，于是，研究生们的加薪速度和本科生们趋同了，整个过程反映出了中国的一句俗语，“路遥知马力”。因为，在上升期中研究生有更多的机会晋升，他们就能以相对高的职位和薪金水平进入定型期。所以，在定型期里研究生的平均年薪能稳定的高于本科生，大约是4万元的水平。正是由于这些持久的工资优势，读研的收益还是远高于成本的，图26在感性层面上回答了命题一：读研是值得的。

在SPSS软件中，将表44的数据用散点图分析发现，年龄对本科生和研究生收入的影响呈分段线性函数关系，在上升期即33岁以前，随着年龄的增加，收入水平呈现快速上升的势头，到了定型期即33岁以后，收入水平就随着年龄的增加呈现一种缓慢递减的趋势。

笔者决定以年龄作为一个反映工龄的自变量来与因变量——收入作回归分析。假定本科生的收入为income1，研究生的收入为income2，年龄为year。

对33岁以下（含33岁）的年龄与收入作回归分析，得表45和表46，得到的回归方程为Income1 = −76 620 + 5 123 × year，回归方程的 R^2 = 0.902，方程拟合度很高，t值为9.109，说明回归系数显著，方程拟合度良好。Income2 = −224 104 + 10 744 × year，回归方程的 R^2 = 0.978，方程拟合度很高，t值为16.226，说明回归系数显著，方程拟合度良好。

对年龄在33岁以上的数据进行回归，同理可以得到表47和表48。得到的回归方程为Income1 = 122 737 − 1 140 × year，回归方程的 R^2 = 0.990，方程拟合度很高，t值为−35.988，说明回归系数显著，方程拟合良好。Income2 = 189 368 − 1 696 × year，回归方程的 R^2 = 0.972，方程拟合度很高，t值为−20.782，说明回归系数显著，方程拟合良好。

本科生及研究生学历平均年薪对年龄的回归曲线如图27所示，从图中可以看出，研究生的年薪整体上显著高于本科生。在33岁前的上升期阶段，研究生年收入线的斜率大于本科生的年收入线，说明该阶段研究生的平均工资增长率高于本科生，而在33岁后的定型期阶段，研究生和本科生的年收入开始以同等的速度缓慢的下滑。这与图26的分析结论是一致的。

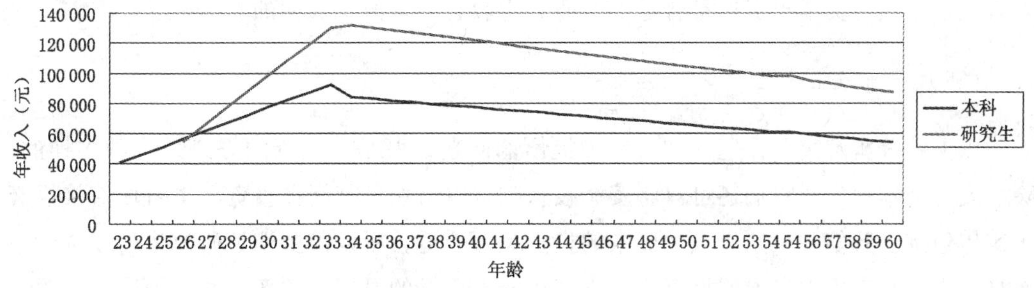

图27 年龄对本科生、研究生收入的影响

（三）回收期的计算

投资回收期（Payback Period，PP）是指以投资项目经营净现金流量抵偿原始总投资所需要的时间。采用上文分析的研究生收益与成本数据进行计算。研究生的学制为3年，项目初始，即第0年的投资是考研期间的费用，$C_1=1\ 200$，第1年到第3年是硕士研究生每年的费用，T=6 470，第4年研究生就业领取工资，营业净现金流量使用上文分析得出的两年收益数据，可列出表49。

先计算各年的累计净现金流量，如表50所示。则名义投资回收期（PP）=（4－1）+20 610/55 420=3.37（年），分析结果可知，在第3.37年便可收回考研期间的费用以及硕士研究生每年的费用成本。由此解决了命题2提出的问题，得出的结论是：研究生的收益高于成本，读研物有所值，在第3.37年，即工作4个半月后的累计收益就可以弥补研究生学习的成本。但这种方法解决的仅是工作收入何时能弥补前期的直接投入成本，而未考虑到收入的机会成本，计算出的只是名义投资回收期值，并不能反映出回收所有投入教育的资源回收期。

因为，首先，读研期间就不能工作，研究生们不能获得他们本科同学的工作收入。其次，研究生工作后的收入减去本科生的收入才是读研后体现出的增量现金流。所以，投资回收期的计算应充分考虑机会成本因素。如表51所示，在12年后，读研产生的收益才能弥补成本。真实投资回收期（PP）=（12－1）+13 006/24 266=11.54（年），远高于不考虑机会成本的名义投资回收期的3.37年。也就是说，要在毕业8年6个月后即大概在35岁左右，研究生们才能弥补因读研而损耗的所有资源。这8年时间在一个人的生命周期中，正是风华正茂的黄金岁月，有多少人愿意坚守8年的清贫（相对的）生活？难怪许多本科生们选择了直接就业。但是，毛主席曾说过“风物长宜放眼量”，如果一个理性人能以长远的眼光来看问题，就会发现，一个26岁毕业的研究生的工作生命是34年，头8.5年处于投资回收期，而后还有25.5年的投资回报期，长久来看，这个人力资本投资还是合适的，研究生教育的价值是长期的。

（四）投资收益率的计算

以上的分析解决了命题一和命题二提出的问题，但是，投资的方式是多种多样的，除了人力资本投资，我们还可以将资源投入到资本市场进行间接投资，也可以直接投资于实体经济。我们并不知道人力资本的投资是否合适，所以需要知道研究生的投资收益率是多少，只有人力资本的投资收益率高于资本市场的投资收益率，才能证明将资源投资于研究生教育是值得的。

首先，计算每年的净现金流量值NCF_n。将研究生入学考试的年份作为投资的初始年即第0年，根据表44的数据，将第n年的研究生年薪减去本科生年薪，求得第n年的净收入。由表40可知研究生教育的直接投入成本，净收入减直接投入成本就得到了净现金流量值。

接着，将净现金流量值代入公式（3）中，即可求得研究生人力资本投资的内含报酬率IRR。

$$NPV = \sum_{n=0}^{38} \frac{NCF_n}{(1 + IRR)^n} = 0 \tag{3}$$

因为人力资本投资在个人的工作生命周期中一直发挥着作用，这种投资的效益类似于复利，所以，可以用投资的内含报酬率来替代人力资本的投资收益率。

根据表40及表44的数据，笔者求得人力资本投资收益率为13.75%。现行银行本币贷款六个月以内利率为4.86%，六个月至一年贷款利率为5.32%，一年至三年为5.4%，三年至五年为5.76%，五年以上为5.94%。将资金投入到研究生教育的收益显然高于长期储蓄。北京大学中国经济研究中心宋国青认为，中国目前物质资本投资的平均回报率为8%~9%，这也低于人力资本的投资收益率，说明在中国高级的人力资本要素还是稀缺的，研究生的扩招还是符合社会发展要求的。当前，中国许多产业存在着投资过剩的矛盾，资源重复建设导致资本的边际收益不断下降，很有必要增加对教育的投入来提升人力资本的质量，推动产业结构的升级，以高智力结构的现代服务业来替代高污染高能耗的旧产业，实现节能减排，构建和谐社会。

四、研究的局限

（一）研究生非货币性收益的计量

人们选择攻读研究生除了能获取预期未来的高收入外，对职业的发展也是考虑的一个方面。如表41所示，硕士研究生在会计职称考试中受到的时间限制少，更有利于研究生在毕业初期处于一个较高的职业起点。

表41　　各类考试工作年限要求的比较　　单位：年

报考人员学历	会计专业技术中级职称	会计高级职称（北京地区）
本科	4	5
硕士	1	5
博士	0	2

此外，就业市场上许多单位对学历有严格的门槛限制，很多机会本科生是不会拥有的。一个硕士在人才市场上的选择面肯定更宽，如何界定这项收益？另外，高学历人群

的社会认同也更高，东方的儒家社会中自古就有“万般皆下品，唯有读书高”的价值取向，相同社会条件的人，高学历的一方肯定更易得到社会的尊重。再考虑到教育的外部效应，如果仅用货币价值来衡量教育的收益，很容易低估教育的收益率。

（二）数据的局限

受条件所限，本次调查的覆盖面较小，本文成本的计算数据来自首都经济贸易大学，可能与其他大学的情况有些差异，即与一般水平可能存在差异。在成本计算时，只考虑了直接成本，而忽略了读研期间的利息成本、风险成本、机会成本和心理成本等，以及给社会带来的收益。

对已就业人群的工薪数据无法通过发放问卷的方法获得一手数据，只能退而求其次来寻找资料文献这类二手数据，所以收益数据主要来自中华英才网的薪酬报告和北京统计局网站，属于二手资料，这两者之间存在着口径不一致的问题，不能完全的保证数据的准确性。收益数据是以全国高校毕业生为总体，而本文成本数据的总体是首都经济贸易大学的在校研究生，这也会造成数据口径的不一致。

（三）研究方法的局限

因为人力资本投资有耐用品的性质，它在三、四十年的工作生命周期中持续发挥作用，资本市场的利率在这么长的时间内显然不是一个常数，利率呈现波动变化的特性，如果勉强以当期的 shibor 利率作为贴现率，会产生极大的误差，所以笔者找不到一个合适的指标作为贴现率的替代值，只能退而求其次采用了投资回收期法来计算投资的回收年限。该方法计算简便，优点是能够直观地反映原始总投资的返本期限，便于理解，缺点是将各期现金流量给予同等的权重，没有考虑资金的时间价值，另外只考虑了回收期之前的现金流量对投资收益的贡献，没有考虑回收期满以后的现金流量状况。

总之，从本文的分析结果来看，虽然研究生教育投资的回收期长达 12 年，但按现有的首都经济贸易大学的收费标准，个人攻读硕士研究生还是有较大收益的。近些年，由高校本科扩招带来本科生就业难，工资水平下降等问题，促使本科生迫于就业压力而选择考研，出现了“考研热”现象。“考研热”是在个体理性预期下作出的合理选择，不是社会的盲目跟风，而是内在经济利益驱动的理性选择。并且，从社会总体角度来看，将资源投入到高等教育中是合适的，能带来社会的整体帕累托改进。

参考文献：

1. 孟东军、褚超孚：“我国研究生教育学费标准和实施方案初步研究”，《中国高教研究》，2004 年第 2 期。

2. 加里·贝克尔：《人力资本投资》，北京大学出版社 1997 年版。

3. 詹姆士·J. 海克曼：《提升人力资本投资的政策》，复旦大学出版社 2003 年版。

4. Mincer. J. Schooling: Experience and Earnings . New York : Columbia University . Press for the National Bureau of Economic Research.

5. Martin Weale: A Critical Evaluation of Rate of Return Analysis [J]. The Economic Journal. 1993.

6. P. Bennell: Rates of Return to Education in Asia: a Review of Evidence [J] . Education Economics. Aug. 1981.

7. 朱国宏："中国教育投资的收益：内部收益率的衡量"，《复旦教育》，1992 年第 3 期。

8. 陈晓宇、闵维方："我国高等教育个人收益率研究"，《高等教育研究》，1998 年第 6 期。

9. 李实、丁赛："中国城镇教育收益率的长期变动趋势"，《中国社会科学》，2003 年第 6 期。

10. 陈建军："上市公司投资回报率走高"，《上海证券报》，2004 年 11 月 2 日。

附注 1

表 42　　2004 年本科生和研究生的终生预期收入

年龄（岁）	本科生平均年薪（元）	研究生平均年薪（元）	研究生年薪/本科生年薪	研究生年薪－本科生年薪（元）
23	23 044			－23 044
24	26 725			－26 725
25	31 387			－31 387
26	38 100	35 134	0.92	－2 966
27	40 141	40 745	1.02	604
28	44 524	47 852	1.07	3 328
29	52 857	58 086	1.10	5 229
30	52 066	61 199	1.18	9 133
31	51 287	67 880	1.32	16 593
32	50 519	80 587	1.60	30 068
33	55 393	79 381	1.43	23 988
34	54 563	78 192	1.43	23 629
35	53 746	77 021	1.43	23 275
36	52 942	84 451	1.60	31 509
37	52 149	83 187	1.60	31 038
38	51 368	81 941	1.60	30 573

续表

年龄（岁）	本科生平均年薪（元）	研究生平均年薪（元）	研究生年薪/本科生年薪	研究生年薪-本科生年薪（元）
39	48 767	80 714	1.66	31 947
40	48 037	79 506	1.66	31 469
41	47 317	78 316	1.66	30 999
42	46 609	74 349	1.60	27 740
43	45 911	73 236	1.60	27 325
44	45 224	72 140	1.60	26 916
45	44 547	71 060	1.60	26 513
46	43 880	69 996	1.60	26 116
47	43 223	68 948	1.60	25 725
48	42 575	67 915	1.60	25 340
49	41 938	66 898	1.60	24 960
50	41 310	65 897	1.60	24 587
51	40 692	64 910	1.60	24 218
52	40 082	63 938	1.60	23 856
53	39 482	62 981	1.60	23 499
54	38 891	62 038	1.60	23 147
54	38 309	61 109	1.60	22 800
56	37 735	60 194	1.60	22 459
57	37 170	59 293	1.60	22 123
58	36 614	58 405	1.60	21 791
59	36 065	57 531	1.60	21 466
60	35 525	54 162	1.52	18 637

表 43　　　　北京市职工平均工资增长率

	北京市职工平均工资（元）	年增长率
2004	28 348	
2005	32 808	15.73%
2006	36 097	10.02%
2007	39 867	10.44%
2008	44 715	12.16%

表 44　　2008 年本科生和研究生的终生预期收入

年龄（岁）	本科生平均年薪（元）	研究生平均年薪（元）	研究生年薪/本科生年薪	研究生年薪－本科生年薪（元）
23	36 350			－36 350
24	42 156			－42 156
25	49 510			－49 510
26	60 099	55 420	0.92	－4 679
27	63 318	64 271	1.02	953
28	70 232	75 482	1.07	5 250
29	83 377	91 625	1.10	8 248
30	82 129	96 535	1.18	14 406
31	80 900	107 074	1.32	26 174
32	79 689	127 118	1.60	47 429
33	87 377	125 216	1.43	37 839
34	86 068	123 340	1.43	37 272
35	84 779	121 493	1.43	36 714
36	83 511	133 213	1.60	49 702
37	82 260	131 219	1.60	48 959
38	81 028	129 254	1.60	48 226
39	76 925	127 318	1.66	50 393
40	75 774	125 413	1.66	49 639
41	74 638	123 536	1.66	48 898
42	73 521	117 278	1.60	43 757
43	72 420	115 522	1.60	43 102
44	71 336	113 794	1.60	42 457
45	70 268	112 090	1.60	41 822
46	69 216	110 412	1.60	41 195
47	68 180	108 759	1.60	40 579
48	67 158	107 129	1.60	39 971
49	66 153	105 525	1.60	39 372

续表

年龄（岁）	本科生平均年薪（元）	研究生平均年薪（元）	研究生年薪/本科生年薪	研究生年薪－本科生年薪（元）
50	65 162	103 946	1.60	38 784
51	64 188	102 389	1.60	38 201
52	63 225	100 856	1.60	37 630
53	62 279	99 346	1.60	37 067
54	61 347	97 859	1.60	36 512
54	60 429	96 393	1.60	35 965
56	59 523	94 950	1.60	35 427
57	58 632	93 529	1.60	34 897
58	57 755	92 128	1.60	34 373
59	56 889	90 749	1.60	33 860
60	56 037	85 435	1.52	29 398

附注 2

表 45 **Coefficients[a]**

Model		Unstandardized Coefficients		Standardized Coefficients	t	Sig.
		B	Std. Error	Beta		
1	(Constant)	－76 619.982	15 848.129		－4.835	.001
	年龄	5123.236	562.429	.950	9.109	.000

a. Dependent Variable：本科生平均年薪

表 46 **Coefficients[a]**

Model		Unstandardized Coefficients		Standardized Coefficients	t	Sig.
		B	Std. Error	Beta		
1	(Constant)	－224 104.321	19 592.533		－11.438	.000
	年龄	10 743.964	662.159	.989	16.226	.000

a. Dependent Variable：研究生平均年薪

表 47 **Coefficients[a]**

Model		Unstandardized Coefficients		Standardized Coefficients	t	Sig.
		B	Std. Error	Beta		
1	(Constant)	122 737.151	1 507.445		81.421	.000
	年龄	－1 139.749	31.670	－.990	－35.988	.000

a. Dependent Variable：本科生平均年薪

表 48 **Coefficients**[a]

Model		Unstandardized Coefficients		Standardized Coefficients	t	Sig.
		B	Std. Error	Beta		
1	(Constant)	189 367.723	3 883.659		48.760	.000
	年龄	-1 695.626	81.592	-.972	-20.782	.000

a. Dependent Variable：研究生平均年薪

附注 3

表 49 研究生投资项目现金流量计算表

项目 \ 年限	0	1	2	3	4	5
项目投资	-1 200	-6 470	-6 470	-6 470		
+工作后的净现金流量					55 420	64 271
各年净现金流量	-1 200	-6 470	-6 470	-6 470	55 420	64 271

表 50 研究生投资项目累计现金流量计算表

年限	每年净现金流量（NCF_t）	累计净现金流量（$\sum NCF$）
0	-1 200	-1 200
1	-6 470	-7 670
2	-6 470	-14 140
3	-6 470	-20 610
4	55 420	+ 34 810
5	64 271	+ 99 081

表 51 考虑机会成本后的研究生投资项目现金流量计算表

项目 \ 年限	0	1	2	3	4	5	6
项目投资	-1 200	-6 470	-6 470	-6 470			
机会成本		-36 350	-42 156	-49 510	-60 099	-63 318	-70 232
+工作后的净现金流量					55 420	64 271	75 482
各年净现金流量	-1 200	-42 820	-48 626	-55 980	-4 679	953	5 250
累计净现金流量	-1 200	-44 020	-92 646	-148 626	-153 305	-152 352	-147 102

续表

项目＼年限	7	8	9	10	11	12	
项目投资							
机会成本	－83 377	－82 129	－80 900	－79 689	－87 377	－86 068	
＋工作后的净现金流量	91 625	96 535	107 074	127 118	125 216	123 340	
各年净现金流量	8 248	14 406	26 174	47 429	37 839	37 272	
累计净现金流量	－138 854	－124 448	－98 274	－50 845	－13 006	24 266	

高等教育成本专题研讨会会议观点综述

马京华①

【摘　要】本文综合论述了“第九届中国高校管理暨学术国际研讨会”中“高等教育成本专题研讨会”上各位专家的研究成果，系统梳理了当前高等教育成本理论发展、成本核算方法和成本效益分析等三个方面的前沿学术观点和具体实践经验。

【关键词】高等教育成本　专题研讨　观点综述

The Overview of Cost of Higher Education Symposium

Ma Jinghua

【Abstract】This paper mainly summarizes research conclusions of professionals, who have attended the Ninth China International Seminar on University Administration. On this seminar, professionals discuss many cutting-edge academic issues about the concept of education cost, cost-sharing, performance evaluation. This article is an overview of this fruitful seminar.

【Key words】Higher Education Cost　Symposium　Conference Overview

① 马京华，女，管理学硕士，研究方向为财务管理，现在首都经济贸易大学财务处从事预算管理工作。

2009 年 7 月 11 日，由首都经济贸易大学、中国论文国际检索中心、北京华夏赫尔国际教育研究中心、《北京教育》杂志社四家单位联合发起，在首都经济贸易大学成功举办了“第九届中国高校管理暨学术国际研讨会”。研讨会会期两天，分别进行了大会主题发言和分专题研讨，内容涉及高校管理的各个方面。其中，高等教育成本专题研讨作为分会场，十余位专家分别从各自的研究角度和实践经验进行了深入探讨和相互交流。本文从当前高等教育成本理论发展、成本核算方法和成本效益分析等三个方面对专家发言的前沿学术观点和具体实践经验进行系统梳理和综合论述。

一、高等教育成本理论研讨：成本内涵、补偿分担、绩效管理

杨世忠指出，高等教育成本是指教育所投入的人力、物力、财力等价值的衡量，分为狭义和广义两个方面。狭义高等教育成本是指直接用于教育学生的成本，也就是教育支出的直接费用，不包括以行政管理费为主要内容的间接费用。广义高等教育成本是指高等教育机构进行学生培养所耗费的人力、物力、财力资源的价值总和。其表现形态是生均教育成本：按照一定时期汇总的高等教育成本与学生人数平均计算出来的每个学生应分摊的社会资源的价值数额。

教育成本的概念产生于 20 世纪 50 年代末 60 年代初，但教育成本观是不断变化的，陈伟中分别从微观和宏观角度阐述了资讯时代的教育成本观：1. 中国的教育投资必须参照“资讯时代”的社会发展趋向，摒弃“文凭崇拜”和“升学主义”，以提升人民整体的“终身学习”能力为目标。2. 中国教育的发展应该走出一条因材施教的路径，通过增强创收能力，使高等学校将投资和经营成本转移。他从个人研究的角度针对性地提出了相应的教育成本策略与实践。

面对当前我国高等教育的投资仍以国家财政拨款为主的现实情形，陶春梅基于详实的数据分析，探讨了目前我国高等教育财政中主要存在的问题：投入总量不足，分担机制不健全；政府投入分布不均衡，分配机制有待完善，教育经费使用效益有待提高等。同样，罗道全也指出，我国从 1999 年扩招以来，学费收入成了高等学校经费来源的主要部分，个人分担教育成本的比例已经达到或超过了社会大多数人能够承担的心理极限；政府和社会对高等教育成本的分担比例没有随着经济的增长而增长，反而相对下降；成本分担制度执行和落实出现偏差；成本分担制度设计的简单化影响了实施的效果。

陶春梅从管理体制、投入决策和监督评价机制以及鼓励社会投入的激励机制和优惠

政策等方面分析了问题形成的原因，在增加政府和社会投入兼顾鼓励高等学校创收、完善经费分配管理机制、优化政府教育经费分配结构等方面提出了改革完善经费保障机制的具体措施。蔡秀云提出构建“五位一体”的新型的高等教育财政管理模式，完善政府财政拨款机制，建立多元的教育投入机制。

宗文龙从教育成本管理的角度谈了绩效管理的思路、方法和需要解决的问题，他指出，教育成本管理重心开始倾向微观教育主体的绩效管理，并由此设计了高校教育成本管理框架如确定战略管理目标、编制绩效预算、控制执行过程、实施绩效评价等，提出了完善教育成本管理的措施如提高管理意识、理顺管理体制、培育成本管理文化等。

二、高等教育成本核算研究：结构优化、成本归集与核算方法

成本结构是影响高等学校教育事业发展和质量的重要因素，许江波将高校成本中心划分为与学科相关的成本和与学科非相关的成本，然后按照支出的功能分类，将功能相近成本中心的成本信息进行归集合并，形成了高校的成本结构。他指出，高校成本结构的优化需要解决两个基本问题：一是优化方向，即围绕高校成本结构管理的目标，分析现有成本结构中存在的问题，确定需要增加或压缩成本结构中的组成部分，以及各类成本在总成本和其具体项目之间的合理比例；二是优化机制，即如何设计相关制度来引导高校对成本结构进行优化，并为高校成本结构优化的顺利实施提供制度保障，以保证成本结构优化目标的达成。

罗道全认为，在当前高等教育成本核算中选取按日常运行成本进行成本归集核算的方法可能引起高校盲目追求低成本而不顾人才培养质量或不顾社会需要而片面地、不计成本地提高培养规格产生教育浪费等问题。建议通过建立科学、权威的高等学校生均教育培养成本核定办法，实行高等教育价格听证，实行教育收费公示制度等办法解决。杨世忠以北京市某高校为例，分析了北京市高等教育成本核算的现状及存在的问题例如成本项目呈自然状态，缺乏对费用分类核算的科学研究等，并提出了解决思路。

在高等学校教育成本的核算方法上，与会的老师同学探讨了核算的方法，杨世忠根据核算对象与方法特征，将高等学校教育成本核算方法分成简捷法、类别法、专业法和作业成本法四种。他和盛蕾使用简捷法对高等学校的各项支出进行重新归类和分配计算。彭乐认为将作业成本法应用于高校教育成本核算具备可行性，并给出了作业成本法核算教育成本的具体程序。于玉环阐述了用本量利法分析教育成本的具体步骤和意义。

三、高等教育成本效益分析：产出效率、绩效指标与投资分析

欧进士提出了我国台湾地区如何应对公立大学大幅增加而高等教育政府经费逐年缩水的问题，通过资料包络分析法（William Cooper）对台湾地区公私立大学产出效率进行了实证研究。研究结果表明：台湾地区公、私立学校在平均总技术效率、平均纯粹技术效率及平均规模效率上并没有显著差异。但整体而言，公立学校的平均纯粹技术效率低于私立学校，私立学校平均总技术效率相对劣于公立学校。借鉴台湾地区情况，欧教授建议教育主管机关在履行监督责任与考虑教育资源分配时，可针对各校经营技术或经营规模上的缺失予以重点辅导。

刘仲文构建了高校绩效的指标体系，设计了人力资源投入和高校绩效的关系模型。通过对北京市市属 24 所高校的人力资源投入效率和人事制度改革成本效益的实证研究，验证确认了人事制度改革成本的分类，并提出了相应建议。

吴旭华、李雪飞、关晓妮围绕三个问题展开研究，即攻读研究生的收益是否高于成本，什么时候这种收益才能弥补投入于前期教育的成本，研究生的投资收益率是多少。通过大量的数据和实证研究来证明研究生教育作为一种高级耐用的智力消费品投资，是能获得高回报率的一种人力资本投资。

高等教育成本的理论研究与社会实践，是我国高等教育研究中的重要课题。通过此次专题研讨，各位专家对高等教育成本的内涵界定、核算方法、分担与补偿、管理框架等方面进行了卓有成效的探讨。此次会议搭建了深入交流平台、展示了学术研究前沿、揭示了现实发展问题、提出了具体发展建议，对于我国高等教育的科学发展具有深远影响。

附　　录

高等教育成本研究专辑（2009）文献摘编

张　丹[①]

一、教育成本，高等教育成本，高校教育成本的内涵及相互关系

（一）教育成本的内涵

教育的全部要素成本分为两部分：提供教育服务的成本和学生上学时间的机会成本。提供教育服务的成本是指学校实际消耗的资源，包括教师、教学辅助人员、行政人员的工资福利支出、校舍、设备和其他设施维护修理费用，以及建设用款及利息、物价上涨率、折旧等变动因素成本。机会成本主要是指学生因上学没能参加工作而放弃的收入。

【西奥多.W. 舒尔茨：《教育的经济价值》，吉林人民出版社 1982 年版。】

就教育成本的性质而言，它是一种为生产资料占有者（或教育机构占有者）及个人未来取得更大收益而进行的一种生产性投资——教育投资。社会主义制度下的教育成本，无论是国家、社会或个人，其投入教育活动的直接的或间接的人力、物力和财力，都是为培养建设国家、造福人民的人才的投资，是更大限度地满足国家、集体和个人在物质和文化上的需要，为社会（包括个人）创造更多更大的财富。

【韩宗礼："试析我国大学生的教育成本"，《高等教育研究》，1988 年第 2 期。】

教育成本不仅包括用于教员、校舍、设备等方面的公共支出，而且也包括家长及社区的个体教育支付。学校阶段的教育成本可分为两类：社会成本和个人成本。社会成本是指学校的教育投入和服务成本。个人成本可分为三项，即个人直接成本、家庭的教育资助和间接成本。

【曾满超："发展中国家的个人教育成本与社会教育成本"，《教育与经济》，1993

① 张丹，女，首都经济贸易大学硕士研究生，研究方向为财务管理。

年第3期。】

教育成本的本质是为使受教育者接受教育服务而消耗的资源价值，它既表现为货币支出的教育资源价值，也表现为因将资源用于教育所造成的价值损失，前者为教育的实际支出成本或会计成本，后者表现为教育的机会成本。

【袁连生:《教育成本计量探讨》，北京师范大学出版社1999年版。】

教育成本是培养学生所耗的社会劳动，包括物化劳动和活劳动，其货币表现为因培养学生而由社会和受教育者个人直接和间接支付的全部费用。

【范先佐:《教育经济学》，人民教育出版社1999年版。】

教育成本是用于培养学生所耗费的教育资源的价值，或者说是以货币形态表现的、因培养学生而由社会和受教育者个人或家庭直接或间接支付的全部费用。

【王善迈:《教育经济学简明教程》，高等教育出版社2000年版。】

教育成本是指在培养学生的过程中，直接或间接耗费的用货币表现的物化劳动和活劳动的价值总和。

【夏萍:"教育成本相关概念界定",《财会通讯》，2008年第5期。】

广义的教育成本是从教育经济学的角度来考虑的，是指为完成某一教育活动，学校与学生各种耗费的总和，包括三个方面：一是学校为培养学生所支付的一切开支和费用；二是学生为学习所支付的生活费用；三是学生因为学习未能参加工作而带来的机会损失或称为机会成本。狭义的教育成本则应从会计学的角度来界定，是指学校在教育过程中所耗费的物化劳动和活劳动的价值形式总和，即学校为培养学生所支付的费用总和。

【赵聚辉:"高等学校教育成本概念的界定",《黑龙江对外经贸》，2009年第3期。】

（二）高等教育成本的内涵

高等教育成本是指高等学校获得土地、人员或者基本建设，购买物品，为学生提供资助的支出。多数情况下，成本是支出的代名词。高等学校的成本通常是指为获取运行高等学校所需要的货币资源。

【Howard R. Bowen. TheCost of Higher Education. Jossey – Bass Publisher.

1980】

从经济学的角度来看，高等教育成本是指为实施或接受高等教育所投入资源的机会成本，即社会资源因投入高等教育而牺牲的其他原本可能的收益中的最大者。这种意义上的成本除了包括高等教育的货币支出外，还必须包括政府、学校和个人的机会成本。

【陈晓宇："中国高等教育成本分担"，《北京大学教育学院博士论文》，1998 年。】

高等教育成本属于教育经济学的概念范畴，它是教育成本的下位概念，在广义上是一种机会成本，是学生接受高等教育服务所耗费的资源的价值。

【夏萍："教育成本相关概念界定"，《财会通讯》，2008 年第 5 期。】

从会计学的角度来看，广义的高等教育成本包括高等教育管理部门和高等院校运行所需资源而进行的货币支出，也包括受教育者个人即社会成员为了接受高等教育所进行的货币支出。狭义的高等教育成本是指高等学校为完成其功能而对所需资源进行的货币支出，可简称为财务成本或货币成本。

【李勇：《高等学校成本结构的国际比较》，北京师范大学出版社 2009 年版。】

高等教育成本可分为广义和狭义两种。广义的高等教育成本是指社会和个人为高等教育所提供的所有资源的总投入，包括三部分内容：教育机会成本、学生生活成本和高校教育成本。狭义的高等教育成本就是高校教育成本。

【韩宇骞："我国高等教育的成本核算"，《山西大同大学学报》（社会科学版），2009 年第 4 期。】

（三）高校教育成本的概念

高校教育成本是指高校培养学生所耗费的教育费用，其本质内涵是高校为学生提供教育服务而耗费的教育资源的价值。

【夏萍："教育成本相关概念界定"，《财会通讯》，2008 年第 5 期。】

高校教育成本是指高校在教育活动中用于培养学生所耗费的教育资源的价值。

【魏顺泽："高校教育成本理论问题的思考"，《财会通讯》，2009 年第 4 期。】

高等教育成本的核心内容是高校教育成本，是指高校培养每个大学生所耗费的全部费用。

【韩宇骞："我国高等教育的成本核算"，《山西大同大学学报》（社会科学版），2009 年第 4 期。】

一般而言，高等学校具有教学、科研、社会服务三项基本功能。因此，高等学校成本即指完成教学活动和社会服务所需要投入的经济价值。

【李勇：《高等学校成本结构的国际比较》，北京师范大学出版社 2009 年版。】

高等学校教育成本应界定为狭义的教育成本，将核算范围界定为高校提供高等教育服务的实支成本。

【赵聚辉："高等学校教育成本概念的界定"，《黑龙江对外经贸》，2009 年第 3 期。】

（四）高等教育成本与高校教育成本的关系

高等教育成本属于教育经济学的概念范畴，它是教育成本的下位概念，在广义上是一种机会成本，是学生接受高等教育服务而耗费的资源的价值。高校教育成本是指高校培养学生所耗费的教育费用，其本质内涵是高校为学生提供教育服务而耗费的教育资源的价值。高校教育成本是高等教育成本的狭义概念，所以有学者称它为狭义的高等教育成本。相关概念的关系如图 28 所示。

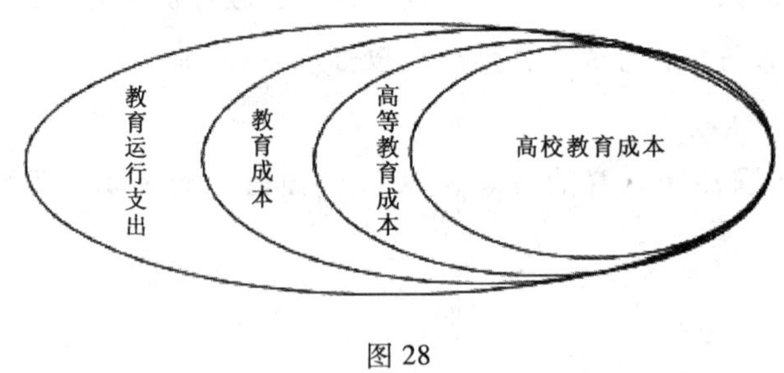

图 28

【夏萍："教育成本相关概念界定"，《财会通讯》，2008 年第 5 期。】

高校教育成本与高等教育成本是两个相互关联，但又有本质区别的概念。高校教育成本是高等教育成本的下级概念，属于会计学的概念范畴。高等教育成本属于经济学的概念范畴。它既包括以货币支出的教育资源价值，即教育的实支成本，也包括因资源用于高等教育所造成的价值损失，即教育的机会成本。

【魏顺泽："高校教育成本理论问题的思考"，《财会通讯》，2009 年第 4 期。】

二、高等教育成本核算

在我国还没有建立成本核算制度的情况下，目前只能按成本会计原则对现有会计资料进行调整，计量高等学校学生培养成本。高等学校学生培养成本的计量方法有以下三种：（1）统计调查法；（2）会计调整法；（3）会计核算法。

【王善迈、袁连生等：“高等学校学生培养成本计量的案例研究”，《教育研究》，2005年第6期。】

1. 教育成本核算的会计前提

教育成本核算同样受四个会计基本前提的制约：会计主体、持续经营、会计分期（会计期间）和记账本位币。（1）教育成本核算的主体：成本核算的主体必须从产品生产者或提供者的角度考虑。具体到教育产业，其提供者是学校，学校就自然地成为教育成本核算的主体。（2）教育成本核算的期间：笔者倾向于将教育产品定义为学生接受的教育服务的时间量，主张教育成本的核算周期为学年。（3）持续经营与教育成本核算：教育成本核算必须遵循持续经营的假定，否则教育成本就不准确。（4）货币计量与教育成本核算：货币计量是所有会计记录的基础，教育成本核算自然是以货币作为计量单位进行的。

2. 教育成本核算的原则

教育成本核算一般应按照非盈利组织会计准则确定的会计原则进行。为了核算教育成本，学校在遵循现行事业单位会计准则大部分会计原则的基础上，还必须遵循以下会计原则：（1）权责发生制原则；（2）配比原则；（3）区分收益性支出和资本性支出的原则。

【袁连生：“关于教育成本核算的几个问题”，《教育发展研究》，1999年第3期。】

参照企业成本核算过程中费用的归集和分派方法，高校教育费用的归集和分配可按以下步骤进行：1. 将学校的全部费用区分为教学费用和非教学费用。凡是与教学有关的费用计入有关的教育成本项目中；凡是与教学无关的费用，如离退休人员的工资福利、用于附属单位的支出等，都不计入教育成本项目。2. 在本期教学费用中，区分直接教学费用和公共教学费用。凡是能明确确定由某一教育产品（某一院系、专业的学生）负担的费用，直接计入教育成本项目，如某一院系的教育直接支出费用；凡是不能明确确定由某一种教育产品负担的费用，应先记入公共费用科目，再按一定的分配标准（如学生的学分数）计入各教育成本项目。

作者还提出三种高校教育成本构成模式，以供参考，分别是：1. 直接教育成本；2. 间接配比教育成本；3. 综合配比教育成本。

【尤谊等："高校教育成本研究"，《经济研究参考》，2008 年第 59 期。】

高校教育培养成本核算内容包括：人员成本、公用成本、固定资产折旧费和科研成本。高校教育培养成本核算方法包括：利用现有会计资料进行转换；会计核算与教育成本核算双轨制。

【付希贤："高校教育培养成本核算探讨"，《科技创业月刊》，2009 年第 4 期。】

高校缺乏教育成本核算意识，现行会计核算体制已无法为教育成本核算提供准确、翔实的数据，我国高校的运行模式导致高校在教育成本核算方面缺乏动力等。只有改变政府对高等学校经费的管理模式，重新设计并完善高校会计核算制度，才能准确计算出我国高校的教育成本。加强高校教育成本核算的措施有三个，一是强化高校教育成本核算意识。二是修正完善高校会计核算制度。具体包括：1. 建立固定资产折旧制度；2. 引入权责发生制。三是建立并完善高校教育成本核算体系。

【彭晓彪："对高等学校教育成本问题的研究"，《商业经济》，2009 年第 6 期。】

为了保证教育成本核算的质量，高等学校在遵循现行会计准则规定的大部分会计原则基础上，还须遵循以下会计原则：1. 权责发生制原则；2. 收益成本配合原则；3. 区分收益性支出和资本性支出原则；4. 专款专用原则。

【蔡兰："高等学校教育成本核算的会计原则"，《会计之友》，2009 年第 7 期。】

高校成本核算过程是费用的对象化过程，因此，在进行成本计算时，必须具体分析，分户归集、分配，形成合格毕业生、结题课题、社会服务产品或项目等的成本等。其成本核算流程如图 29 所示。

【郑秀芳："高校成本核算问题探讨"，《科技和产业》，2009 年第 6 期。】

目前高校教育成本核算存在的问题有以下几个方面：1. 理论研究的不成熟。目前，我国对教育成本的研究还不成熟、不完善，在对教育成本概念的界定、教育成本核算对象及项目设置和成本所包括的内容范围等方面都存在着分歧。2. 成本核算意识不强。目前，高校成本意识相对淡化，成本管理相对弱化。3. 记账模式问题。显然，收付实现制不能正确地反映当期的实际收入和费用、成本。4. 固定资产的核算问题。现行高校会计制度对固定资产是按原值核算，不计提折旧，不能反映固定资产的新旧程度和已损耗的价值，也无法反映该资产的真实情况。5. 科研经费管理的问题。高校科研项目

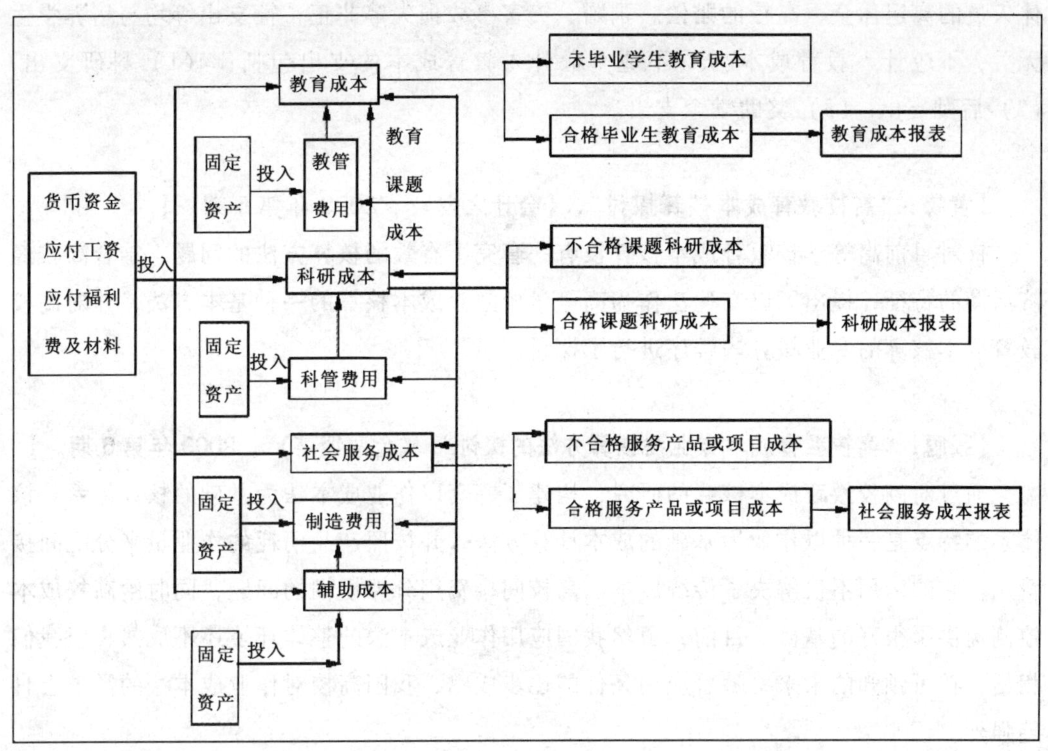

图 29

经费管理的无序状态是不争的事实。

针对目前核算中存在的问题，可以采取以下措施来完善高校成本核算：1. 加强信息化的建设。2. 强化高校办学成本意识。3. 改革高校会计制度及会计核算体系。4. 建立科学的固定资产管理体系。5. 深化高校科研经费管理。

【张延萍、陈蔼瑞："高校教育成本核算存在的问题与对策"，《经济理论研究》，2009 年第 6 期。】

基于高校教育成本核算的现状，采用作业成本法对高校教育成本的核算和控制，有利于提高高校管理水平，有效控制办学成本，提高经费使用效益；有利于建立公平合理的教育成本分担机制，促进高等教育健康发展。

【王清："高校教育成本的核算与控制"，《财经理论与实践》（双月刊），2009 年第 7 期。】

教育成本核算范围有以下几个方面需注意：1. 高校教育成本应包括人员支出、商品和服务支出、资本性支出的分摊。2. 不应计入教育成本的支出，校办产业支出，校内各种非独立核算单位的经营性支出，各种附属单位的支出，上缴上级支出，已经离退休人员的离退休金，高校的赔偿、捐赠、灾害事故损失等非正常性支出等均与培养学生无关，不应计入教育成本。3. 不应全额计入教育成本的支出包括：（1）科研支出；（2）后勤支出；（3）奖助学金支出。

【黄嵘："高校教育成本核算探讨"，《会计之友》，2009 年第 6 期。】

针对目前高等学校教育成本核算没有一套完善有效的核算方法的问题，结合高校经济活动的特征，提出了以专业法作为高等学校教育成本核算的一种基本方法，并对高校教育成本核算的专业核算法程序进行了探讨。

【张聪："高校教育成本专业法核算方法的探讨"，《金融经济》，2009 年第 6 期。】

通过对高校教育成本核算的研究，构建了一套以作业成本法为基础的核算体系，该体系的特点是一种以作业为基础的成本计算方法，并按照产品消耗的作业量来分配间接费用。它的运用不仅解决了传统成本法高校间接费用分摊模糊的问题，同时给高校成本控制提供了很好的基础。目前，虽然我国应用作业成本法的整体环境还不成熟，但我们相信，在可预知的未来，随着应用条件的逐步成熟，我国高校对作业成本法的需求会日趋强烈。

【张友棠、周韵婕："基于作业成本法的高校教育成本核算体系构建"，《理工高教研究》，2009 年第 3 期。】

高校教育成本核算的一般流程：1. 设置教育成本核算科目和教育成本计算表。2. 学院（系）归集自身发生的成本。3. 学校分配各项间接成本。分配率 = 行政管理支出总额 ÷ 学年全校标准学生数 ×100% ；某学院（系）应分担的支出 = 分配率 × 学院（系）标准学生数。4. 汇总并按专业分配学院（系）待分配的总成本。

【葛伟："论高等学校教育成本的核算"，《山东省青年管理干部学院学报》，2009 年第 5 期。】

该文在确定高校研究生培养成本计量范围和基本原则的基础上，以经常性培养成本作为重点研究对象，并通过引入学生培养周期的"近似学年度"、折算各类学生的"标准在校生数"和测算培养成本的"分配权重系数"等处理手段，给出了一种较符合工作实际、可操作性较强的高校研究生培养成本计量方法。

【楼鑫垚、张万朋："高校研究生培养成本计量方法探讨"，《宁波大学学报》（教育科学版），2009 年第 3 期。】

三、高等教育成本分担与补偿

我国是社会主义国家，大学收费会不会对社会公平带来负面影响？我们又怎样在高等教育收费中体现社会主义公平原则？这既是一个理论问题，又是一个迫切需要解决的现实问题。本文从我国社会经济发展水平的现实出发，对这一问题进行了初步分析。

【闵维方："高等教育成本补偿政策的决策依据"，《科学决策》，1997 年第 2 期。】

文章对高等教育成本的定义进行了界定，还分析了中国高等教育成本状况，指出高等教育的供求矛盾与成本分担的必然性。

【陈晓宇："中国高等教育成本分担：现状与趋势"，《高等教育研究》，1998 年第 4 期。】

我国高等教育成本分担越来越倾向学生及其家庭的现状，并且已经成为一个值得探讨的社会问题。文章对我国高等教育成本分担方面存在的问题进行深入地剖析，结合我国高校教育成本分担政策，借鉴国际经验，认为建立合理的高校教育成本分担机制是当前高等教育界及政府应该共同思考的问题，也是高校资金筹措的核心问题。

【周丽华："高等教育成本分担机制探析"，《津州职业技术学院学报》，2005 年第 10 期。】

高等教育成本补偿是依据利益获得原则和能力支付原则提出的，由接受高等教育的个人或其家庭承担一部分高等教育直接成本的政策。由于国家的支付能力日益下降，而个人的支付能力逐渐提高，我国实施高等教育成本补偿有一定的现实必要性与可能性，这也是我国社会发展现阶段解决高等教育经费紧张问题的主要措施之一。

【黄晓慧："高等教育成本补偿政策在我国实施的历史与现实性"，《长春工业大学学报》（高教研究版），2006 年第 6 期。】

从人均收入的角度对高等教育成本分担进行了实证分析，得出我国高等教育的学费水平与农村居民家庭人均纯收入（城镇居民人均可支配收入）呈正相关，进而探讨我国高等教育学费水平与社会实践承受力的适应性，最后分析我国高等教育成本对高等教育公平的影响并提出建议。

【刘风等："高等教育成本分担与教育公平"，《商业时代》，2006 年第 7 期。】

约翰斯通的“教育成本分担理论”是世界各国收取高等教育学费的重要理论依据。目前，高等学校进行成本补偿，应该首先确立科学合理的补偿原则。

【徐晓辉、王光宇等：“高等教育成本补偿问题初探”，《会计之友》，2006 年第 9 期。】

我国高等教育成本分担与补偿以二元为主的补偿体制面临严峻挑战。政府必须保证对高等教育经费的投入，个人补偿水平应加以控制，并积极开拓其他可能的经费来源，以形成多样化的经费筹措渠道，才是确保高等教育经费随事业发展稳步增长的最好途径。

【黄晓慧、唐见兵：“我国高等教育成本分担与补偿”，《江淮论坛》，2006 年第 3 期。】

高等教育成本承担机制造成了教育经费紧张，研究生培养质量下降，导师责任心降低等问题。实行教育成本分担有着现实的必要性和可行性。而高等教育成本分担机制同样有着深厚的理论基础：公共产品理论、人力资本理论、教育成本分担理论和比较收益理论。研究生教育实行成本分担，可以有效解决以上问题，促进我国高等教育特别是研究生教育的发展。

【李梦飏、陈平：“高等教育成本分担问题研究——以研究生教育为例”，《湘潭师范学院学报》（自然科学版），2006 年第 3 期。】

在高等教育大众化的趋势下，实行成本补偿具有一定的必要性和可行性。理论上讲，该制度的实施对教育公平具有一定的促进作用，但在实际操作过程中，由于不同家庭经济状况差异，缺乏合理的学费标准以及配套的学生资助措施，导致了教育不公平的加剧。在这种情况下，应探讨如何不断改革和完善高等教育成本补偿制度，尽量使其接近公平。

【李泽民：“高等教育成本补偿与教育公平”，《湖北大学成人教育学院学报》，2006 年第 4 期。】

实施高等教育成本补偿制度，是我国高等教育改革的必然趋势，文章分析了高等教育成本补偿的必要性和可能性，并对我国高等教育成本补偿提出了基本思路。

【王长贵、曹智英：“关于我国高等教育成本补偿的几点思考”，《北方经贸》，2006 年第 6 期。】

高等教育成本分担理论的依据是：高等教育服务是准公共产品，其成本应由学生、学生家长、纳税人和学校四方共同分担。高等教育成本分担格局的形成主要归因于高等教育规模扩张、生均成本大幅上涨所导致的世界范围的高等教育财政危机。其意义在于拓宽了高等教育服务机构的筹资渠道，为20世纪80年代以来中国对高等教育实行收费上学、社会助学提供了理论依据。但因教育服务成本边界模糊、构成模糊、计量困难和各方高等教育受益率测算困难，高等教育成本分担理论具有很大的局限性。

【王小兵、刘俊学等："高等教育成本分担理论及其局限性"，《株洲师范高等专科学校学报》，2006年第8期。】

在市场经济条件下，高等教育的成本必须得到补偿。我国高等教育成本补偿经历了由国家负担到收费阶段的发展过程，高等教育成本补偿有它的理论、法律和现实依据。为促进我国高等教育健康、和谐和可持续发展，必须建立科学、合理的成本分担或补偿制度。

【黄毓哲、汪晓芳："高等教育成本补偿问题探讨"，《江西农业大学学报》（社会科学版），2006年第12期。】

高等教育成本分担不仅体现政府对高等教育的投入力度，也直接影响着教育公平及社会主义和谐社会的建设。从江西省高等教育成本分担的基本状况来看，个人分担高等教育成本的比例过大，政府分担高等教育成本的比例过小。政府应切实落实国家教育优先发展战略，加大高等教育投入。

【甘国华、姚林香："高等教育成本分担实证分析"，《江西教育科研》，2006年第12期。】

文章从促进社会公共资源在全社会成员中配置的角度论述了高等教育成本补偿对社会公平的正面作用；从居民人均收入和学费的角度论述了高等教育成本补偿对教育公平的负面影响，并指出两者的平衡点是建立完善以助学贷款为主体的、向低收入家庭倾斜的学生资助政策。

【余春萍、张明亳："高等教育成本补偿与公平问题的研究"，《辽宁教育研究》，2007年第4期。】

对于中国这样的发展中国家而言，实行收费上大学、高等教育成本由各方收益人共同分担，是推动教育体制改革、促进高等教育健康发展的必然选择。但是，对于低收入家庭来说，当前的高等教育私人成本水平已成为一个相当重的负担，在相应配套措施不完善的情况下，高额的学费很可能成为不少家庭接受高等教育的障碍，造成高等教育机会的不平等和教育结果的不平等。总的来说，针对高等教育入学机会均等问题，应该在教育成本合理负担的基础上，通过制度创新，采取“三管齐下”的综合治理对策，即政府主导资助，积极培育公民社会和民间组织，加强对大学生人生观、价值观教育和职业生涯规划的管理。

【杜屏、李宝元：“中国高等教育的成本分担与机会均等”，《北京师范大学学报》，2007 年第 1 期。】

本文针对全社会关注的高校收费问题，明确了我国目前高等教育成本分担的主体及形式，分析了我国高等教育成本分担的现状和高等教育成本分担过程中存在的问题。

【罗燕琴：“我国高等教育成本分担分析”，《时代金融》，2007 年第 8 期。】

近几年来，我国高校大幅扩招，而国家财政性教育经费对高等教育的支持并未同步增加。制约我国高等教育发展的一个主要因素是经费需求与供给的矛盾，实行高等教育成本补偿和个人分担是国家解决这一矛盾的一项政策选择。在许多地区，尤其是普通高等学校密集的地区，大学学费上升幅度较大，在城市化人口比例较高的大城市，学费上涨幅度也较大。在这样的背景下，关于高等教育成本补偿的讨论也日益激烈。

【王毅：“对我国高等教育成本补偿的理论和政策探讨”，《辽宁税务高等专科学校学报》，2007 年第 8 期。】

我国高中教育的快速发展造成了严重的财政压力，这使成本分担成为一种必然选择。在高中推行成本分担政策有一定的理论依据，通过实证分析也能发现我国高中正在逐步实施此政策；成本分担引发了一些教育收费和教育公平的问题，需要通过相关配套政策加以改进。

【陈文娇：“高中教育成本分担的理论与实证分析”，《江西教育科研》，2007 年第 7 期。】

文章认为：高等教育成本是受教育者接受高等教育服务所耗费教育资源价值的总和，根据受益和能力原则分担高等教育成本是制定高校学费标准的基本依据。同时，提出了按学校地域、层次、科类专业、办学水平确定高等教育生均成本；按教育者家庭所在地（县级）分城镇和农村分别计算全国各地大学生应交高校学费标准；国家财政高等教育拨款分为高等教育生均基本拨款和差额拨款两个部分的基本思路；将高校学生资助纳入高校学费政策体系等新的思路。

【曾道荣、张谛：“高等教育成本分担与学费政策问题”，《财经科学》，2007 年第 11 期。】

本文介绍了英格兰实施高等教育成本分担政策的政治、经济和高等教育背景，以及不同发展时期的特征和影响。英格兰高等教育成本分担政策的发展大致可以分成三个时期：初期（1980～1997年）、成长期（1998～2005年）和改革期（2006年至今）。通过对前两个时期高等教育成本分担政策的特点和实施情况的分析，本文认为，它们对增加高等教育经费和保障高等教育机会公平的成效有限。本文还分析了2006年英国开始实施的新政策的重大变化及其预期效果。

【王莉华："英国高等教育成本分担政策——政府市场策略的发展及其影响"，《比较教育研究》，2007年第2期。】

我国近年实施的高等教育成本分担政策，对高等教育大发展发挥了重要的作用，功不可没。当前社会中存在的对高等教育成本分担政策的责难在于一种受剥夺的社会情绪。这种情绪产生于国家、社会、个体之间权利与义务的不平衡，学费偏高与学校经费浪费的对比，学费上涨过快与困难学生资助制度实施的滞后。应正确理解高等教育成本分担理论，采取切实可行的措施消除这一政策实施过程中的负效应，继续发挥其促进高等教育发展的功能，以保证我国高等教育事业的可持续发展。

【王处辉、彭荣础："我国现行高等教育成本分担政策评议"，《高等教育研究》，2007年第1期。】

随着高等教育从"精英教育"到"大众教育"的发展，在国家财政支持增长能力有限的条件下，中国实行了高等教育成本分担机制。在高等教育成本分担中存在着政府对高等教育投入不足、受教育者个人和家庭分担高等教育成本比例较高、市场机制在高等教育成本分担中调控能力较弱等问题，因此，必须利用市场机制，广泛吸收社会资金、调节高等教育成本分担比例、完善学生资助制度、加强高校成本核算等完善中国高等教育成本分担机制。

【张扬、应若平等："中国高等教育成本分担问题及对策"，《湖南农业大学学报》（社会科学版），2007年第8期。】

中国现行高等教育学费标准的政策依据——学费占生均日常运行费用的25%是符合国际潮流的，但只有美国、印度、蒙古等极少数国家将高等教育的教学成本作为制定高等教育学费标准的政策依据，而且这一政策很少能在实践中执行下去。由于各国对相关成本以及实际成本的界定有诸多差异，在目前的高等教育成本核算制度下，我国的这一学费政策规定意义不大。

【余英："高等教育成本分担的国际比较"，《清华大学教育研究》，2007年第6

期。】

文章从高等教育成本分担角度进行了探讨，进而对城镇工薪阶层家庭支付能力进行分析，并提出相关的建议。指出在制度变迁中，我国高等教育学费的上涨已经超出了我国工薪阶层家庭的承受能力。认为高等教育作为准公共产品，应由政府和市场共同承担。

【刘芳明："高等教育成本分担和我国工薪阶层家庭支付能力的研究"，《沈阳大学学报》，2007 年第 5 期。】

从研究生教育成本分担与补偿的理论依据、客观必然性、现实可能性出发，阐述了实行教育成本分担的主要隐忧——弱势群体的教育不公平现象。进而从国家、高校和导师三大承担主体着手分析、解决这一问题。

【王春燕："中国研究生教育成本分担与补偿之管见"，《经济研究导刊》，2009 年第 24 期。】

我国目前存在着严重的普通高等教育的成本非家庭责任家庭化，即国家与社会责任家庭化和个人责任家庭化的问题。高等教育学费的上涨已经超出了我国工薪阶层家庭的承受能力。高等教育作为准公共产品，应由政府和市场共同承担。

【姚尧："关于高等教育成本分担的研究"，《吉林省教育学院学报》，2009 年第 8 期。】

高等教育成本分担的实践中存在主体错位、收费过高和比例不公等现象。高等教育的合理成本分担应控制成本、加大国家投入、形成多样化的个人付费方式和完善风险管理。

【贺永平："高等教育成本分担的问题及对策"，《宜宾学院学报》，2009 年第 1 期。】

高等教育收费是近年来政府部门、教育系统、公众与媒体关注的热点。通过讨论政府补贴高等教育的效率与公平状况，分析政府补贴的目标与承受力，得出的结论是：加大高等教育的成本分担力度是我国高等教育发展的必然选择。为使提出的政策能够获得通过，必须完善大学生的助学体系以提高高等教育接受者的支付能力。

【龚刚敏："我国高等教育成本分担的效率与公平分析"，《学术界》，2009 年第 3 期。】

高等教育的成本分担理论认为：高等教育成本应由多方负担，包括政府、学生、家长、高校和捐赠人等。我国教育成本分担现状是：时政性教育经费投入不足、普通高校教育经费投入结构及生均投入不合理、学费过高、学校自筹经费不佳。为此，要采取措施加强教育时政投入的主体地位；构建法律、政策支持体系；调节成本分担比例，实行差别收费制度；开辟高等教育资金筹集的新梁道；拓宽高校筹资梁道；完善学生资助体系；加强成本核算，提高资源效率；大力发展民办教育等经费多元化等措施以实现高校教育成本分担的合理化。

【赵善庆："高校教育成本分担与经费多元化"，《中国物价》，2009 年第 5 期。】